# 실천교육학

# PRACTICAL
# PEDAGOGY

가르치고 배우고 평가하는    40가지 새로운 이론과 방법

# 실천교육학

마이크 샤플스 지음 · 사람과교육 번역연구팀 옮김

📖 사람과교육

# 실천교육학

'실천교육학'은 당신의 교수 학습 세계를 더욱 폭넓게 해줄 것이다. 교사와 학습자로서 지금보다 더 효과적이 될 수 있는 통찰력을 기르도록 새로운 교육혁신 현장 실천 사례를 체계화하여 소개한다. 초임 교사들은 혁신적인 교수법과 학습 방법에 대한 폭넓은 내용을 만날 것이다. 경력 교사들은 다중언어 학습법, 상호교류 학습법, 상호교수 학습법, 브리콜라주 학습법, 리좀형 학습법과 같은 매우 유용한 교육 방법에 놀랄 것이다. 또한 정책 입안자들은 교육과정 설계와 과정 개발에 필요한 자원과 함께 새로운 교수법을 현장에 적용하기 위한 증거를 얻을 수 있다.

이 책은 영향력 있는 혁신 교육학 보고서 시리즈 중에서 관련성이 가장 높은 교육학 40가지를 편집했다.

- 가르치고 배우는 혁신적인 방법
- 디지털 시대를 위해 교육학을 적용하는 새로운 방법
- 교실만이 아니라 비공식적인 환경, 온라인 학습공간에서의 다양한 교수법에 대한 사례연구
- 심리학과 교육학, 사회과학, 신경과학을 통합한 최신 학습과학 연구의 실천적인 시사점

실천교육학은 개별화, 연계, 성찰, 확장, 구현, 집단역동이라는 6가지 주제를 중심으로 체계화되었다. 교사와 정책 입안자, 교육 연구자를 비롯해 새로운 방법으로 가르치고 배우고 싶어 하는 사람이라면 누구에게나 종합적인 지침이 될 것이다.

## 차례

# 3부 성찰

## 4부 확장

## 5부 구현

# 6부 집단역동

영국 개방대학(The Open University)은 누구에게나 열려 있는 수준 높은 연구와 가르침을 수행하는 완전한 대학이라는 급진적인 목표로 1969년 에 설립되었다. 대부분의 학부 과정은 공식적인 입학 요건이 없으며 학 위를 취득하기 위해 누구라도 지원할 수 있다. 그러나 개방대학 졸업생 은 전통적인 대학 졸업생과 동등한 지식과 기술을 갖추고 있다. 많은 회 사에서 개방대학 졸업생을 고용한다. 바쁜 삶을 살면서도 시간을 쪼개 열심히 공부하는 높은 동기를 가진 사람들이기 때문이다.

개방대학은 어떻게 200만 명 이상의 사람을 대학 수준에서 원격교육 으로 가르쳤을까? 그 답은 좋은 교육학에 있다. 교육학은 가르치고 배 우고 평가하는 이론과 실천의 체계다. 교육학의 부분인 강의와 같은 방 법은 많은 사람에게 잘 알려져 있다. 탐구학습과 같은 방법은 교사나 교 육 연구자에게 친숙할 것이다. 학교와 대학에서 더 많은 교육학을 실천 하고 있지만, 이름이 없고 거의 알려지지도 않았다. 어떻게 이럴 수 있 을까? 어떻게 이처럼 중요한 일이 그렇게 무시될 수 있을까?

교육학은 교사나 하는 것이지 일반적으로 이야기되지는 않기 때문일 것이다. 가르치는 방법에 대한 책은 많다. 생활지도나 수업계획, 학습자 동기부여, 교실 문제 해결 같은 다양한 주제를 다룬다. 학습이론을 논하거나 효과적인 교수법에 대한 연구를 요약한 책도 있다. 그러나 실천교육학에 대해 최근에 나온 책은 없다. 스티븐 멜빌 배럿은 1908년에 이 주제로 책을 썼지만, 우리는 그 후로 가르치고 배우는 방법에 대해 훨씬 더 많은 것을 알게 되었다.

나는 2011년에 개방대학의 교육기술 교수로 임명되었다. 모바일 학습과 가상현실(virtual reality) 같은 새로운 기술을 즐겁게 가르치며, 신기술이 교육에 어떤 영향을 미칠 수 있는지에 대한 글을 〈NMC/EDUCAUSE 호라이즌 보고서(Horizon Reports)〉에 기고하기도 했다.[1] 신경과학과 교육학, 심리학, 머신러닝의 통찰을 결합한 새로운 학습과학도 등장했다. 나는 교육학의 혁신을 기술과 함께 이해하고 통합할 필요가 있다고 판단했다. 그 이후로 매년 개방대학 및 다른 교수학습혁신센터의 동료들과 〈혁신적 교육학〉에 대한 연례 보고서를 작성해왔다.[2] 이 보고서는 교육자와 정책 입안자에게 도움이 되는 새로운 교수 학습과 평가를 다루고 있으며, 매년 8만 부까지 발행할 정도로 성공적이었다.

〈혁신적 교육학〉 보고서는 크리에이티브 커먼즈 라이선스(Creative Commons Licence, CCL)에 따라 무료로 발행되며, 출처만 밝힌다면 누구나 자유롭게 내용을 복사, 재배포, 편집할 수 있다. 그렇게 만든 책이 바로 『실천교육학』이다. 보고서 내용 중에서 40개의 교육학을 선택하고, 그

---

1  www.nmc.org/publication-type/horizon-report/.

2  www.open.ac.uk/blogs/innovating/](http://www.open.ac.uk/blogs/innovating/.

것들을 다시 쓰고 확장해서 이해하기 쉬운 실제적인 가이드로 만들었다. 교사나 학생, 연구자, 정책 입안자로서 '스토리텔링 학습법'이나 '학습법 배우기'와 같은 몇몇 교육학 방법과는 친숙할 수 있다. '학습을 위한 평가'나 '문턱 개념 학습법'과 같은 것도 들어본 적이 있을 것이다. 하지만 당신이 학습이론이나 교육을 많이 알고 있다 하더라도, 이 책에서 소개하는 40개의 교육학 모두가 익숙하지는 않을 것이라고 확신한다. 설령 그렇더라도, 전 세계의 교사와 학습자가 이 교육학들을 어떻게 개발하고 적용하고 있는지에 대한 새로운 통찰력을 이 책에서 만날 것이다.

이 책은 〈혁신적 교육학〉 보고서의 저자들이 쓴 아이디어와 저술에 바탕을 두고 있다. 앤 애덤스, 사릿 바르질라이, 대니 벤즈비, 클라크 A. 친, 로베르토 드룩, 리베카 퍼거슨, 엘리자베스 피츠제럴드, 마크 게이브드, 크리스토테아 헤로도투, 토니 허스트, 요탐 호드, 야엘 칼리, 엘리자베스 고, 애그니스 쿠쿨스카흄, 해가이 쿠퍼민츠, 치킷 루이, 패트릭 매캔드루, 바버라 민스, 이사이 모, 줄리 리몰드, 바트 리엔티스, 제러미 로셀, 오닛 세이지, 케아 포크트, 마틴 웰러, 데니즈 화이트록, 룽샹웡과 루이즈 야날. 이들은 동료들에게 큰 영감을 준다. 이들의 기여가 없었다면 당연히 이 책을 쓸 수도 없었을 것이다.

서로 다른 방식으로 교육학을 실천하고 있는 민지 쉬, 에벌린 샤플스, 제니퍼 테일러에게 깊이 감사한다.

# 역자 서문

대학에서 교육학과 교육과정을 배우고 교육 현장에서 오랫동안 실천하면서 살아왔습니다. 현장에 와보니 이미 낡은 이론이 되었거나 내용이 바뀐 것도 많고, 시간이 지났음에도 통찰력이 뛰어나거나 효과적인 것도 있었습니다. 배운 것을 활용하기도 하고 새롭게 배우면서 아이들을 만났습니다. 아이들과의 만남은 감동스럽고 놀라웠지만 힘들기도 했습니다. 더 잘 가르치고 싶다는 마음으로 더 많은 것을 배우고 실천하면서 경험한 일들을 기록하고 또 기록하다 보니 자료가 꽤 많아졌습니다. 그렇게 많아진 자료를 제대로 활용하기는 쉽지 않았습니다. 그래서 비슷한 것끼리 모으고 상위개념을 도출해서 하나의 요소로 묶었습니다. 유목화를 한 것입니다. 그렇게 유목화한 요소가 늘어나면서 각 요소의 순서와 위계가 있다는 것을 알았습니다. 순서를 조정하고 위계를 만들어 구성하기 시작하자 구조가 만들어졌습니다. 이처럼 교육 현장에서 교육 목적을 달성하기 위해 배우고 실천하고 기록한 것들을 사유하고 구조화한 것을 '실천교육학'이라고 부릅니다.

스턴버그는 성공하는 사람에게 요소지능, 경험지능, 맥락지능의 3가지 지능이 있다고 이야기합니다. 요소지능이 배워서 아는 것이라면, 경험지능은 경험으로 알게 된 것, 맥락지능은 자신의 맥락으로 만드는 것이라 할 수 있습니다. 교사는 대학과 연수, 개인 연구를 통해 요소지능을 키웁니다. 교실에서 오랜 시간 학생과 함께 많은 것을 경험하고 배우면서 경험지능을 키웁니다. 만약 이 과정을 계속 기록해왔다면 그 기록을 성찰하면서 자신의 맥락으로 만드는 맥락지능을 키울 것입니다. 즉 구슬이 서 말이라도 꿰어야 보배인데, 서 말이 넘는 많은 지식과 경험을 꿰어내야 한다는 것입니다. 이렇게 자신의 맥락으로 만들어낸 것을 교사 자신의 실천교육학이라고 부릅니다.

교사로 살아간다는 것은 교육 목적을 달성하기 위해 학생과 함께 살아가며 가르치고 배우는 길입니다. 이 과정을 기록하고 성찰하며 체계화하여 자신의 실천교육학을 만들고 꾸준히 개선해나가는 교사와 그러지 않는 교사의 삶은 엄청난 차이가 있을 것입니다.

저는 자신의 '실천교육학'을 만들어 교사들과 나누고, 그들도 자신의 '실천교육학'을 만들어가도록 도우면서 살고 있습니다. 일 년 전 마이크 샤플스가 쓴 『실천교육학』을 발견하고 기뻤습니다. 비슷한 생각을 하고 실천하는 동료를 만났으니까요.

저는 2009년 행복교육학이라는 실천교육학을 만들었습니다. 그리고 2013년 『지니샘의 행복교실 만들기』와 2015년 『행복하고 탁월하며 민주적인 학급을 위한 학급운영시스템』이라는 책을 냈습니다. 이에 대해 많은 사람이 관심을 보이고 함께했지만, 교육학을 만드는 것은 외국의 유명한 사람만 가능한 일이라며 비판하는 사람도 있었습니다. 소수의 탁월한 사람만 교육학을 만들고 다수의 교사는 그것을 활용한다는 신념에 반하여, 교사라면 누구나 배우고 실천하고 기록하고 구조화하는 맥락지능을 활용하여 자신의 실천교육학을 만들어가야 합니다.

　건신대학원대학교 대안교육학과 교사코칭 전공 학생들과 방학 동안 『실천교육학』을 함께 읽으며 번역하고 공부했습니다. 그 결과물을 이렇게 세상에 내놓습니다. 이 책은 교육 현장에서 많은 교사가 학생을 더 잘 가르치기 위해 노력하고 체계화한 실천교육학들로 이루어져 있습니다. 빠르게 변화하는 이 시대에 꼭 필요한 이야기도 많이 담겨 있습니다. 무엇보다도 이 책을 통해 선생님들께서 교육학을 배우고 활용하는 것을 넘어서 자신의 실천교육학을 만들어가기를 바랍니다.

역자를 대표하여

정유진

# 혁신적인 교육학

1913년 7월, 연극계 신문인 〈뉴욕 드라마틱 미러(New York Dramatic Mirror)〉에 발명가 토머스 에디슨의 인터뷰가 실렸다. 기자는 에디슨에게 영화의 미래에 대해 물었다. 에디슨은 다른 사업가들처럼 자신의 발명품이 사회를 어떻게 향상시킬지 이야기할 기회를 마다하지 않았다. 신문에 실린 이야기를 살펴보자.

에디슨은 확신에 찬 어조로 말했다.

책은! 학교에서 더 이상 필요하지 않을 것입니다. 보다 시각적으로 공부할 것입니다. 인류의 모든 분야의 지식을 영상으로 가르칠 수 있게 될 겁니다. 10년 안에 학교 시스템은 완전히 바뀌겠지요.

그 당시에도 에디슨의 예측은 많은 의심과 조롱을 받았다. 이렇게 말하는 사람도 있었다. "얼씨구나! 에디슨이 말하길, 학교에서 책이 곧 사라진다네요." 지난 100여 년 동안 기술 발달이 교실 수업을 바꾸지도, 책을 없애지도 못한 것을 언급하면서 에디슨의 이야기가 요즘 다시 거론되고 있다.

## 교육학의 힘

하지만 에디슨은 새로운 교육 관련 기자재만이 아니라 시각으로 가르치는 새로운 교수법을 만들려고 노력했다. 이야기를 더 들어보자.

우리는 학교에서 영상을 활용하기 위해 노력해왔습니다. 탄화규소의 화학적 결정만이 아니라 파리와 모기, 비단 나방이나 나비와 같은 다양한 곤충의 삶도 영상으로 보면서 공부하고 있습니다. 아이들이 책으로는 이해하기 어려운 화학이나 물리학 같은 여러 학문을 공부할 때 영상이 얼마나 가치 있는지 알 수 있습니다.

짧은 영상으로 배우는 것은 여전히 인기 있는 연구 주제다. 심장의 펌프작용과 혈액순환, 화학 결정이 만들어지는 복잡하고 역동적인 과정을 담은 영상은 학생들이 이해하는 데 큰 도움을 준다. 주기율표 영상이나 동물의 혈액순환 모의실험 영상, 가상 천체투영기와 같은 새로운 대화형 소프트웨어 앱은 에디슨이 기뻐할 만한 '시각을 통한 학습'으로 배울 수 있게 한다.

새로운 기술이 교육을 바꾸었는지에만 관심을 둔다면, 교육학(가르치고 배우고 평가하는 이론과 방법)이 가져온 더욱 중요하고 지속적인 변화를 놓치게 될 것이다. 새로운 교육학에는 기술이 포함될 수도 있지만, 중요한 점은 단순히 교실에 기기를 도입하는 게 아니라 사람들이 배우는 방식을 개선하는 것이다.

새로운 교육학이 교육을 변화시킨 사례 두 가지를 살펴보자.

1970년대까지 교육혁신에 대한 연구는 학생에게 필요한 것과 가르칠 내용을 연결하는 방법, 즉 개별화 교수법이 대부분이었다. 이어서 사회심리학에서 발견한 함께 활동하는 것의 가치에 주목하기 시작했다. 학생이 혼자서 공부하는 것보다 4~8명의 작은 집단에서 협력할 때 더 창의적이고 좋은 결과물을 만들어냈다. 학생들이 집단으로 학습하는 것은 자연스러운 것이 아니기 때문에 건설적으로 논쟁하고 갈등을 해결하면서 협력하는 방법을 배워야 한다. 최근 많은 학교에서 집단학습 활동을 활용하고 있다. 온라인 원격교육을 위해 대화와 팀워크를 활용하는 새로운 학습 방법이 개발되고 있다.

학생이 활동하고 대답할 때 바로 반응을 받으면서 학습하는 생산적인 피드백도 교육적으로 성공한 사례로 꼽힌다. 피드백은 교사나 다른 학습자 또는 컴퓨터가 해줄 수 있다. 피드백을 주는 것은 학습자가 잘못 이해한 것을 바로잡는 방법을 찾거나 목표에 도달하기 위해 새로운 지식을 쌓는 방식으로 개선하는 데 도움이 될 때 가장 효과적이다. 학생이 무언가를 배우고 이해했다고 생각할 때, 다시 확인하면서 빠뜨리거나 잘못 알고 있는 것을 찾아서 바로잡을 수 있게 도와준다.

## 학습과학

기술보다 교육학을 강조할 때 사람들이 배우는 방법, 더욱 효과적으로 가르치는 방법의 핵심에 도달하게 될 것이다. 앤드루 멜트조프와 퍼트리샤 쿨, 하비에르 모벨란, 테런스 세이노프스키는 심리학, 교육학, 사회과학, 신경과학, 인공지능을 통합해 인간 학습에 대한 복합과학을 창시하고 〈사이언스(Science)〉에 발표했다.

그들은 인간만이 교사와 학교, 교육과정을 통해 학습하도록 하는 공식적인 체계를 발전해왔다고 이야기한다. 갓 태어난 인간은 강력한 학습기계와 같다. 멜트조프와 그의 동료들은 컴퓨터적 · 사회적 · 신경학적이라는 3가지 관점에서 인간 학습을 설명했다.

'컴퓨터적' 존재로서 인간은 환경을 구조화하여 모델을 만드는 경험으로 배운다. 예를 들어 우리는 개와 고양이, 사과와 배의 맛, 엄마와 낯선 사람의 목소리에서 다른 점을 배운다. 이때 직접 가르치지 않아도 관찰이나 추론을 거쳐 학습이 일어난다. 이런 방법은 '기계학습(machine learning)'에서 컴퓨터를 통해 시뮬레이션될 수 있다. '딥 러닝(deep learning)'의 새로운 컴퓨터 모델은 우리 두뇌가 장면이나 개념을 인식하는 과정을 보여주기 시작했다. 컴퓨터 기반 얼굴 인식 또는 자율주행 자동차를 위한 강력한 도구를 제공하기도 한다.

'사회적' 존재로서 인간은 부모를 시작으로 다른 사람을 모방하면서 배운다. 어린아이는 부모가 입을 열고 혀를 움직이는 것을 보고 따라 할 수 있다. 이런 모방 게임은 아기가 거울 속의 자기 얼굴을 보기 전에도 할 수 있기 때문에 매우 중요하다. 이는 다른 사람을 따라 하면서 그들의 기술을 습득하는 도제식 수업의 기초가 된다. 자신의 감정을 조절하고 타인을 측은하게 여기는 공감도 이런 방식으로 배운다. 모방은 언어를 배우는 기초가 된다. 어린아이의 이런 경험은 외국어를 공부할 때 TV를 보거나 라디오를 듣는 것보다 다른 사람과 상호작용을 하면서 더 빨리 배울 수 있음을 보여준다.

'신경학적' 존재로서 인간은 매우 복잡한 두뇌를 가지고 있다. 모든 사람의 두뇌는 850억 개의 뉴런(신경세포)이 있으며, 각각의 뉴런은 1만 개의 다른 뉴런과 연결되어 있다. 학습은 두뇌에서 뇌 신경회로의 변화, 즉 시냅스라는 뉴런 사이의 연결이 강화되거나 약화되면서 일어난다. 새로 배우는 단어나 사실, 기술은 두뇌의 신경회로를 변화시킨다. 아이들이 게임이나 대화로 언어를 배울 때 쉽게 배우는 것처럼 보이지만, 사실 머릿속에서는 매우 높은 수준의 두뇌 활동이 이루어지고 있는 것이다.

## 교육학의 패러독스

인간은 놀라운 학습 시스템이다. 모방과 가르침, 대화, 자기반성과 탐색을 통해 배운다. 태어나서 죽을 때까지 평생 학습한다. 어른은 보통 주당 13~17시간 적극적으로 학습한다. 외국어 배우기, 스포츠나 새로운 기술 익히기와 같은 중요한 학습 프로젝트를 매년 8개 정도 실시한다. 서점과 TV 편성표는 정원 가꾸기, 요리, 집수리에 대한 정보로 가득하다.

인간은 배움을 멈추지 않는 존재임에도 다른 사람이 가르치고 싶어 하는 것을 배우기는 너무 어렵다는 게 교육학의 역설이다. 학교와 대학의 시스템은 사회와 직업에서 필요한 지식과 기술을 가르치기 위해 수백 년 동안 진화해왔다. 하지만 여전히 어린아이들은 교실에서 시간표와 과목에 따라 배우고 시험을 본다. 이는 그들의 삶을 준비하는 데 매우 비효과적인 방법이다. 그렇다면 대안은 무엇인가?

[표 1.1] 학습 유형

| 학습의 목적 | 관련 학문 | 교육 방법 |
|---|---|---|
| 행동 변화 | 행동과학 | 행동 교정 |
| 연결하기 | 신경과학<br>인지과학 | 실습<br>반복연습 |
| 기술 향상 | 인지적 발달 | 도제식 수련<br>공동 작업 |
| 지식 습득 | 인식론 | 연구<br>문제 해결 |
| 세계관 형성 | 사회과학 | 탐험 |
| 개인의 변화 | 심리학 · 심리분석 | 성찰 · 대화 |

이 질문에 정답은 없을 것이다. 〔표 1.1〕에서 다양한 학습 방법을 볼 수 있다. 교육에 대해 연구하는 사람들은 각각의 학습법마다 자신만의 연구 영역과 교육적인 방법이 있으며, 서로 분리되어 있고 사이가 좋지 않다는 것을 알게 된다. 1970년대에 인지과학자들은 학습이란 행동을 변화시키는 것이냐, 아니면 마음을 개발하는 것이냐로 행동과학자들과 치열하게 논쟁을 벌였다. 수학과 역사의 기초를 배우는 데는 반복연습과 실습이 매우 중요함에도 협력 학습 연구자들은 신경과학자들과 공통점이 거의 없다.

## 협력적인 교육학

다양한 교수 학습법을 따로 나누는 것보다 주제를 중심으로 교육의 다양한 가지를 한데 묶어서 통합하고자 한다. 특히 이 책에서는 성찰과 탐구, 대화, 연구처럼 서로 다른 교육 방법들을 연결하여 새로운 교육학을 만들려고 한다. 어떤 교육 방법은 교사가 교실에서 학습을 안내할 때 최고의 학습이 이루어진다. 박물관이나 온라인처럼 교실 밖에서 배울 때 더 효과적인 교육 방법도 있다. 우리는 교수와 학습, 공식적 교육과 비공식직 교육, 교실 인과 밖, 아이 교육과 노인 교육 등 새로운 방법을 탐색하고 교육학으로 통합했다.

이 책을 읽다 보면 현장에 새롭게 적용되고 있는 다양한 교육학과 그것들의 성공 증거, 가능성과 한계를 만나게 된다. 이미 친숙한 것도 있겠지만 디지털 세대에 적용할 수 있는 새로운 방식도 알게 될 것이다. 다양한 교육학에는 교실의 안과 밖 또는 온라인에서 적용할 수 있는 실천적인 방법들이 나와 있다. 이처럼 다양한 방법을 6가지 주제(개별화, 연계, 성찰, 확장, 구현, 집단역동)로 분류하여 체계화했다.

## 개별화

모든 학생이 학생의 필요에 주의를 기울이고 충분한 지식이 있으며 학생의 약점과 격차에 민감한 교사를 만난다면 어떻겠는가?

20세기 초부터 개인 맞춤형 교육은 교육공학자들의 꿈이었다. 각 학생의 행동에 반응하거나 정신상태를 추론하고 오해를 바로잡을 수 있는 정교한 기계를 개발해왔다. 이는 지금까지 수학이나 과학의 제한된 주

[표 1.2] 주제와 교육학

| 영역 | 교육 방법 |
| --- | --- |
| 개별화 | 맞춤형 교수법<br>간격 학습법<br>개인 연구법<br>역동적 평가<br>잠재적 평가<br>다중언어 학습법 |
| 연계 | 상호교류 학습법<br>무경계 학습법<br>무의도 학습법<br>게임 학습법<br>지리 학습법<br>소셜미디어 학습법<br>지식 탐색법 |
| 성찰 | 선행탐구 학습법<br>상호교수 학습법<br>토론 학습법<br>컴퓨팅 사고<br>애니메이션 학습법<br>학습법 배우기<br>학습을 위한 평가<br>형성적 분석 |
| 확장 | 문턱 개념 학습법<br>스토리텔링 학습법<br>경이로움에서 배우기<br>원격실험 학습법<br>맥락 기반 학습법<br>사건 기반 학습법<br>미래를 위한 학습 |
| 구현 | 구현 학습법<br>몰입 학습법<br>메이커 문화 학습법<br>브리콜라주 학습법<br>디자인 싱킹 학습법 |
| 집단역동 | 온라인 소셜 학습법<br>집단 학습법<br>시민 연구법<br>리좀형 학습법<br>평판 관리하기<br>공개 교과서 활용 학습법<br>인문학적 지식공동체 |

제에서만 성공을 거두었다.

- 맞춤형 교수법: 학습자의 이전과 현재 학습에 대한 데이터를 사용하여 개인에게 맞춘 교육 내용을 제공한다.
- 간격 학습법: 신경과학의 새로운 연구 결과를 바탕으로 최적의 교수 학습 시간을 알려준다.
- 개인 연구법: 학습자 자신의 흥미와 질문을 바탕으로 스스로 연구할 기회를 준다.
- 역동적 평가와 잠재적 평가: 역동적 평가와 잠재적 평가를 통해 학습자의 적성과 기술을 이해하고 개발해나간다.
- 다중언어 학습법: 여러 언어를 사용하는 학생들이 자신의 언어능력을 인식하고 이해한 지식을 자신의 언어로 표현할 수 있게 도와준다.

　개인 맞춤형 교육과정이 각 학습자의 필요와 능력에 맞게 적용된다면 학생들의 동기부여에 어떤 영향을 미칠까? 학습은 본질적으로 사회적이다. 어렸을 때부터 아이는 부모를 모방하고 대화를 나누고 친구와 놀면서 세상을 배운다. 개인 맞춤형 학습은 학생에게 컴퓨터나 스마트폰 대신 사회적 경험을 통해 학습하게 한다. 적극적으로 참여하게 하려면 학습자를 연결하고 서로에게 배울 수 있도록 격려하는 교육 방법을 결합해야 한다.

## 연계

연계는 학습자들이 협력해서 학습하는 것과 여러 지역 및 다양한 방법들을 연결해서 학습하는 것을 의미한다.

- 상호교류 학습법: 학생이 교실에서 교사의 강의를 들으며 조사하고, 학교 밖이나 집에서 스마트폰과 같은 모바일 장치로 데이터와 증거를 수집하고, 다시 교실에서 공유하고 발표하게 한다.
- 무경계 학습법: 지역이나 시간, 장비나 사회적 상황의 경계를 넘나들며 학습경험을 연결하게 한다.
- 무의도 학습법: 집이나 작업장, 박물관, 야외에서 자연스럽게 경험하는 것들을 공식적인 학급 수업에서 생산적으로 연결하며 공부하게 한다.
- 게임 학습법: 학생 또는 교직원이 온라인 전략게임을 통해 의사결정과 전략, 협상 같은 직업기술을 습득하게 한다.
- 지리 학습법: 학습자가 자신의 지역 환경을 대화형 지도로 탐험하면서 온라인에서 같은 환경을 조사하는 다른 학습자와 연결하여 협력하게 한다.

온라인 학습은 다른 국가와 문화, 관점을 가진 학습자들이 온라인에서 만날 기회를 제공한다.

- 소셜미디어 학습법: 트위터나 페이스북으로 아이디어를 공유하고 생산적인 대화를 나누도록 돕는다. 교사는 학습자가 서로 다른 견

해를 존중하고 논란이 되는 주제를 생산적으로 토론할 수 있는, 친근하고 지원적인 학습공간을 만들기 위해 많은 노력을 기울여야 한다.

- 지식 탐색법: 학생에게 지식의 본질을 이해하여 진실과 거짓을 구별하고 증거를 찾아내 문제를 해결하게 한다.


## 성찰

현실세계와 온라인에서의 이 모든 활동은 매우 역동적이고 이동성이 높은 교육의 미래를 보여준다. 하나의 비전일 수 있지만 성찰과 사색을 거쳐 지식이 나오기 마련이다. 참여와 성찰의 연속적인 순환이 지식의 엔진이다. 환경을 탐구하거나 실험하고 책을 읽는, 살아가며 하는 모든 활동은 기존의 지식과 연결되어야 새로운 지식을 만들어낼 수 있다. 이런 과정을 거쳐 정신적 갈등과 강화를 경험하면서 성찰과 이해에 이르게 하며, 앞으로 이어질 학습을 위해 토의하고 계획하게 한다.

이런 생산적 학습 과정을 학교 교실(교사가 읽기와 성찰, 토론을 장려하는 곳)과 과학 실험실(실험하고 필기하며 성찰하고 토론하는 곳), **현장체험학습**(학생이 질문하고, 현장에서 자료를 모으고, 집이나 교실에서 발견한 것을 성찰하는 과정)에서 볼 수 있다.

- 선행탐구 학습법: 학생이 수업을 듣기 전에 주제를 탐구하고, 문제를 해결하려 노력하며, 실패와 성공을 반성함으로써 학습하도록 한다.

- 애니메이션 학습법: 심장박동과 혈액순환처럼 역동적인 과정이나 이차방정식 풀기처럼 문제를 해결하는 과정을 애니메이션으로 보여준다. 이어서 학습자가 그 과정의 각 단계를 성찰하고 자신의 말로 설명하도록 격려한다.
- 상호교수 학습법: 한 사람이 자신의 지식을 다른 사람에게 가르치고, 배운 사람은 그것을 가르쳐준 사람에게 다시 가르치면서 성찰하도록 하는 방법이다. 상호교수 학습법은 구조화된 논쟁을 거쳐 집단학습으로 확장할 수 있다.
- 토론 학습법: 학생들이 실험하고 토론하는 협력적 과정에서 자신이 성찰한 것을 다른 사람에게 설명한다.
- 컴퓨팅 사고: 반복, 디버깅(debugging. 프로그램의 오류를 찾아내어 수정하는 작업-옮긴이), 문제 분해를 비롯해 컴퓨터에서 파생한 구조화된 기법을 사용하여 문제를 해결하는 강력한 접근법이다.
- 학습법 배우기: 효과적인 학습자가 되는 데 필요한 높은 수준의 지식과 기술을 개발한다.
- 학습을 위한 평가: 각 학습자가 현재 학습의 어려움을 확인하고, 관련 자원을 찾아서 어려움을 극복하는 데 도움을 줄 수 있다. 이런 방식의 형성평가는 학습 주기에 따라 실시할 때 가장 효과가 크다. 새로운 정보를 얼마나 잘 학습했는지 피드백하며, 부족한 부분을 채울 수 있게 새로운 학습활동에 대한 지표를 제공한다.
- 형성적 분석: 이를 통해 학습 과정과 결과물에서 수집한 자료를 활용하여 교수 학습의 수준을 개선할 수 있다. 학습을 분석해서 얻은 자료를 시각화한 뒤 제공하여 교육자가 가르치는 방법과 수업을

효과적으로 디자인하는 방법을 성찰할 수 있게 돕는다. 학생도 자신이 어떻게 학습하고 있는지 통찰하게 한다. 학습 디자인에 대한 아이디어를 학교로 확장해서 학생과 학부모를 포함한 모든 사람이 성공과 실패를 반성하고 교육을 개선하기 위한 아이디어를 제안하고 반영할 수 있다.

## 확장

혁신적 교육학은 근본적으로 다른 방법을 제시하기보다는 현재 교육 방법의 범위를 확장하고 약점을 극복함으로써 제도적 개선을 시도한다.

- 문턱 개념 학습법: 어떤 문제에 대해 새롭게 생각하도록 해주는 개념이다. '열전이'나 '무게중심' 같은 문턱 개념을 잘 가르치면 요리나 스포츠 코칭 등 일상 활동에 유용하게 사용할 수 있다.
- 스토리텔링 학습법: 교실과 온라인 스토리텔링이 어우러진 기법을 통해 교사와 학생이 함께 이야기를 나누면서 고대 전통에 대한 새로운 시각을 얻도록 돕는다.
- 경이로움에서 배우기: 사물이나 사건을 조사하고 발견하고 축하하는 여정에서 경이로움을 느끼는 것부터 시작한다.
- 원격실험 학습법: 학생이 구입하기엔 너무 비싼 장비를 원격과학 실험실에서 원격으로 조작하고 실험하면서 배우게 한다. 기술 발달로 학습이 이루어지는 장소가 더욱 넓어졌다.
- 맥락 기반 학습법과 사건 기반 학습법: 증강현실(augmented reality) 기

술을 활용하여 주제와 관련된 상황이나 사건, 장소 등을 곧바로 경험하게 한다.

학생들이 생산적으로 학습하려면 관리를 잘하는 것이 꼭 필요하다. 교육자와 연구자, 정책 입안자들은 온라인게임이나 채팅이 나쁘다는 고정관념을 넘어서야 한다. 그 대신 소셜미디어와 게임을 정규교육에 통합하는 방안을 찾아야 한다.

- 미래를 위한 학습: 미래를 위한 교육을 통해 아직 존재하지 않는 직업에 필요한 지식과 기술을 발전시켜야 한다. 이는 쉽지 않을 것이다. 전통적인 학교교육에 게임과 채팅을 추가하는 식의 순진한 방법으로는 이루어질 수 없다.

## 구현

- 구현 학습법: 학교와 대학, 온라인 학습 모두 추상적인 학문적 지식을 중요하게 여긴다. 그러나 구현학습은 우리가 탐험하고 창조하고 경험하는 육체를 가진 존재임을 인식하게 하고 몸과 마음을 통합하여 학습하게 한다.
- 몰입 학습법: 가상현실로 학습이 이루어질 때도 몰입감을 느껴서 실제로 존재하고 행동하는 것처럼 느끼게 한다. 이때 시각, 소리, 움직임, 공간 인식 그리고 촉각까지 가능한 모든 감각을 통합적으로 활용하여 몰입감을 높인다.

- 메이커 문화 학습법: 새로운 관심사를 지닌 사람들이 메이커페어 (Maker Faires)나 잼버리(야영 축제), 공예의 날 행사에 모여서 메이커 문화를 만들어가고 있다. 마니아들은 컴퓨터나 3D프린터와 같은 현대적인 도구로 환경을 조사하거나 축구 로봇을 만들거나 복잡한 장신구를 디자인한다.
- 브리콜라주 학습법: 여러 재료를 덧붙여서 새로운 물건으로 만들어내는 브리콜라주 방식을 활용한 학습법이다. 모래성을 쌓거나 즉흥적인 예술을 펼치거나 패션 감각이 넘치는 의복을 민드는 등 즐겁게 학습하는 과정의 기초가 된다.
- 디자인 싱킹 학습법: 디자인하고 시험 및 재설계하는 창의적인 과정 안으로 브리콜라주와 성찰을 결합한다.

## 집단역동

- 온라인 소셜 학습법: 대규모로 교육하는 것은 최근에 두드러진 혁신이다. 수백만 명의 사람이 무크(Massive Open Online Cources, MOOCs)로 온라인 학습을 하고 있다. 무크는 학습 방법을 개선하면 다양한 규모의 학습자에게 적용할 수 있다는 것을 입증했다. 무크에 참여하는 사람이 많아질수록, 전 세계의 사람이 아이디어를 교환하고 관점을 공유하면서 더욱 풍부하게 상호작용을 할 것이다. 이런 대규모 참여를 관리하려면 소셜네트워크 기술, '좋아요' 댓글 달기, '팔로잉' 학습자와 교육자 그리고 유명한 학습자의 공헌에 대한 보상으로 이들을 돋보이게 해야 한다.

- 집단 학습법: 참가자가 질문이나 이야기, 그림, 영상, 컴퓨터 프로그램을 게시하고 다른 학습자가 답하거나 복습하게 한다.
- 시민 연구법: 사회조사와 과학 프로젝트 같은 공적인 일에 시민으로 참여하면서 배운다.
- 리좀형 학습법: 학습자가 역동적인 방식으로 여러 학습자와 함께 학습하면서 자신의 교육과정과 학습 방식을 결정한다.
- 평판 관리: 많은 사람이 어떤 사람을 평가하고 평판을 관리하면서 그들에게서 전문 지식을 배우게 하는 방법이다.

개인 맞춤형 교육을 다양한 학습자 규모에 맞게 적용할 수 있을까? 수천 명의 학습자가 동시에 토의하고 협력하여 연구하면서 지식을 향한 자신의 길을 만들어갈 기회를 주는 새로운 교육학을 개발할 수 있을까? 공개 교과서 활용 학습법과 인문학적 지식공동체가 그 답이 될 수 있다.

- 공개 교과서 활용 학습법: 공개 교과서 활용 학습법은 교사와 학습자가 협력해서 주석을 달고 확장하고 합치고 공유하면서 학습 교재를 만들어간다.
- 인문학적 지식공동체: 참가자 개개인의 지식과 관심을 소중히 여기고 발전하도록 지원하는 커뮤니티를 만들어 함께 학습한다.

지금까지 살펴본 교수와 학습, 평가 중에서 어떤 원칙들은 지속될 것이다. 교사는 여전히 중요한 역할을 수행하겠지만, 교육 내용을 전달하는 방식에서 토론과 성찰을 촉진하는 방식으로 변화하고 있다. 학습을 시작하고 몰입하고 확장하게 하는 효과적인 방법으로 구조를 활용하는 방식은 더욱 중요해질 것이다. 학습자는 여전히 적절한 목표와 지원이 필요하며, 대학 과정은 더욱더 중요해질 것이다. 대학은 사람들이 배우고, 그 과정을 즐기고, 서로를 지지하고 싶을 때만 효과가 있다. 앞으로 10년 동안의 혁신 교육학은 가르치는 내용보다는 새로운 교육학을 평생학습의 효과적인 과정으로 통합하는 데 집중할 것이다.

데이비드 우드 교수는 1993년 영국 국가교육위원회에 〈학교에서의 하루: 2015 AD〉라는 보고서를 제출했다. 모바일 무선 기기를 활용한 현장학습 프로젝트가 진행되고, 펜 태블릿컴퓨터로 학습하고, 컴퓨터네트워크를 통해 협력하며, 교사들이 학습 결과 분석도구를 사용할 것이라고 예측한 점이 참으로 놀랍다. 기술 발달이 교육의 미래에 미치는 긍정적인 모습을 보여준다. 보고서를 좀 더 살펴보자.

> 가까운 과거의 눈으로 가까운 미래를 바라본다면, 사람들은 앞에서 이야기한 교육의 발전이 바람직할지라도 이루어질 거라고 믿지 못할 것이다.

1990년대 초에도 이런 비관론이 팽배했다. 이 보고서에서 우드 교수는 학습자 개개인에게 개인 컴퓨터를 제공하는 것이 가장 중요한 장애물이라고 했는데, 이미 극복하고 있다. 학습을 위한 매우 강력하고 경제적인 도구로 새로운 스마트폰과 태블릿을 활용한다. 두 번째 장애물인 사용자 친화적이고 유용한 학습 기술을 개발하는 것도 좋은 디자인과 사용 편의성의 중요성을 인식하면서 해결해나간다. 하지만 가장 중요한 장애물이 남아 있다. 그것은 기술이 아니라 교육학이다. 학교와 대학에서 이젠 사라져버린 직업과 관련된 지식과 기술을 아직도 가르치고 있으며, 교사들은 교육혁신과 교육과정 개발에 제대로 참여하지 못하고 있다.

『실천교육학』은 21세기 교육 현장에서 개발되고 활용되는 새롭고 다양한 교육혁신을 탐구하여 교사에게는 다양한 교육 방법을 활용하도록, 교육정책 입안자에게는 교육과정 설계와 개발, 교수전략을 현명하게 결정하도록 안내하여 사람들의 학습을 향상시키게 도울 것이다.

1부

# 개별화

# | 01 |

# 맞춤형
# 교수법

### 학습자의 지식과 행동에 맞추어 가르쳐라

맞춤형 교수법은 학생들의 이전과 현재 학습에 대한 데이터를 사용하여 교육 내용을 개별적인 경로로 만든다. 교사가 수업에서 각 학생의 행동을 추적할 수 없으므로 맞춤형 교수법에서는 일반적으로 학생에게 맞춤형 지침이 들어 있는 컴퓨터시스템에 접속하게 한다. 이 시스템은 수업 시작 때 주제에 대한 지식을 점검하기 위해 퀴즈를 내고 학생이 하는 대답이나 질문, 선택에 따라 다른 경로를 제시한다. 일부 시스템에는 학생이 학습 상황을 점검할 수 있는 도구가 있으며, 교사는 학생의 반응을 바탕으로 교실 활동을 선택하거나 내용을 가르칠 수 있다. 맞춤형 교수법을 위한 제품은 교실이나 직장, 가정에서 사용할 수 있게 개발되었다.

## 맞춤형 교수법의 비전

한 학생이 수학 강좌에서 맞춤형 교수법 소프트웨어로 배우고 있다. 학생은 자료를 연구할 순서를 선택하고 각 과정이 끝나면 진단 테스트를 받는다. 문제에 봉착하면 소프트웨어가 학생에게 힌트를 준다. 학생이 쉬운 문제를 이해하면 더 어려운 문제를 주고, 복습해야 할 분야의 보완점도 제시한다. 마지막에 교사는 각 학생의 성적을 본다. 많은 학생이 특정한 질문에 대답하지 못하면 교사는 다음 날 수업에서 개념을 다시 가르치거나 소프트웨어가 제안하는 대로 학생을 소그룹으로 나누어 문제를 토론하게 한다.

## 맞춤형 교수법 교육 프로그램

일부 교육자는 맞춤형 교육 프로그램이 부진한 학생이나 온라인수업을 듣는 수강생에게 유연한 학습 선택권을 제공한다고 본다. 맞춤형 교육 프로그램은 1980년대에 있었던 '지능형 과외 체계' 연구에 뿌리를 둔다. 주로 수학 교육을 지원하기 위해 개발했지만 언어, 심리학, 경제, 생물학을 포함한 광범위한 과목도 다룬다.

맞춤형 교육 프로그램은 전문 소프트웨어 설계자와 교육 기술자가 설계하고 난이도를 조절한다. 퍼슨스마이랩앤마스터링(Person's MyLab & Mastering) 프로그램은 생물학, 화학, 공학, 심리학, 글쓰기, 요리 과학, 해양학, 회계학 등 많은 과목을 다룬다. 뉴턴(Knewton) 프로그램은 심리측정 도구로 학생 능력을 분석한 뒤 확률적 모델로 추후 학습활동을 추천하며 수준별로 학생을 그룹화하여 복습하게 한다. 교사는 뉴턴과 스마트스패로(Smart Sparrow)를 활용하여 수업 디자인을 선택하고 적용 범위를 설정할 수 있다.

스마트스패로는 시뮬레이션과 상호작용 콘텐츠를 만드는 도구를 제공한다. 코그북(CogBooks)은 교사가 이전에 만든 절차 가운데 선택하거나 자신만의 수업 절차를 만들 수 있게 한다. 맞춤형 교육 순서는 사전에 설정한 경로도, 시험 결과에 근거한 경로도 아니지만 알고리즘과 기계 학습법으로 학습자별 학습 순서를 지속적으로 맞춘다. 흥미로워할 만한 수학 문제를 제시하는 것처럼 학생이 표준 교육 내용에 관심을 느끼게 한다.

카네기 학습(Carnegie Learning)의 인지 튜터®(Cognitive Tutor®) 시스템은 학생의 지식 변화를 추적한다. 훌륭한 가정교사 역할을 하는 이 시스템에서 학생은 자신의 추리를 설명하고 지식수준에 맞춘 힌트와 설명을 받는다. 최근 연구에서 맞춤형 교육 프로그램은 학습자의 흥미와 관련된 감정에 반응하면서 인지능력과 감정능력을 동시에 처리한다. 수학 학습 게임에서 대화형 동반자는 학생에게 격려 메시지를 보내고 자신감, 흥미, 좌절 또는 몰입에 따라 게임 난이도를 조절한다.


## 맞춤형 교수법 적용

많은 성과에도 맞춤형 교수법은 여전히 장벽이 존재한다. 지능적인 과외 체계를 연구해보니 전통적인 교수법보다 긍정적인 결과가 확실히 있음에도 맞춤형 교수법을 교실에 도입한 결과는 실망스러웠다. 중등학교의 인지 튜터®에 대한 체계적인 검토는 대수에 대한 혼합 효과와 일반 수학에 대한 유의미한 영향을 발견하지 못했다. 기하학의 경우, 중등 학생에게 잠재적으로 부정적 영향이 있었다.

성공한 연구와 실패한 적용의 차이는 새로운 기술과 교육학을 다루는 교사 개발, 교실 수업의 통합, 적절한 교육 내용 발견, 그리고 학생 모두가 그 자료를 숙달했든 못 했든 간에 나아가도록 하는 학교 시스템의 압력에서 비롯된 듯하다.

다양한 학습자의 필요와 관심사에 맞게 교재를 제작해야 한다면 맞춤형 교수법 시스템을 개발하는 데 많은 비용이 들 것이다. 맞춤형 수업을 위해 교수 설계자는 보충 지도용 수준별 학습지와 적절한 수준의 도전과 지원을 제공하는 힌트를 포함하여 내용을 계획해야 한다. 이러한 개인 지도 시스템을 개발할 때 수년간 연구한 학생의 오개념 내용이 들어갈 수 있다. 최근 연구는 교사나 다른 학습자가 제공하는 내용을 포함하여 분석하고 선택하는 효율적인 방법을 제시함으로써 맞춤형 교수법의 성장에 도움이 될 것이다.


## 컴퓨터가 없는 맞춤형 교수법

일부 연구자는 학생의 활동을 기록하기 위한 소프트웨어 없이도 교사가 맞춤형 교수법을 진행할 수 있다고 한다. 앨런과 웨브, 매슈스의 논문에 따르면 훌륭한 교사가 모든 학생의 수준에 맞게 가르치려면 학생들이 생각하고 학습하는 방법에 대한 지식, 탐구 과정에 학생들을 끌어들이기 위한 전략, 교실 수업을 실생활과 연결하는 능력을 키워야 한다. 연구자들은 학생들에게 과학 문제를 함께 해결하도록 격려함으로써 맞춤형 교수법을 펼쳤던 신규 과학 교사 어밀리아에 대한 사례연구를 제시한다. 어밀리아는 학생들이 어설프게 재료와 생각을 다루는 동안 일어나는 배움을 기대했다. 학생들에게 사고 과정을 토론하도록 격려했고 실험이 일상 과학과 연결되는 방법을 볼 수 있게 했다. 그 후 어밀리아는 반 전체 학생에게 이러한 연결고리들을 강조했다. 이를 경력 교사가 되어가는 과정일 뿐이라고 할 수도 있겠지만, 연구자는 어밀리아의 수업은 학생들이 만든 아이디어와 활동, 질문을 중심으로 구성되어 있다고 말한다.

## 맞춤형 교수법의 실제

애리조나 주립대학 글로벌 1학년 아카데미는 학생들이 1학년 대학 과정을 무료로 체험할 수 있는 온라인 프로그램이다. 학생들에게 문제 푸는 법을 가르치고 수학에 대한 자신감을 높이는 것이 목적이다. 이 과정은 맥그로힐교육(McGraw-Hill Education)의 ALEKS 맞춤형 소프트웨어를 채택한다.

미국 내 70개 대학은 스마트스패로의 맞춤형 생물학 강좌를 채택했다. 이 강좌는 "삶이란 무엇인가?"와 같은 동기부여가 되는 큰 질문에서 시작하여 맞춤형 경로와 평가가 포함된 프로젝트로 학생을 이끈다. SRI 인터내셔널이 4개 대학을 대상으로 자체 평가한 결과에 따르면 3개 대학 학생의 성적이 향상되었다.

## 결론

맞춤형 교수법은 수강을 하거나 독서를 하기보다는 개별적인 학습 경험을 제공하는 한 방법이다. 또한 어려워하는 학생에게 정기적인 테스트를 하고 보충 자료를 추가로 제공하여 내용을 숙달했는지 확인하는 방법이기도 하다.

학습자가 학습 순서와 학습의 시작 수준을 어느 정도 선택할 수 있지만 이는 교사(보통 컴퓨터 기반 프로그램)가 담당하는 것이다. 이 교수법은 콘텐츠가 잘 짜여 있고, 가르칠 수 있는 부분적인 학습 내용들로 구성된 상황에서 가장 효과적이다. 교사는 각 학생의 진행 상황을 볼 수 있고, 학생은 그 상황을 논의할 수 있다.

# 간격
# 학습법

**가능한 한 빠르게 장기기억을 형성하게 하라**

우리는 시간이 긴 강의보다는 틈이 있는 일련의 짧은 수업에서 더 잘 배운다. 최근의 신경과학 연구에서는 장기기억이 어떻게 생겨나는지 자세히 밝혀냈다. 간격 학습은 다음을 기반으로 한다. (1) 교사는 20분 동안 정보를 준다. (2) 학생은 에어로빅이나 점토 모형 만들기 같은 분절된 실습 활동에 참여하기 위해 10분 동안 휴식을 취한다. (3) 학생은 20분 동안 주요 정보를 기억해내고 10분 동안 휴식한 뒤 (4) 최종 20분 동안 새로운 지식을 적용한다. 간격 학습 연구는 전통 수업에 비해 학습량이 눈에 띄게 증가하는 것을 보여준다. 이 방법을 학교에서 적극적으로 시험해보았으나 실제로 깊이 실행될 수 있을지 알려면 더 큰 규모의 실험이 필요하다.

## 기억 만들기

인간의 기억력 연구에 따르면 학습이 한 번에 주입되기보다는 시간이 지남에 따라 간격이 있을 때 더 많이 기억된다. 보통 이러한 연구는 외국어의 단어나 구와 같은 짧은 항목을 복습 시간 간격을 늘리며 학습하게 한다. 예를 들어 "몇 시인가요?"라는 스페인어를 배우는 학생은 그 구절을 읽고 나서 5분, 1시간, 1일, 3일, 1주일 뒤에 기억해내려고 할지도 모른다. 안키(Anki), 세레고(Cerego), 멤라이즈(Memrise) 같은 소프트웨어는 외국어 단어와 그 밖의 연관성(국기의 이름과 그림)을 가르치기 위해 이 간격의 반복법을 사용한다.

간격 학습은 각 복습 과정이 항목에 대해 학생의 단기기억을 자극하고 장기기억에 고정될 때까지 새로운 관계망을 자극하는 것이다. 간격 학습으로 대부분의 학생은 학습목표에 도달하게 되기 때문에 계속 이 방법을 사용한다. 그러나 이 학습은 며칠에 걸쳐 이루어지며 단어, 구문 또는 이미지 사이의 연결을 구축하는 데만 국한되었다.

학습의 신경과학에 대한 새로운 연구는 복잡한 주제를 몇 분 만에 장기기억으로 만드는 방법을 밝혀냈다. 간단히 말해 인간의 뇌에는 약 850억 개의 세포, 즉 뉴런이 있다. 각각의 뉴런은 시냅스를 통해 최대 1만 개의 다른 뉴런과 연결할 수 있는데, 이는 전기적 또는 화학적 자극을 전달하는 아주 작은 간격이다. 시각이나 소리와 같은 자극으로 잠깐 활성화할 뿐 아니라 지속적인 화학적 변화에도 시냅스 사이의 연결을 강화할 수 있다. 이러한 연결이 장기기억의 기초다.

동물세포를 이용한 실험에서 뉴런 사이의 화학적 강화가 학습과 수면 중에 발생한다는 것을 알 수 있다. 이를 연구하기 위해 쥐의 해마에서 단기기억을 장기기억으로 통합하는 데 사용되는 뇌세포를 제거하고 전기자극을 주었다. 연구원들은 10분간의 간격을 둔 세 번의 자극이 하나의 긴 자극보다 시냅스 사이에 더 활발한 연결을 만들어낸다는 것을 발견했다. 간격을 둔 자극은 장기기억이 만들어질 때 나타나는 세포의 단백질을 생성하기도 했다.

학습 중 인간의 뇌 활동에 대한 몇 가지 연구가 있다. 성인 참가자에게 120개의 새로운 얼굴 사진을 외우게 한 다음 MRI 뇌 스캔을 검사했다. '매스드러닝(massed learning, 집중 학습)' 조건에서는 참가자에게 같은 얼굴을 여러 번 제시한 뒤 그다음 얼굴이 이어졌다. '간격 학습(spaced learning)' 조건에서는 여러 다른 얼굴을 순서대로 제시했다. 이 연구는 서로 다른 얼굴 사이의 간격을 두는 것이 얼굴 인식과 연결된 뇌 부분에서 더 많은 활동을 생성한다는 점을 보여준다. 학습 기간 사이에 이보다 더 긴 공간(예를 들어 10분)이 뇌에 미치는 영향을 연구하려는 시도는 아직 없었다.

주로 동물 뇌세포 실험에서 지금까지 나온 성과는 학습 기간이 뇌세포 사이의 연결을 더욱 자극한다는 것이다. 시냅스 사이의 화학적 결합이 강화되려면 시간이 걸린다. 한 과정에서 너무 많은 걸 배우려고 하는 것은 뇌가 그 지식을 장기기억 속에 담을 시간을 주지 않는 것일 수도 있다. 동물세포 실험은 종종 학습 사이에 몇 분간 간격을 둘 것을 제안한다.

## 교과과정 주제별 간격 학습

이것은 초기 연구이므로 뇌 활동과 인간 학습 사이의 관계를 이해하려면 더 많은 연구가 필요하다. 이 작업을 바탕으로 전 수석교사 폴 켈리와 뇌 과학자 테리 왓슨은 교과과정의 주제들을 시간별로 가르치는 법을 고안해냈다. 이 강의는 20분짜리 세 번의 과정으로 구성되어 있으며, 그사이에 10분간의 휴식 시간이 있다.

- 과정 1(20분): 교사는 새로운 주제를 빠르게 발표한다.
- 휴식(10분): 학생은 종이접기나 점토 모형 만들기와 같은 신체 활동을 한다.
- 과정 2(20분): 학생은 주요 개념을 적극적으로 떠올린다.
- 휴식(10분): 학생은 종이접기나 점토 모형 만들기와 같은 신체 활동을 한다.
- 과정 3(20분): 학생은 연습 문제를 통해 새로운 지식을 적용한다.

켈리와 왓슨은 영국의 한 학교에서 생물학을 배우고 있는 13~15세의 학생들과 함께 교수법을 실험해보았다. 이 실험에서 학생들은 90분의 시간 간격을 둔 학습을 통해 첫 번째 생물학 과정 전체를 공부했다. 그 결과를 일반적인 학습법으로 4개월 동안 같은 과정을 공부한 통제 그룹과 비교했다. 하루 동안 간격 학습을 한 학생들과 4개월 이상 일반적인 학습법으로 공부한 학생들의 시험 성적에는 큰 차이가 없었다.

또 다른 실험에서는 14~15세의 학생들에게 간격 학습법을 사용해 생물학 시험 자료를 복습하게 했다. 그다음에는 같은 학생들에게 물리학 시험을 위해 전통적인 집중 복습법을 사용하게 했다. 시간별 복습법을 사용했던 생물 시험 점수는 또래 학생들의 전국 평균보다 상당히 높았지만, 물리 시험 점수는 전국 평균과 다르지 않았다.

## 간격 학습의 실제

90분간의 간격 학습이 수개월의 연구와 동일한 결과를 얻을 수 있음을 보여주는 연구들은 전국적인 언론 보도로 이어졌다. 영국의 교육기부재단(Education Endowment Foundation, EEF)은 학교에서 수업 시간 사이의 간격을 10분, 24시간, 10분 및 24시간 조합의 3가지 방법으로 정해 추가 무작위 실험을 했다.

이 복합적인 방법에서 교사들은 생물학, 화학, 물리학을 각 주제 사이에 10분씩의 간격을 두고 12분짜리 3가지 수업으로 가르쳤다. 이 과정을 3일 연속 반복하여 24시간의 추가 간격을 만들었다. EEF의 실험은 수업 시간 사이에 10분에서 24시간 간격을 결합한 3번째 방법이 가장 좋은 결과를 얻었다. 교사와 학생들도 프로그램을 즐기는 것처럼 보였다. EEF는 이 연구로 간격 학습이 의미가 있음을 확인했지만, 확실한 결론을 도출하려면 더 큰 실험을 해볼 것을 권했다.

## 결론

우리는 여전히 간격 학습에 대해 발견할 점이 많다. 간격 학습은 학교 과목을 가르치기 위한 기적의 교육법인가, 아니면 시험을 위한 자료를 검토하는 좀 더 효율적인 방법인가, 아니면 그 중간인가? 사전 지식을 통합하는 것만큼 새로운 자료를 학습하는 데 성공적인가? 무엇보다 중요한 점은 학생들이 새로운 개념을 익히고, 이전의 지식과 통합하여 장기적인 이해와 기술을 습득하는 데 이 방법이 유용하다는 것이다.

# 개인
# 연구법

**협력 연구와 활동적인 탐구로 스스로 배우게 하라**

개인 연구법은 우리 자신과 우리 주변의 세계에 대한 자연스러운 호기심을 바탕으로 한다. 개별적·집단적으로 학생이 궁금해하는 부분을 질문하고 조사하며 진행된다. 개인적인 질문은 교실에서 시작될 수 있는데, 학생들은 그들이 진정으로 답을 알고자 하는 개인적인 의미가 있는 질문을 한다. 교사는 조사를 통해 어떤 질문에 답할 수 있는지, 이런 질문이 어떻게 유효한 질문으로 프레임될 수 있는지, 과학적 정보 제공자로서 누구를 찾고 신뢰할 수 있는지, 어떤 연구가 적절한지, 왜 신뢰할 수 있는 자료를 수집해야 하는지, 이것이 어떻게 유효한 증거로 제시될 수 있는지, 그리고 그 방법 등을 알아내도록 지도한다. 그런 다음 조사 결과를 공유하고 논의한다. 학생들은 집이나 야외에서 자료를 수집하고 분석하여 조사를 이어간다. 마지막으로 교실로 돌아와 결과를 공유하고 발표한다.

## 개인적으로 의미 있는 질문

학생들이 개인적으로 의미 있는 조사에 참여하도록 장려하는 두 가지 이유가 있다. 첫 번째는 학생들에게 과학자처럼 행동하는 경험을 길러 주는 것이다. 교실 안팎에서 과학적 실습에 참여함으로써 학생들은 공유된 과학 조사를 경험하고, 다른 사람들의 발견에 대해 스스로 조사한 것을 살펴보면서 가치를 발견할 수 있다. 과학적 실습에는 자체적인 연구 질문 생성하기, 조사할 많은 변수 가운데 선택하기, 질문 탐색 절차 설계하기, 다양한 방법 사용하기, 결과에 대한 합리적인 주장과 여러 연구 결과 조율하기 등이 포함된다. 두 번째는 자신과 주변 세계를 조사함으로써 젊은이들이 과학적인 호기심의 기초가 되는 놀라움과 불안을 느낄 수 있다. 80여 년 전 교육자이자 철학자 존 듀이는 '느껴진 어려움'이나 무언가가 제자리에 있지 않다는 모호한 느낌, 혹은 습관적인 행동에 대한 예상치 못한 반응의 경험에서 비롯된 연구를 언급했다. 이는 합리적인 조사를 통해 해결의 필요성을 느끼게 한다. 호기심과 설명 욕구로 이어지는 탐구심도 생길 수 있다. 이것은 학교 과학에서 종종 놓치는, 탐구에 대한 개인적인 수행의 과정이다.


## 개인 연구법의 예

'개인 연구 프로젝트'는 11~16세 아동과 함께 가정과 야외에서 개인적으로 의미 있는 탐구 학습을 3년간 연구한 결과다. 가장 성공적인 연구는 '생태학'이라는 폭넓은 주제로 12~13세 사이의 학생들과 그룹 토론을 벌이는 과정에서 나왔다. 교사는 학생들에게 생태학 관련 단어(환경, 서식지, 동물)를 들려주었다. 학생들의 질문은 "소음공해가 새들이 먹이를 먹는 방식에 어떤 영향을 미칠까?", "겨울에도 연못에서 여름과 같은 생물이 발견될까?", "닭은 무엇을 먹고 살아남을까?"와 같은 것이었다. 추가적인 논의를 거쳐 "소음공해가 새들이 먹이를 먹는 방식에 어떤 영향을 미칠까?"라는 질문에 대한 답을 찾기로 합의했다.

이를 조사하기 위해 교사는 자연보호구역으로 여행을 떠나 새들이 시끄러운 지역(철도 옆 등)에 둥지를 틀고 있는지 관찰했다. 그런 다음 학교 운동장에서 새 모이가 소음의 영향을 받는지 측정하기 위한 실험을 설계했고, 그 결과에 대한 예측을 했다. 먼저 교사와 학생들은 학교 운동장의 여러 곳에 음향 센서를 설치해 소음 수준을 측정했다. 그 뒤 가장 조용한 장소와 가장 시끄러운 장소에 같은 높이로 새 모이통을 매달고 모이를 똑같이 담아두었다. 그리고 이틀 뒤 각 장소에서 얼마나 많은 모이를 먹었는지 무게를 쟀다. 마지막으로, 그들은 수업 시간에 실험 결과를 공유하고 토론했다.

결과는 예측과는 정반대였다. 그들은 시끄러운 장소의 모이통에서 더 많은 모이가 섭취되고 있다는 것을 발견했다. 또한 카메라를 설치하는 등 추가 관측을 한 끝에 탐욕스러운 비둘기가 대부분의 모이를 먹고 있다는 사실을 알게 되었다. 비둘기는 작은 새와 달리 시끄러운 곳을 선호했다. 학생들이 스스로 배운 과학의 기본 원리는 예측이 항상 사실이 되는 것은 아니라는 점이다. 이후 그들은 새 모이통이 있는 두 그루의 정원 나무 가운데 한 나무 아래에는 음악을 재생하는 라디오를 틀어놓고 '공정한 테스트' 실험을 수행했다. 그 결과 작은 새는 시끄러운 장소에서 겁을 먹는다는 사실을 발견했다.

## 개인 연구법의 도전

개인 연구법에는 두 가지 큰 문제가 있다. 첫 번째 문제는 학생이 좋은 질문을 하고 자신들이 발견한 것을 교실로 가져왔을 때 교사가 '통합 수업'으로 이끌어나가는 데 어려움이 있다는 것이다. 학생이 가져온 매력적인 질문 몇 가지는 그들이 조사하기에는 너무 어려운 것일 수 있다. 개인 연구 프로젝트에 제안한 연구 가운데 하나는 "체력과 심장 박동수의 관계는 무엇인가?"였다. 여기엔 심장 박동수 모니터를 어린아이에게 장착하는 기술적 어려움 외에도 사람의 건강을 측정하는 방법과 심박수 사이의 복잡한 관계에 대한 어려움이 있다. 다른 문제들은 더 쉽게 연구될 수 있지만 윤리적인 문제를 불러온다. 예를 들어 '건강한 식습관'에 대한 연구는 학생들이 매일 먹는 식사의 사진을 찍고 영양성분(칼로리, 소금 등)을 계산하는 과정이 들어가야 한다. 교사가 사진과 데이터를 익명으로 처리한다고 했음에도, 일부 학생은 건강에 해로운 음식 사진을 공유하기를 꺼려서 제대로 조사할 수 없었다. 또한 어떤 개인 연구는 지나치게 개인적인 것이 될 수도 있다.

두 번째 문제는 결과물을 통합하여 수업 시간에 제시하는 수업을 진행해야 하는 교사가 느끼는 부담이다. 개인 연구법은 학생들이 정해진 과제를 제출하고 교사가 나중에 답을 확인하는 전통적인 과제와는 다르다. 학생들은 개인 연구 활동에서 확인, 공유, 토론이 필요한 결과를 가지고 교실로 온다. 교사는 이 데이터에 대한 교훈을 즉흥적으로 만들어 학생들이 만족스럽고 과학적인 결론에 도달할 수 있게 도와야 한다.

교사는 학생들이 자신의 결과를 처리하고 토론할 때까지 그 질문에 대한 과학적인 대답을 보류할 수 있다. 이것을 '교사의 딜레마'라고 부른다. 교사는 과학적인 질문에 정확한(또는 일반적으로 받아들여지는) 답을 주어야 하는가, 아니면 학생들이 어려움을 겪으며 스스로 발견하게 해야 하는가? 연구 학습을 지도하는 중학교 교사 에린 푸어탁의 연구 결과에 따르면 답을 모르는 척하는 교사들은 "제자를 속이지 않았다"라고 말한다. 학생들은 한동안 자료 수집과 분석에 나섰지만 결국 포기하고 교사에게 답을 요구했다. 만약 개인 연구에 '정답'이 없다면 교사는 학생들에게 스스로 인내하고 지식을 발전시키면 더 잘 배울 수 있을 거라고 설명해야 하는 어려운 과제를 안고 있다. 이러한 점은 전통적인 교실 실험이나 실험실 수업을 운영하는 것에 비해 개인 연구를 어렵게 한다. 하지만 우수한 과학자가 되려면 어려운 질문과 씨름하고 좋은 답을 찾으려 고군분투해야 하는 과정이 필요하다.

## 개인 연구법의 실제

웹기반탐구과학환경(Web-based Inquiry Science Environment, WISE)은 버클리 대학의 무료 과학탐구 프로젝트로, 학생들이 실제 증거를 살펴보고 과학적인 토론에 참여할 수 있다. 웹 기반 소프트웨어는 학생들이 데이터 시각화, 모델링, 시뮬레이션 및 평가를 위한 도구를 사용해서 증거를 수집하여 협업하고, 반영하도록 안내한다. 프로젝트 차례에는 놀이공원에서의 운동(이동) 프로젝트와 세제를 이용해 기름 유출을 청소하는 방법이 포함되어 있다. 북캘리포니아에서는 4,000명이 넘는 중학생이 참여해 WISE와 함께 이해를 유도하는 방법에 대한 연구 프로젝트를 한다.

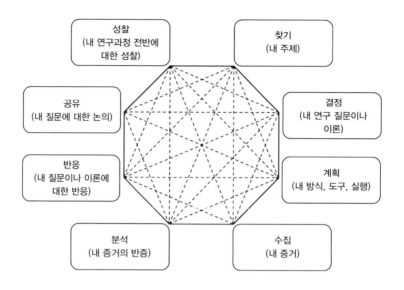

[그림 3.1] 개인 연구법의 과정

(출처: Anastopolou et al., 2012)[1]

개인 연구 프로젝트는 개인 연구 학습을 위한 엔콰이어(nQuire) 플랫
폼을 개발하고 테스트하는 데 3년 동안 두 곳의 학교가 참여했다. 교사
는 '개인 연구법의 과정'([그림 3.1] 참조)을 따라 학생들에게 과학탐구 과
정을 안내했다. 동일한 연구 주기 학생들이 집과 야외에서 조사를 수행
하는 엔콰이어 컴퓨터시스템을 활용하여 프로젝트에 참여했다.

---

1 Anastopoulou, A., Sharples, M., Ainsworth, S., Crook, C., O'Malley, C. & Wright, M.(2012). Creating personal meaning through technology-supported science learning across formal and informal settings. *International Journal of Science Education*, 34(2), 251–273.

## 결론

개인 연구법은 듀이가 뒷받침하는 탐구 주도 학습에서 아이디어를 얻어 개인이 만든다. 이 연구는 학생의 개인적인 의미와 관련이 있다. 그것은 취미나 공기 오염 또는 수질 오염과 같은 지역적인 문제나 대답을 요구하는 질문과도 관련이 있을 수 있다. 교사는 개별적이든 집단적이든 학생들을 도와 과학적인 조사를 수행해야 한다. 교사가 구체적인 주제를 미리 알지 못하기 때문에 학생들과 함께 방법과 장비를 즉흥적으로 조작해야 한다. 이는 교사의 용기와 자원이 필요할 수 있다. 따라서 개인 연구법은 조사를 계획하고 결과를 분석할 시간이 많은 방과 후 시간이나 여름방학 프로그램에서 가장 효과적일 수 있다.

# 역동적
# 평가

**학습자에게 학습을 지원하는 개인화된 평가를 제공하라**

역동적 평가는 일종의 대화형 평가이다. 이는 발달심리학자인 레프 비고츠키가 수행한 연구 결과물이며 학생들의 학습 잠재력과 기술을 평가하는 것이다. 역동적 평가는 학생의 진도에 초점을 맞춘다. 시험은 교사가 학생 개개인의 현재 학습의 어려움을 극복할 수 있는 방법을 찾고, 성공적인 학습을 지도하는 진단 도구로서 활용된다. 평가와 교사의 개입은 역동적 평가 과정에서 이루어진다. 역동적 평가는 학생을 지도하고 지원하는 방법이 될 뿐 아니라 많은 학생이 어려워하는 주제와 기술을 교사에게 알려주면서 수업 내용을 재설계하고 개선하는 데 도움을 줄 수 있다. 또한 학생들이 자신의 학습을 반성하고 어떤 기술을 향상시켜야 하는지를 결정하도록 동기를 부여할 수 있다.

## 간격 메우기

  학생들은 학습하는 동안 약간의 기술과 지식을 보여줄 수 있다. 학생은 교사나 박식한 전문가의 도움을 받아 더 나은 성적을 낼 수 있다. 심리학자 레프 비고츠키는 학생이 누군가의 도움 없이 할 수 있는 것과 도움을 받아 할 수 있는 것 사이의 영역을 근접발달영역(Zone of Proximal Development, ZPD)이라고 불렀다. 이는 교사가 학생의 학습 향상에 가장 큰 성공을 거둘 수 있는 '기회의 영역'이다. 학생의 능력과 교사의 개입 사이의 영역이 너무 좁다면, 그 학생은 적게 배울 것이다. 반대로 차이가 너무 크다면 그 학생은 이해하지 못할 것이다. 역동적 평가에서 교사는 계속해서 학생의 ZPD를 살펴보고 그 간격을 메우는 적절한 가르침을 제공하고자 한다.

  동일한 접근법을 개별 학생이나 그룹에 적용할 수도 있다. 그 예로 학교 건물의 높이를 측정하기 위해 모인 학생 그룹을 들 수 있다. 한 학생이 위층 창문에서 줄을 늘어뜨려 줄의 길이를 재자고 제안한다. 그렇게 하면 창가까지는 재겠지만 건물 꼭대기까지 재긴 어려울 것이다. 또 다른 학생은 창문에서 건물 높이까지 공을 던진 다음 땅에 떨어지는 데 걸

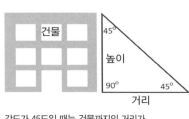

각도가 45도일 때는 건물까지의 거리가
건물 높이와 같음

[그림 4.1] 휴대전화 기울기 센서를 이용한 건물 높이 측정

리는 시간을 공 가속 공식으로 계산하여 높이를 재자고 제안한다. 그러나 그 모든 것은 복잡해 보이고, 학생들은 이내 포기하기에 이른다.

이때 토론을 듣고 있던 교사가 개입하기로 결정한다. 교사는 공이 떨어지는 데 걸리는 시간을 감안하여 거리 계산을 위한 '과학적 공식'을 제시함으로써 몇몇 학생들이 간격을 좁힐 수 있게 돕는다. 다른 학생들에게는 각도에 대해 이야기하며 건물 도면에 비스듬히 놓인 삼각형을 보여준다([그림 4.1] 참조). 학생들은 이에 대해 논의한 뒤 휴대전화 도구를 이용해 지면에서 건물 꼭대기까지의 각도를 측정하기로 한다. 각도가 45도일 때는 건물까지의 거리가 건물 높이와 같다. 교사가 개입하는 시기와 방법은 학생의 지식에 대한 교사의 판단과 어느 정도 지도하는 것이 도움이 될지에 달려 있다. 그것이 역동적 평가다.


## 역동적 평가 방법

소규모 그룹에서는 교사가 학생들의 지식과 기술이 시시각각 어떻게 발전하는지 평가할 수 있겠지만, 대규모 그룹에서는 그렇게 하기 어려울 것이다. 그 대신 교사는 각 학생의 지식이나 기술에 대한 사전시험을 설정하고, 그 후에 그 지식이나 기술이 어떻게 변했는지 알아보기 위해 개입을 거쳐 사후시험을 치를 수 있다. '사전시험, 개입, 사후시험' 방식은 전통적인 방식과 유사하지만 이 정보를 활용해 학생을 지도하고 교사가 알아차리는 데 목적이 있다.

교사가 전체 반 학생에게 과학적 측정을 가르친다고 생각해보자. 사전시험은 학생에게 개별적으로 질문을 해볼 수 있다. 각자 건물의 높이를 측정하는 방법을 적고, 교사는 몇몇 학생에게 해결책을 제시하라고 한다. 그리고 각 해결책의 정확성과 수행 과정이 얼마나 쉬운지에 대해 토론하도록 한다. 만일 어떤 학생도 각도에 근거한 해결책을 제안하지 않는다면, 교사는 힌트를 줄 수 있다. 학생이 복잡한 삼각법을 동원한 해결책을 제시한다면, 교사는 45도 각도로 어떻게 더 쉽게 높이를 계산할 수 있는지 보여줄 것이다. 모든 학생은 학교 건물의 높이를 측정하려고 밖으로 나갈 수 있으며, 유사한 문제에 지식을 적용할 수 있는지 개별적으로 재시험을 볼 수도 있다.

학생의 ZPD를 더 배려하는 상호작용 방식도 있다. 이 방법은 교사가 학생과 문제를 해결하기 위해 함께 공부하며 적절한 지도를 한다.

### 역동적 또는 정적 평가?

역동적 평가와 기존 또는 정적 평가는 다음과 같은 차이점이 있다.

- 역동적 평가는 미래의 학습 잠재력과 기술을 평가하고, 정적 평가는 과거의 성과를 평가한다.
- 역동적 평가에서 교사는 역동적인 수업 과정에 개입하기 때문에 교사와 학생의 관계가 다르다.
- 역동적 평가는 과정 중에 학생에게 피드백을 제공한다.

## 역동적 평가의 실제

대학 수준의 역동적 평가의 예는 학생 개개인의 발전 수준과 수업 난이도 사이의 조화를 찾아 스페인어 학부 과정에 학생을 배치한 것에서 찾아볼 수 있다. 학생은 질문에 구두로 답하고, 교수는 만일 학생이 실수했다면 그 자리에서 답안을 수정하도록 유도한다. 어떤 학생은 피드백으로 나아질 수 있었지만, 어떤 학생은 그렇지 않았다. 이렇게 어려움을 겪은 학생은 대화를 향상하기 위한 과정을 등록했다.

두 번째 예는 8~9세 아이들의 과학 수업에서 자력에 대해 배우던 중 나온 것이다. 교사는 아이들과 자력을 주제로 토론하면서 각 아이의 ZPD에 민감하게 반응해 '당겨라'와 '밀어라' 같은 일상적인 언어 사용에서 '인력'과 '척력' 같은 과학용어의 사용으로 이동하는 것을 도왔다.

3번째 예는 이스라엘에서 영어를 외국어로 배우는 성인 이민자를 지원하기 위해 고안되었다. 먼저 학생들은 독해와 이해력 테스트를 받았다. 그런 다음 교사는 학생들과 함께 시험을 거치며 각 시험 항목을 다루기 위한 전략을 수립했다. 여기서 중요한 점은 이러한 전략들이 어떻게 한 예에서 다른 예로 이전될 수 있는지를 보여준 것이다. 학습 잠재력 점수는 교사가 고안했고 학생들은 높은 수행자, 중간 수행자, 낮은 수행자로 지정되었다. 역동적 평가는 이들의 영어 실력 향상에 큰 도움을 주었다.

## 결론

역동적 평가는 신뢰성이 떨어진다는 이유로 비판을 받았다. 신뢰할 수 있는 시험을 구성하려면 시험 항목이 안정되어야 하는데 역동적 평가는 안정성이 아닌 변화 과정을 살펴보는 데 초점을 두어서다. 하지만 모든 평가는 학생이 얼마나 잘 발전하고 있는지 아는 데 있다. 역동적 평가는 학생의 발전 가능성과 밀접하게 연관되어 있기 때문에 타당한 평가다. 시간이 걸리고 교사에게 새로운 사항을 요구하지만, 교실에서 사용할 수 있도록 개발되었다. 역동적 평가는 학생이 완전한 학습 잠재력에 도달할 수 있도록 지원하는 평가 도구다.

# 05

# 잠재적
# 평가

드러나지 않게 학습 과정을 평가하라

컴퓨터 소프트웨어는 사람들이 시뮬레이션 세계를 탐험하고, 적과 싸우고, 도전을 극복하기 위해 컴퓨터게임을 할 때 진행 상황을 감시한다. 플레이어의 행동에 대한 데이터를 계속 수집해 새로운 도전을 위한 다음 목표와 전략을 안내한다. 곧바로 피드백을 제공하면서 개인의 진행 상황을 지속적으로 추적하는 접근 방식을 '잠재적 평가'라고 한다. 교육용 게임과 시뮬레이션에 적용하기 시작했고, 잠재적 평가로 측정하기 어려운 측면을 측정할 수 있다는 주장이 나온다. 학생들이 시험을 치르지 않아도 인내, 창의력, 전략적 사고와 같은 것을 수집할 수 있다. 원칙적으로 잠재적 평가는 교사에게 각 학습자의 진행 상황에 대한 지속적인 데이터를 제공한다. 그러나 서로 다른 학습 시스템에 대한 학습 과정의 척도를 구별하고 교사에게 유용한 데이터가 무엇인지 알려면 많은 연구가 이루어져야 한다. 또한 방대한 양의 학습 자료를 수집하고 컴퓨터로 사람의 일거수일투족을 감시하다 보니 윤리에 대한 우려가 제기된다.

## 잠재적 평가 및 질문 학습

이 용어는 2005년 밸러리 슈트가 미시경제학의 원리(예를 들어 공급과 수요의 법칙)를 가르치려고 스미스타운(Smithtown)이라는 시스템에서 자동화된 평가 과정을 기술하는 데 처음 사용되었다. 학생들은 스미스타운 시뮬레이션 세계나 커피 가격 또는 주민의 수입과 같이 변화된 수를 탐험했다. 그들은 가설을 세우고 예측을 시험함으로써 탐구학습을 했다. 이 소프트웨어는 인공지능으로부터 학생들의 행동을 감시하고 분석하는 방법을 사용하고, 게임을 방해하지 않으며, 학생의 질문 기술을 지원하기 위한 피드백을 제공했다.

잠재적 평가는 경로를 선택하는 대신 시뮬레이션 환경을 지속적으로 조정함으로써 맞춤형 교수법을 실현한다(1장 참조). 학생의 지식과 오해의 진단에 근거하여 게임을 하는 동안 학생이 예측하기 전에 시뮬레이션 세계에서 수집하는 증거 또는 학생에게 도움을 요청하는 게임 캐릭터 등은 학생의 행동에 근거를 둔다. 평가는 게임의 흐름 안에 내장되어 있고, 학생은 이러한 동적 모니터링과 대응 과정이 일어나고 있다는 사실을 알지 못할 수도 있다.

## 잠재적 평가 원칙

잠재적 평가는 다음과 같은 핵심 원칙을 따른다.

- 소프트웨어는 컴퓨터게임 또는 시뮬레이션 안에서 학생의 활동을 분석한다.
- 시스템은 학습을 지원하기 위해 게임의 구조를 지속적으로 조정한다. 예를 들어 학생의 성과에 맞는 새로운 과제를 제공한다.
- 시스템은 게임의 흐름을 유지해 교육과 평가가 별도의 테스트나 시험이 아닌 게임의 일부가 되게 한다.
- 시스템은 학생의 능력과 역량을 나타내는 동적 모델을 구축한다.
- 정확한 진단을 수행하면서 평가와 학습의 구분을 모호하게 하여 시험에 대한 학생의 불안감을 줄이기 위한 것이다.

이는 컴퓨터로 수행될 때는 복잡할 수 있지만, 스포츠 코치가 테니스나 축구를 가르칠 때의 상황을 예로 들어볼 수 있다. 코치는 학생들이 연습하는 모습을 지켜보면서 실력 수준에 맞는 한 학생에게 새로운 도전을 부여한다. 그 도전은 별도의 테스트가 아닌 게임 플레이(예를 들어, 테니스 서브나 축구 페널티킥 등)의 일부다. 코치는 학생 개개인의 특기와 약점을 이해하고 있으며 그에 맞는 도전을 부여한다.

## 잠재적 평가 설계 방법

잠재적 평가의 기초가 되는 교육학은 역량 학습이다. 교사(잠재적 학습의 경우 컴퓨터)는 학생이 알고 있는 것과 할 수 있는 것을 추정해 학생의 역량에 맞는 과제와 평가를 지속적으로 제공한다. 이를 위해 교사 또는 시스템은 학생이 특정 문제를 어떻게 수행하는지 진단한 다음, 기술 네트워크로 역량 수준을 추론해야 한다. 목표는 지식, 이해력, 응용력을 포함한 학생의 문제 해결 능력을 탐지하는 동시에 창의성과 비판적 사고에서 높은 수준의 능력을 발견하는 것이다.

잠재적 평가를 성공하는 방법은 증거 중심의 디자인을 이용하는 것이다. 첫째, 게임디자이너는 어떤 지식과 기술, 역량을 평가할지 결정해야 게임 플레이에 내장할 수 있다. 이러한 속성은 직접 평가할 수 없어서(게임은 학생이 무엇을 생각하는지 알 수 있는 직접적인 방법이 없고, 잠재적 평가는 지식의 명시적 시험지를 만들지 않기 때문에) 게임디자이너는 어떤 행동과 상호작용이 학습자에게 지식, 기술, 역량의 증거를 제공하는지 파악해야 한다.

그다음 게임디자이너는 학습자의 능력에 맞는 행동, 즉 달성해야 할 목표를 설정하고 갈등을 관리하고 도전을 도입하는 행동을 선택한다. 또한 학습자가 임무를 수행하거나 게임 문제를 해결할 때 성공과 실패의 척도를 게임에 구축한다. 이러한 조치는 학생이 원하는 기술을 얻거나 필요한 수준의 역량에 도달할 확률을 조정할 수 있다.


## 기회 및 과제

잠재적 평가는 평가뿐 아니라 게임 플레이에도 적용되는 증거 중심의 설계 과정을 거쳐 평가 전략, 게임, 시뮬레이션 세계가 모두 함께 개발될 때 가장 잘 작동한다(게임 요소를 포함해 참여와 학습을 촉진한다). 덜 성공적인 접근법은 기존 게임이나 시뮬레이션에 역동적 평가를 추가하는 것이다. 잠재적 평가 기법은 학습자에게 자신의 행동에 대한 즉각적인 피드백을 제공하고 교사에게 각 학습자의 질문과 비판적 사고, 의사결정,

창의성 기술을 개발하는 방법에 대한 정보를 제공할 수 있다. 이 작업은 초기 단계여서 잠재적 평가 방식이 게임별, 주제별로 새롭게 개발될 필요가 있는지, 아니면 일반적인 방식을 채택할 수 있는지는 아직 명확하지 않다.


## 결론

잠재적 평가에는 사람들 사이의 논쟁이 있다. 학생의 행동을 관찰하고, 문제 해결 능력이나 창의력을 평가하는 컴퓨터시스템을 설계하면서 학생에게 재미있는 게임을 제공하는 일이 윤리적인가? 자신이 지속적으로 관찰되고 평가되고 있다는 사실을 안다면 학생이 수용할 수 있을까? 결국 훌륭한 코치가 하는 일은 정확히 무엇인가?

이 연구 프로젝트의 경우, 학생들이 시스템 안에서 어떻게 관찰되는지, 수집된 정보가 어떻게 사용되며 어떻게 얻어지는지에 대한 학생들의 의향을 포함하는 엄격한 윤리적 지침에 따라 개발되어야 한다. 그러나 잠재적 평가는 이미 상업용 게임에 포함되어 있다. 예를 들어 보험위험을 평가하려고 보험 가입자의 동의 없이 사용할 수도 있다.

잠재적 평가는 역동적 평가와 피드백을 컴퓨터게임에 접목시켜 창의성, 문제 해결, 지속성, 협업과 같은 역량을 가르칠 수 있는 매력적인 방법이다. 이 방법은 조심스럽고 세심하게 도입해야 하지만, 초기 결과는 시뮬레이션게임의 참여와 역동적 평가의 진단 능력을 결합할 가능성이 있음을 시사한다.

# | **06** |

# 다중언어
# 학습법

**여러 언어를 사용해 풍요로운 학습 환경을 제공하라**

많은 학생은 모국어가 아닌 언어로 공부하고 말한다. 다중언어 학습법이란 언어 간에 유동적으로 이동하는 것을 말한다. 교사는 이중언어를 사용하는 학생이 같은 언어를 사용하는 상대와 대화하고, 여러 언어로 인터넷을 검색하며, 광범위한 온라인 커뮤니티와 사이트에 접근할 수 있게 지원해주어야 한다. 학생들은 두 가지 이상의 언어로 국제 온라인 토론에 참여할 수 있다. 다중언어 학습법은 다른 학생들의 이해를 넓히고, 그들이 더 폭넓은 시야를 가지도록 도움을 준다. 또한 다양한 언어를 들을 때 문화적 경험과 세계관이 풍부해질 수 있다. 그러나 이중언어 또는 다국어 교실은 단일 언어 학생을 배제하거나 이중언어 학생이 자신의 언어 사용 능력을 당연하게 여길 수 있다.

## 언어 간 이동

'언어화'라는 단어는 의미를 만들기 위해 언어를 사용하거나 생산하는 역동적인 과정을 말하며 주로 구두 의사소통을 뜻한다. 하지만 제스처나 보디랭귀지, 그림 또는 미디어 제작도 언어에 포함할 수 있다. 언어 간에 유연하고 유동적으로 이동하는 것을 '다중언어 학습법'이라고 부른다. 이는 여러 언어를 엮거나 대화 또는 자기표현 도중에 하나 이상의 언어를 사용하는 것으로 생각할 수 있다. 예를 들어 한 사람이 가족이나 친구와 함께 한 언어로 말하면, 두 번째 사람이 다른 언어로 자세히 설명할 수 있다. 또한 학생은 질문에 답하려고 여러 언어로 된 웹 검색을 거쳐 정보를 찾고 비교할 수 있다. 이러한 것은 이미 소셜미디어의 일부 대화나 교류에서 발생하고 있으며 비공식 학습에 도움을 줄 수 있다.

## 언어의 유동성

인터넷과 국제 여행의 성장과 함께 점점 더 많은 학습자가 어린 시절에 썼거나, 학교나 대학에서 배운 언어가 아닌 언어로 공부하고 있다. 일이나 교육을 위해 다른 나라로 이동하는 것은 종종 배움이 다른 언어로 이루어져야 한다는 뜻이다. 학생들은 이미 가정에서 사용하는 언어가 학교나 대학에서 사용하는 언어와 다른 이중언어 또는 다국어 가정에 속해 있다. 게다가 많은 학생이 유창하지 않은 언어로 온라인강의에 참여하거나 소셜미디어 토론에 참여한다. 또한 국제 영어는 인도, 필리핀, 남아프리카, 에티오피아 등 세계 여러 지역의 학교에서 정규교육 언어다. 이처럼 다른 언어가 교육 경험으로 환영받고, 학생이 자신의 생각을 다른 언어로 공유하거나 성과를 증명하는 데 사용하는 일은 흔하지 않다. 언어교육의 상호작용은 도전과 기회를 불러온다. 낯선 언어로 공부하는 것은 학생에게 직면하지 않아도 될 도전을 제시하는 것이고, 그 때문에 불편할 수도 있다. 하지만 학생은 교육 내용을 이해하고 이에 대응해야 할 뿐 아니라 교사나 동료 학생들과 공통의 언어로 편안하게 소통할 수 있다. 또한 언어에 능통한 사람을 인정하지 않는다면 학생들은 창의성이나 독특한 관점을 표현하기가 더 어려울 수 있다.

긍정적인 측면에서 이중언어 학생은 때때로 단일 언어 학생이 덜 쓰는 정신적 자원과 기술을 이용할 수 있다. 다른 학생들과 지식이나 경험을 공유할 기회가 있다면 이중언어 학생의 문화와 언어적 차이에 대한 인식을 높일 수 있다. 그러려면 다른 언어의 학생을 지원하는 교육학이 필요하다. 그것은 이중언어 학생에게 교육 경험에 온전히 참여할 수 있게 하고, 그들의 언어가 다른 사람에게 도움이 될 수 있는 방향으로 나아가도록 한다.

## 언어 번역, 교육학 및 기술

다중언어 학습법은 보통 이중언어를 사용하는 학생에게 적용되지만, 단일 언어만 사용하는 학생에게도 적용할 수 있다. 다음과 같은 몇 가지 예를 들 수 있다.

- 서로 도울 수 있는 이중언어 친구를 만나 대화한다.
- 수업 디자인은 개인의 언어 배경을 염두에 두고 작업한다.

- 학생이 선호하는 언어로 몇 가지 주제와 문제를 토론할 수 있게 허용한다.
- 다국어와 단일 언어를 비교해 장점을 학생에게 보여준다.
- 다국어로 정보를 검색하거나 커뮤니티에 접근할 수 있는 수업을 구성한다.
- 학생이 선호하는 언어로 주석을 단 사진이나 비디오와 같은 디지털자료를 추가해 이 작품을 다른 사람들도 이해할 수 있게 한다.
- 다른 언어 배경을 가진 교사들과 함께 가르친다.
- 다국어 챗봇(일반 컴퓨터프로그램) 또는 가상 보조 도구를 활용한다.

다중언어 학습 소프트웨어, 온라인 사전, 문화 간 소셜네트워크, 다른 언어의 웹 자원, 가상 조교와 같은 기술은 교사와 학생 사이의 다중언어 학습에 도움을 줄 수 있다. 자동 다중언어 학습 도구는 학습자원이 될 수 있으며, 이중언어를 구사하는 학생은 소프트웨어가 일상 문장을 어떻게 번역하는지 탐구하고 토론할 수 있다. 이러한 자원은 학생의 사고와 이해를 확장하고 심화할 수 있으며, 다양한 관점을 얻을 수 있게 한다. 교사는 모국어로 더 자신 있게 말하는 학생을 보면서 보람을 느낄 수 있다.

## 다중언어 학습법의 실제

인도의 한 시골 학교 교실에 힌디어를 모국어로 쓰지 않는 학생이 많았다. 교사는 다중언어 학습법을 수업에 포함하기로 결정했다. 학생들에게 힌디어 어휘를 모국어로 다중언어 학습을 하거나, 힌디어 교과서 한 페이지를 짝이나 그룹과 큰 소리로 읽게 한 다음 익숙하지 않은 단어의 의미를 이해하게 했다. 그리고 본문을 모국어로 토론하도록 권장하는 내용을 포함했다. 교사는 다국어로 인쇄된 단편소설을 찾아 학생들에게 읽게 하고, 다른 언어로 토론하게 했다. 그 결과 힌디어 사용에 대한 학생들의 자신감이 높아졌고, 단일 언어의 힌디어 사용자들은 다른 언어에서 단어와 구절을 배우기 시작했다.

웨일스의 한 학교에서 10~11세 사이의 학생들은 영어로 된 비디오를 본 다음, 그 지역 언어로 된 내용에 대해 토론하고 글을 썼다. 교사는 학생들이 영어와 웨일스어를 모두 유창하게 할 수 있도록 도우려고 다중언어 학습법을 사용했다. 다른 웨일스 학교에서는 교사와 학생이 웨일스어 과제에 필요한 정보를 찾을 때 영어 인터넷 자료에 접근할 수 있게 허용했다.


## 결론

다중언어 학습법은 2개 국어를 구사하는 사람을 이상하다기보다는 정상으로 간주한다. 이는 표준 국가 언어를 이해하고, 교육 관행을 확장하여 다양성을 지원하며, 모바일과 소셜미디어의 일상적 커뮤니케이션 및 학습 통합을 장려한다. 하지만 이중언어 사용자 지원을 위한 교육학에서는 단일 언어 학생이 소외될 수 있다. 또한 학습에서 모국어를 효과적으로 사용하는 2개 국어 능력은 당연히 필요할 수 있다. 만약 우리가 의미를 만드는 도구로서 언어를 바라본다면 언어 사이의 경계는 부드러

위질 것이다. 학생과 교사는 하나의 언어에 국한되는 게 아니라 그들의 모든 언어적 자원을 활용할 기회를 얻는다. 모바일과 온라인 도구의 다양성은 다중언어 학습법을 지원하는 추가 도구를 개발하게 한다.

# 2부

# 연계

# | 07 |

# 상호교류
# 학습법

### 교실 안의 학습과 교실 밖의 학습을 연결하게 하라

   가정과 야외, 박물관, 방과 후 동아리같이 교실 밖에서 배우는 교육 콘텐츠를 학습자 삶의 중요한 문제와 연결 지을 수 있다. 그뿐 아니라 교실 안의 학습과 교실 밖의 학습은 서로 보완할 수 있다. 학교와 대학에서 이루어지는 학습에 일상 경험을 더하면 더욱 풍부해지고, 일상 경험도 교실에서의 질문과 지식을 더하면서 더욱 깊어질 수 있다. 이렇듯 교실 안과 교실 밖의 학습이 연결되면서 일어나는 상승작용으로 학생들은 학습에 더 많은 관심과 동기를 가질 수 있다. 자연 관찰 활동은 오랫동안 사용된 상호교류 학습 방식으로, 교사와 학생들이 산책하며 나뭇잎과 물의 표본, 나무 탁본을 교실로 가져와서 분석하고 전시하는 것이다. 또는 학생들이 가져온 오래된 엽서부터 유튜브에 올라온 춤 동작 등 다양한 주제를 교실에서 다룰 수도 있다. 상호교류 학습은 각기 다른 방식인 학습 환경의 장점을 모두 활용하고, 학습자에게 생생하고 매력적

인 학습 기회를 준다. 이러한 학습은 평생 이어지며, 삶의 여러 경험은
학습으로 연결된다. 다양한 방식의 학습경험을 기록하고, 연결하고, 회
상하고, 공유하도록 할 때 학습자가 폭넓게 학습할 수 있다.

## 학습을 연결하라

우리는 살아가면서 평생 배우지만, 유치원이나 학교, 대학, 자격 과
정, 전문가 과정과 같이 굳이 기간을 나누어 구분한다. 하지만 박물관
견학, 방과 후 또는 취미 동아리 활동, 인턴십과 같은 교실 밖 학습이 교
실 안 학습과 연결되기 때문에 두 개념의 구별이 모호해지고 있다. 네트
워크 기술, 학습 능력과 평가에 대한 새로운 접근, 비정규학습의 가치에
대한 새로운 통찰 등으로 말미암아 경계가 불분명하다.

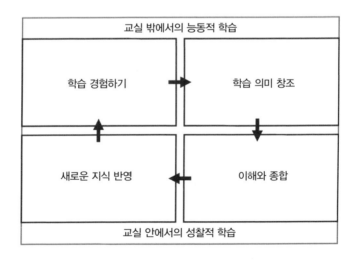

[그림 7.1] 교실 안과 밖에서의 학습 연결

상호교류 학습은 교실 안 학습과 교실 밖 학습을 서로 연결 지어 그 사이에서 생겨나는 장점을 활용하는 것이다([그림 7.1] 참조). 상호교류 학습은 한쪽의 학습 경험하기, 경험한 학습의 의미 창조, 이해와 종합, 새로운 지식 반영, 새롭게 알게 된 경험으로 다른 쪽의 학습경험 안내하기의 순서로 순환이 일어날 때 성공할 수 있다.

학생은 교실 밖 학습으로 학교에서 필요한 기술과 태도를 배울 수 있다. 학생이 관심을 보이는 개별 주제를 반영하여 교육과정을 재구성하고, 교과 주제와 과제에 교실 밖 학습경험을 포함할 수 있다.

상호교류 학습은 학습에 대한 전체적인 시각의 변화를 가져왔다. 상호교류 학습이 늘어나고 관심이 커지면서 교육자, 정책 입안자, 연구자들이 학습을 교실 안 학습과 교실 밖 학습으로 이루어진 생태계로 바라보게 되었다. 상호교류 학습은 학습자가 서로 다른 환경에서 얻은 학습경험을 연결할 수 있게 돕는다. 예를 들어 '지속 가능성'이라는 주제를 배울 때 학생은 집에서 교실로 여러 식품 포장지를 가져오거나, 채소별 부패를 집에서 관찰하거나, 학교 전력 사용량을 비교할 수 있다.


## 성취도 인정

상호교류 학습이 늘어나면서 학업 성취도에 대한 인식과 평가가 달라지고 있다. 예를 들어 교실 밖 학업 성취도를 기록하기 위한 배지(일반적인 스카우트와 가이드 배지)를 사용하면 학습경험 환경을 구별할 수 있다. 학습자는 텀블러(Tumblr)나 핀터레스트(Pinterest)와 같이 정보를 검색하고 서로 의견을 주고받을 수 있는 소프트웨어를 사용하여 더 깊이 학습할 수 있다.

교사와 비공식적 교육자에게 상호교류 학습을 전문적으로 발전시킬 기회가 점점 늘어나고 있다. 박물관과 지역센터에서 일하는 교육 담당자는 지역 소장품이나 지역에서 이루어지는 활동을 교사가 수업에 활용할 수 있게 돕는다. 예를 들어 교사는 박물관 체험 활동을 중시하는 캘리포니아 샌프란시스코 박물관 해설가의 도움을 받아 전시품을 수업에 활용할 수 있다. 교사와 비공식적 교육자들의 지속적인 만남이 이루어질 때 상호교류 학습은 더욱 활발해질 것이다.

## 상호교류 학습의 실제

영국에서는 '마이아트스페이스(MyArtSpace)' 프로젝트를 통해 교실 학습과 박물관 학습을 연결했다. 교실에서 교사는 학생들과 박물관에서 조사할 질문을 생각해보는 활동을 했다. 교사와 학생들은 제2차 세계대전 당시 프랑스 노르망디에 연합군이 상륙한 기념일에 맞춰 박물관을 방문할 계획을 세웠다. 이들은 "노르망디에 상륙한 날이 영국에 축복이었는가, 아니면 재앙이었는가?"와 "노르망디에 상륙한 날, 여성의 역할은 무엇이었는가?"라는 두 가지 질문을 하기로 결정했다. 학생들은 한 가지 질문을 고르고 답하기 위해 모바일 기기로 사진을 찍고, 녹음하고, 메모를 하며 박물관 갤러리를 둘러보았다. 학생들은 질문과 관련되어 있는 부분을 화면에서 찾으며 영상을 시청했다. '언론 기자'처럼 짝을 이루어 증거를 수집하고 서로 인터뷰하는 활동도 이루어졌다. 각자 모은 증거는 개인 웹 공간으로 전송했다. 교실로 돌아온 학생들은 소그룹으로 나누어 수집한 증거를 검토하고 정리한 후 질문에 답하는 시간을 보냈다. 박물관 3곳과 약 3,000명의 학생이 2년에 걸쳐 이 프로젝트에 참여했다.

캘리포니아의 다빈치스쿨 네트워크는 '리얼월드러닝(Real World Learning)'이라는 상호교류 학습 형태를 개발했다. 이는 지역에 있는 회사와 지역사회기관에서 학습할 수 있는 프로그램을 통해 학습자의 상호교류 학습을 지원한다. 프로젝트에 참여했던 한 학생은 교과서로 배우고 시험을 보는 등 전통적인 고등학교 활동 대신 유기견 임시보호소에서의 봉사활동으로 지역사회에 지속적으로 영향력을 끼친 경험, 마음껏 상상하고 실행했던 학습경험, 교육자와의 친밀한 관계에 대한 경험을 회상하는 기사를 남기기도 했다.

## 결론

교실 안 학습에 교실 밖 경험을 적절히 도입하면 삶과 지식이 함께 풍부해진다. 교실 밖 학습활동에 교실 안에서 배운 내용을 추가하면 학습에 대한 동기부여가 강화된다. 더 나아가 교실 안 학습과 직장에서 얻은 다양한 경험이 학습에 주는 영향력을 인정하게 될 것이다. 우리는 기존에 있던 학교 커리큘럼의 틀을 유지하면서 교실 밖 학습의 창의성과 자유를 일부 수용하여 학습의 교차로를 설계해야 한다.

# 무경계
# 학습법

**교실을 넘어 지역과 기술, 활동을 통합해 학습하라**

　무경계 학습법은 시간과 장소, 기기 그리고 사회 그룹이 달라져도 변함없이 학습활동이 이어지는 것이다. 대학생은 일어나서 휴대전화 메시지를 확인하고, 팀 과제에 대한 친구의 메시지를 보고, 노트북을 열고, 팀을 위한 공유 문서를 설정하고, 온라인 회의를 할 수 있게 일정을 안내하고, 카페에서 비공식 대화를 위해 팀원 중 하나를 만나고, 다른 팀과 온라인 채팅을 계속할 수 있다. 학생은 위치(침실, 카페, 온라인)나 기기(전화, 노트북) 또는 그룹(혼자, 둘이서, 그룹)이 달라져도 변함없이 학습에 집중한다. 학습의 연속성을 관리하는 기술이 있는 사람은 학습 환경이 달라져도 집중하고, 여러 곳에서 나온 정보를 결합할 수 있다.

## 경험의 연속성

1996년 조지 쿠는 학습이 원활하게 이루어질 수 있는 방법을 소개했다. 그는 각각의 학습경험(내·외부 수업, 학업·비학업, 커리큘럼·공동 커리큘럼, 학교 안팎)이 연속적으로 이어지게 해야 한다고 제안했다. 무경계 학습은 교사가 교실에서 활동을 시작한 다음 학생들에게 가정에서 숙제를 완성하도록 요구하는 것과 같이 의도적인 방법으로 이루어질 수도 있다. 또는 신문이나 텔레비전 프로그램에 나온 흥미로운 정보를 바탕으로 탐구하거나, 다른 사람들과 토론하거나, 공식적인 학습으로 이어지는 것처럼 우연히 일어나기도 한다. 학습자는 주제를 탐구할 때 학습의 경계를 넘어간다는 것을 알아챌 수 있지만, 특정한 시간과 장소에서 일어나는 각각의 경험을 이어 전체적인 학습으로 완성한다.


## 라이프로깅

기업에서 연구 프로젝트와 사내 교육을 운영할 때 무경계 학습법을 주로 활용한다. 마이크로소프트나 구글 같은 IT 기업은 일상의 기억에서 배울 수 있는 '라이프로깅(lifelogging, 개인이 생활하면서 보고 듣고 만나고 느끼는 정보를 모두 자동으로 기록하는 것—옮긴이)' 기기를 개발하고 있다. 기억은 일어나는 사건들을 알아차리는 에피소드 구성 요소와 추상적인 지식을 쌓으려는 의미 요소로 만들어진다. 웨어러블(wearable) 카메라와 녹음기는 기억을 기계에 저장하여 사람들이 보고 듣는 것처럼 사소한 일상적인 흐름을 알아차리도록 하고, 이러한 경험을 웹페이지나 정보 자료와 연결해준다. 나아가 사람들에게 학습할 기회를 준다. IT 기술이 제공하는 경험 속에서 어떻게 의미 있는 학습의 순간을 만들 것인가? 어떻게 일상에서 일어난 사건이 학습을 위한 자원이 될 수 있을까? 또 어떻게 사람들이 개인적으로 의미 있는 순간으로 연결되는 링크를 만들 수 있을까? 사람들이 다른 사람과 그룹을 지어 과거의 라이프로그(lifelog, 개인의 일상에 대한 정보—옮긴이)를 공유하고 회상하고 토론하게 하려면 어떻게 해야 하는가?

라이프로깅은 먼 미래의 일처럼 느껴질 수 있지만, 구글과 페이스북 같은 웹 도구와 소셜네트워크에서는 이미 사용하고 있다. 삶의 순간들이 라이프로깅 기기에 기록되며, 기록을 바탕으로 만들어진 정교한 알고리즘은 시간과 기기를 넘나들게 해주어 매끄러운 경험을 하고 있다는 착각을 일으킨다. 인터넷을 검색할 때, 검색 결과는 우리의 이전 검색을 기반으로 나타난다. 광고를 클릭하면 온라인상의 여러 곳에서 다시 비슷한 광고가 뜬다. 온라인에서 하는 상호작용은 뉴스와 소통의 새로운 원천이다. 이렇게 상호 연결된 경험은 우리가 작은 온라인 세계를 직접 만든 것처럼 느끼게 하지만, 실은 소셜미디어 회사들이 조작한 것이다. 소셜미디어를 통한 경험은 개인이 관심을 보이는 정보를 바로 얻을 수 있다는 장점이 있다. 하지만 개인적인 견해나 선호도, 연결된 정보가 가장 중요하다고 생각할 뿐 아니라 그것만이 전부라고 믿게 될 위험이 있다.

이러한 악순환에서 벗어나려면 기기의 사용을 잠시 멈춘 채 성찰하는 시간을 보내고, 다른 사람의 견해를 고려하며, 꾸준히 새로운 경험을 하려고 노력해야 한다. 교실은 전통적으로 성찰이 이루어지는 장소였다. 여기에 이제는 온라인 경험에 대한 성찰이 추가되어야 한다. 다른 사람과 공유할 수 있는 경험의 종류와 내용을 비롯해 모든 순간이 기록되는 미래로 나아가는 것이 올바른지에 관한 토론이 교실 안에서 이루어져야 한다.

## 무경계 학습법의 관점

싱가포르 국립교육원에서는 모바일무경계학습(Mobile Seamless Learning, MSL)을 위한 10개의 관점을 제안했다.

- MSL1: 공식 · 비공식 학습을 포함한다.
- MSL2: 개인화된 학습과 그룹 학습을 포함한다.
- MSL3: 시간을 뛰어넘는다.
- MSL4: 공간을 뛰어넘는다.
- MSL5: 학습 자료에 쉽게 접근하도록 한다(온라인 데이터와 정보, 교사 개발 자료, 학생의 학습 결과물, 학생 온라인 상호작용 등).
- MSL6: 물리적 환경과 디지털 환경을 포괄한다.
- MSL7: 여러 학습 매체를 복합적으로 사용한다(안정적 기술을 지원하는 데스크톱, 상호작용 화이트보드).
- MSL8: 다양한 학습 과제 사이의 원활한 전환이 이루어지게 한다(데이터를 포함한 분석과 의사소통).
- MSL9: 지식을 종합한다(이전과 새로운 지식의 조합, 다중 사고력과 다중 학습 수준).
- MSL10: 여러 교육학 또는 학습활동 모델을 포함한다.

이것은 각각 무경계 학습의 개별적인 관점을 보여주지만, 사람들은 하루 동안 여러 관점을 결합하여 학습한다. 최근에는 10가지 관점을 모두 결합할 수 있는 스마트폰과 태블릿컴퓨터의 다양한 기술을 활용하여 원활한 무경계 학습을 이어가고 있다. 싱가포르팀은 9~10세 아이들에게 휴대전화를 제공하고 무경계 학습 프로젝트를 3년간 진행했다. 아이들은 사진 찍기, 이웃이 키우는 식물 관찰하고 기록하기, 휴대전화 애니메이션 프로그램으로 식물 광합성 설명하기, 배운 개념을 마인드맵으로 나타내기 등의 활동을 했다. 이들은 활동지에 "이미 알고 있는 것은 무엇인가?", "알고 싶은 것은 무엇인가?", "배운 것은 무엇인가?"라는 글을 쓰고 성찰했다. 연구의 주요 목표는 교실 밖으로 학습을 확장하는 것이었다. 예를 들어 부모가 수경 재배를 도와주고 학생은 식물을 관찰하고 기록한 뒤 발표했다.

## 무경계 학습의 실제

싱가포르의 난차우 초등학교에서는 과학과 중국어에서 무경계 학습을 진행하며 모바일 기술 학습 분야에서 앞서 나가고 있다. 교실과 야외, 수업 시간과 그 외 시간 사이의 장벽을 허물었다. 학생들은 학교 안에 있는 생태 정원에서 동식물을 탐구하고, 수학여행 경험을 스마트폰으로 기록하고, 고사성어가 의미하는 사진을 찍으면서 중국어 어휘를 익힌다.

또 다른 예로 독일, 오스트리아, 스위스와 국경을 맞대고 있는 콘스탄츠호수 주변 대학을 들 수 있다. 이 대학과 지역 고용주는 고등교육과 평생교육 과정에서 과학, 수학, 컴퓨터, 디자인 등을 배울 수 있는 무경계 평생학습을 발전시키기 위해 4개년계획을 세웠다.

## 결론

무경계 학습은 두 가지 방향으로 발전했다. 하나는 고등교육과 평생학습의 학습경험을 연결하는 것이다. 다른 하나는 싱가포르의 예에서처럼 휴대전화와 태블릿으로 학생들이 방학, 방과 후, 가정, 여행 중에 학습을 이어갈 수 있도록 돕는 방향이다. 둘 다 총체적 교육의 철학을 바탕으로 사람들의 마음, 신체, 정신, 경험, 지식을 지속적으로 활용하여 가장 잘 배울 수 있게 돕는다.

운동장, 학교 정원 또는 가정에서도 교실 학습이 원활하게 이루어질 수 있지만 학습의 경계가 사라지면서 다양한 공간이 학교화할 수 있다. 무경계 학습을 꼭 교육과정 주제에서만 시작할 필요는 없다. 어디에서든 새로운 학습을 시작한 다음 다른 환경과 커뮤니티에서 계속 이어갈 수 있게 돕는다. 학생은 집에서 취미 활동을 시작한 뒤 수업 프로젝트나 방과 후 동아리에서 이어나갈 수 있다. 대학생은 다른 나라의 학생과 함께 배우기 위해 개방형 접근 교육과정에 참여할 수 있다. 평생학습자는 아이디어와 기술을 공유할 수 있다. 시간과 장소, 장치, 커뮤니티는 변화하지만 기술과 교육학을 결합하여 학습이 자유롭고 자연스럽게 이어질 수 있는 방법을 찾는 것이 우리의 남은 과제다.

# 무의도
# 학습법

### 계획이나 의도하지 않은 학습을 활용하라

　부수적인 학습은 계획하거나 의도한 것이 아니라 그냥 일어난다. 도시 탐험, 책 읽기, TV 시청, 일하기와 같은 활동 가운데 의도하지 않았지만 학습이 일어난다. 유아들은 말하고, 장난감을 가지고 놀고, 가족이나 친구와 생활하면서 학습한다. 이들은 비구조적인 놀이를 통해 문제 해결, 언어 사용, 친사회 기술, 신체 조절과 자기 조절 능력을 배운다. 무의도 학습은 특정한 목적을 염두에 두지 않고 배울 때마다 일어난다. 무의도 학습의 특성상 학습이 일어나는 순간을 예측할 수 없지만, 언제나 모두에게 학습의 순간은 열려 있다. 예를 들어 외국 여행에서 표지판을 읽고, 메뉴를 주문하면서 다른 언어의 단어와 구문을 배우는 기회를 얻을 수 있다. 또한 어떤 프로젝트에 관심을 두면서 자연스럽게 학습할 수도 있다. 일반적으로 무의도 학습은 즐겁고 호기심을 자극하지만, 정규 학교교육의 교육과정과 시간표에는 맞지 않는다.

## 일상에서 배우기

우리는 일생 동안 배운다. 라이프센터(LIFE Center)에서 발표한 〔그림 9.1]은 사람이 일생 동안 깨어 있을 때 공식적인 학습 환경(중앙 행에서)과 비공식적인 학습 환경(나머지에서)에서 보내는 시간의 비율을 보여준다. 심지어 학창 시절에도 하루 중 겨우 18퍼센트 정도만 교실에서 보낸다.

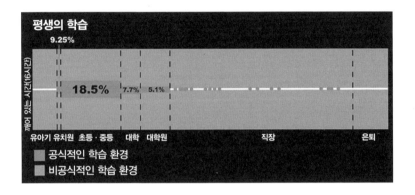

[그림 9.1] 평생 학교와 공식 교육 환경에서 보내는 시간
(출처: 라이프센터, R. 스티븐스, J. 브랜스퍼드, A. 스티븐스, 2005)

취학 전 아이들은 다양한 방법으로 배운다. 아이들은 부모나 어린이 집의 직접적인 가르침뿐 아니라 창의적인 놀이와 역할놀이에서도 배울 수 있다. 예를 들어 장난감 집과 자동차를 가지고 엄마 아빠의 역할극을 하거나, 장난감 차를 사용할 사람을 고르는 협상을 하거나, 자동차경주 게임을 만들기도 한다. 이때 아이들은 언어도 배운다. 아이들이 학교에 갈 때쯤이면 일주일에 10~20개의 새로운 단어를 습득할 수 있다.

한 연구에선 "스티커 24개를 가지고 있는데, 27개를 더 받으면 스티 커는 35개보다 많을까 적을까?"와 같이 근사치를 활용한 합계 문제에서 5~6세 아이의 65퍼센트가 대답할 수 있는 것으로 나타났다. 많은 아이가 별도의 가르침 없이도 근사치에 대한 학습을 통해 어림하기를 배우는 것이다. 어림하기는 나중에 학교에서 학습할 때 도움을 준다. 다른 연구에선 연구원들이 추정 기술의 향상을 위해 3~5세 아이들에게 태블릿컴퓨터로 게임을 하도록 했다. 이들은 기억력 게임을 한 아이들보다 초등학교 입학 당시 산수 성적이 더 좋았다.

학교에서는 어린아이들이 놀이와 발견을 통해 배울 수 있다는 것을 인정하고 자유로운 탐구 시간을 배정한다. 그러나 그 시간에 추정, 창의적 문제 해결, 단어 놀이, 게임 디자인 등 저학년 교육과정의 기초를 형성할 수 있는 기술을 이미 습득했다고 보지는 않는다.

무의도 학습은 정규교육 밖에서, 운동장에서, 집에서도 일어난다. 무의도 학습은 성인기까지 계속되지만, 일반적으로 인정받거나 축하받거나 보상받지 못한다. 지아세미 바불라는 성인에게 2주 동안 모든 학습 에피소드를 일기로 쓰도록 하는 활동을 통해 무의도 학습을 연구했다. 몇몇 참가자들은 학습을 연속적인 과정으로 보아서 '학습 에피소드'를 식별하기 어려워했다. 사람들은 절반에 가까운 학습 에피소드를 야외나 친구 집 또는 공원을 포함한 여가 장소와 같이 집과 직장에서 멀리 떨어진 곳에서 일어난 일로 작성했다. 주제와 장소 사이에는 특별한 관계가 없었다. 젊은 엄마가 헤어롤 사용법을 익혀 '내 아이에게 잘 어울리는 헤어스타일을 찾는 것'과 같이 소품과 관련된 에피소드가 대부분이었다.

무의도 학습은 정규교육과 달리 교사가 주도하지 않으며, 체계적인 교육과정을 따르거나 공식 인증을 받지 않는다. 그러나 이는 자신을 성찰할 수 있는 출발점이 되고, 따로 떨어진 학습의 조각들을 가져와 전체적인 학습경험의 퍼즐을 완성하게 한다.


## 무의도 학습법의 성공

학습자가 무엇을 성취하기를 원하느냐에 따라 무의도 학습의 성공이 결정된다. 젊은 엄마는 헤어롤을 사용하여 아이의 머리카락을 더욱 아름답게 보이게 하고 싶은 장기적인 목표를 가지고 있다. 연구원들은 학습자의 목표, 토론과 상호작용을 할 수 있는 가까운 지인, 학습자가 원하는 도구, 학습 장소, 사용할 수 있는 시간 등을 무의도 학습의 성공 요인이라고 밝혔다. 끈기와 자신감도 성공에 필요하다. 성공 요소를 인지하는 것은 사람들이 삶에서 일어나는 무의도 학습을 이해하고 그것을 뒷받침할 장소와 자원, 즉 공부하고 만나고 놀 수 있는 환경을 적극적으로 찾는 데 도움이 된다. 공공 세미나나 독서 클럽과 같이 학습이 일어날 상황을 찾을 수 있다. 이러한 사회적 환경은 학습자들이 무의도 학습에서 어려움을 겪을 때 도움을 준다.


## 무의도 학습법 지원

학습자는 게임디자이너가 만든 게임 안에서 풍경을 탐색하고, 규칙을 찾아내며, 게임 캐릭터가 하는 행동과 동기를 파악하고, 도전과 보상을 통해 학습한다. 외국 환경에서 외국어나 문화기술을 유사하게 배울 수 있게 만들어진 '기능성 게임'은 외국의 언어와 문화를 배우기 위해 해외여행을 떠나는 18세기 유럽 '그랜드투어(grand tours)'에서 유래했다.

여행자와 이주민은 종종 교실에서 공부하는 학생보다 어깨너머로 훨씬 더 빨리 언어를 배운다. 여행자와 이주민이 학습하는 방법을 모방하여 학습자가 배우고 있는 언어로 일상 대화하기, 교사가 외국어만 사용해 가르치기, 자막 있는 외국 영화 보기와 같이 실제 사용하는 상황을 교실로 가져와 활용할 수 있다. 교육자들은 다른 곳에서 일어난 무의도 학습을 가져와 학습경험을 설계하는 방법을 연구한다. 여기에는 학습자의 일생 동안 일어나는 배움을 기록하고, 무의도 학습과 의도적 학습을 연결하는 방법이 포함된다.

## 무의도 학습법의 실제

무의도 학습법은 자폐아를 위한, '가르칠 수 있는 순간'을 시작할 환경을 만드는 행동요법의 한 형태가 될 수 있다. 첫 번째 단계는 아이가 좋아하고 즐기는 물건을 찾는 것이다. 교사나 부모, 치료사는 아이가 관심을 두는 물건 몇 개를 눈에는 보이지만 손이 닿지 않는 곳에 놓아두고 기다린다. 아이는 곧 물건을 잡으려고 손을 뻗을 테고, 어른은 아이가 장난감을 달라고 말하기를 기다린다. 만약 그런 일이 일어나지 않는다면, 어른은 "무엇을 원하니?"라고 묻는다. 이는 보호자가 아이의 흥미를 바탕으로 대화하며 사회성을 길러주려는 아이디어다.

자폐증을 위한 무의도 학습법은 가르칠 수 있는 순간의 특정한 형태일 뿐이다. 훌륭한 교사는 학생들에게 해외여행 중에 배운 단어, 무지개 색깔과 같이 기억에 남는 사건을 발표하게 하여 가르침을 줄 순간을 많이 만들어낼 수 있다. 이처럼 아이의 경험과 호기심, 경이로움을 이용해 복잡한 주제를 가르친다.

유럽 마셀토브(MASELTOV) 프로젝트는 이민자가 새로운 도시에 적응할 수 있도록 휴대전화 애플리케이션을 개발했다. 이것으로 의료와 필요한 장소 찾기, 그리고 문제가 생겼을 때 도움을 줄 이웃을 찾아주는 '도움 레이더(help radar)'처럼 문제 상황을 해결하는 데 필요한 문장을 배울 수 있다.

개인 또는 공동 조사에 제한 없이 참여할 수 있는 시민 과학의 형태가 새롭게 시작되고 있다. 누구나 야생동물을 관찰하여 아이스폿(iSpot) 웹사이트에 올리고 공유할 수 있다. 예를 들어, 등산객은 아이스폿에 특이한 새나 곤충 또는 꽃의 사진을 업로드하고 기본적인 정보와 알고 있는 식별 정보도 추가할 수 있다. 다른 사람들은 게시물을 확인하고 식별 정보를 추가하거나 수정한다. 이러한 과정으로 야생동물의 정보를 확정하여 새롭게 만들어진 게시물은 발견자의 사진과 함께 저장되어 같은 종의 또 다른 식별 정보와 연결된다. 발견자는 간단한 활동으로 다른 식별 정보와 비교할 수 있으며, 전문가들이 종을 분류하는 방법을 터득하여 새로운 발견에 기여할 수 있다.

## 결론

무의도 학습은 공식적인 학습을 풍부하게 하고 평생에 걸쳐 일어나지만, 교사와 학생이 활용하기는 쉽지 않다. 무의도 학습은 본질적으로 번잡하다. 계획할 수 없고 기록되지 않는 경우가 많다는 점에서 학습이 언제 일어났는지 교사가 알기 어려울 수 있다. 교사는 학습자에게 일관되고 장기적인 학습 여정의 일부로 학습 시간을 제공하고, 무의도 학습을 활용하여 좀 더 알기 쉽게 가르치며, 따로 떨어진 학습 조각을 재구성하여 전체가 되도록 도와야 한다. 마찬가지로 학습자는 자신의 학습경험과 여정을 중시하고, 취미와 흥미를 추구할 시간을 보내며, 다른 사람(학부모, 교사, 관리자)이 자신의 개인 학습을 지나치게 정형화하고 검증하려는 시도에 저항해야 한다.

창의성, 예술 감상, 심리학, 철학의 시작은 말할 것도 없고 어떻게 어린아이가 언어, 산술, 과학, 사회적 상호작용과 관련된 능력을 터득하는지에 대해 지금까지 알려진 것은 거의 없다. 연구자들이 무의도 학습 과정을 밝혀내기 시작한다면, 어린아이가 일상에서 자연스럽게 터득한 기술을 바탕으로 성인기의 학습까지 발전하는 모습을 볼 수 있는 새로운 교육학이 나타날 것이다.

# | **10** |

# 게임
# 학습법

**학습을 위한 디지털 게임을 최대한 활용하라**

게임은 교실을 포함하여 어디에서나 할 수 있다. 학생들은 게임에서 다양한 방법으로 배우고, 직관적이며 쉬운 학습 자료에 흥미를 느낄 수 있다. 이 안에서 전략을 세우고 문제를 해결한다. 또한 행동을 실행한 뒤 그 결과를 얻는다. 그 과정에서 학생들은 실패를 경험할 수밖에 없으며, 실수에서 배운다는 것을 알게 된다. 하지만 게임은 중독성 있고 시간이 오래 걸리며 때론 폭력적이기도 하다. 만약 컴퓨터게임이 전통적 교육에 도입된다면 피상적인 즐거움과 보상만 주게 될지도 모른다. 학습은 계속하게 할 수 있지만, 게임에서 얻을 수 있는 참여와 성찰, 자기 통제에 대한 힘을 잃을 수 있기 때문이다.

'내재적 통합'은 게임의 동기를 특정한 학습활동 및 결과와 연결하여 게임 활동에 몰입하게 하고, 교육적인 효과를 불러오는 새로운 접근법이다. 게임디자이너는 교육학에 맞는 도전, 개인적 통제, 환상, 호기심

등의 요소를 섞어 게임을 만들고 이를 통해 참여와 성찰의 선순환을 만들어낸다. 게임의 목표와 행동을 공유하는 것은 학습자가 문제를 함께 해결하고 스스로 공동체를 만드는 데 도움이 된다.

## 게임과 놀이, 학습

고대 그리스와 로마에서부터 지금까지 게임은 조작 능력과 같은 신체적 기술, 계획과 선략의 지적 능력, 팀워크라는 사회적 가치를 향상하는 방법이었다. 중세부터 체스는 전략과 인내, 노련함을 배우는 수단이었다. 20세기 초 비고츠키나 피아제 등 영향력 있는 교육학자들은 유아의 놀이와 학습의 연관성에 관심을 보였다. 디지털 게임과 학습 사이의 연관성을 탐구하는 연구는 지난 10여 년간 이루어졌다.

체스와 같은 보드게임은 비슷한 수준의 기술과 노련함을 갖춘 파트너가 있어야 학습자가 계속 참여하고 도전할 수 있다. 컴퓨터게임은 참여와 학습을 촉진하기 위해 게임의 도전을 지속적으로 조정할 수 있다. 이는 [그림 10.1]과 같이 작용한다.

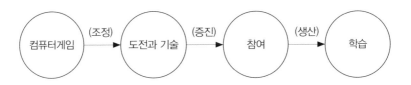

[그림 10.1] 학습에서의 컴퓨터 게임의 효과

## 초콜릿으로 덮인 브로콜리

게임과 도전, 참여, 학습의 관계는 학습의 '게임화'에 대한 광범위한 관심을 불러일으켰다. 산수나 물리 같은 어려운 교과목을 도전과 레벨, 보상이 있는 게임 형태로 제시하여 학생들이 흥미를 느끼고 성공적인 학습자가 되게 하려는 의도였다. 그러나 게임으로 학습을 하자는 이론은 매우 매력적으로 들리지만 실제로는 효과가 없다.

게임은 지루한 교육적 과제를 다루려고 재미의 층을 제공하기에 '초콜릿으로 덮인 브로콜리(chocolate-covered broccoli)'라고 불렀다. 실제로 학생들은 게임을 하면서 배지와 점수, 시간제한 같은 자극이나 보상을 통해 반복연습 과제를 매력적으로 느낄 수 있다. 이 과정에서 학생은 득점하거나 배지 따는 방법을 배울 수 있지만, 학습 주제를 깊이 이해하지는 못한다. 근본적인 과업은 그대로인 것이다.

## 내재적 통합

게임디자이너가 게임 활동과 학습활동을 내재적으로 통합할 때 좀 더 근본적으로 접근할 수 있다. 아이들이 빈칸을 글자로 채우려고 서로 도전하며 철자를 익히는 행맨(Hangman) 게임이 익숙한 예다. 이 게임의 핵심은 글자를 고르고 철자에 맞게 단어를 쓰는 것이다.

마인크래프트(Minecraft)와 같은 가상 세계에서는 중국 도시를 건설하는 것처럼 실제 세계에서는 너무 어려운 활동 또는 폭발을 일으키는 것처럼 위험하거나 불가능한 활동에 학습자가 참여할 수 있다. 이런 환경을 효과적으로 잘 사용하면 협동, 문제 해결 같은 '21세기 기술'과 '창의성'을 개발할 수 있다. 예를 들어 학생들은 새로운 관점으로 이야기를 구현할 것이다. 마인크래프트 교육판은 셰익스피어의 작품『로미오와 줄리엣』의 배경 도시인 베로나를 탐험할 수 있게 하며, 로미오와 줄리엣의 죽음 이후에 어떤 일이 벌어졌는지 구현할 수 있도록 한다. 학생들은 가상카메라를 사용하여 도시에서 일어난 사건의 증거를 수집하고 보고서를 작성하게 된다.

## 친화적 공간

복잡한 디지털 게임을 하는 사람은 게임 환경, 캐릭터, 능력, 스토리를 상세하게 이해하고 새로운 기술을 터득해야 한다. 이러한 학습은 게임을 성공하게 하는 열쇠지만, 게임에 대한 기술과 지식을 매력적인 방식으로 느끼게 해야 한다. 그러지 않으면 사용자는 쉽게 스위치를 끄고 포기할 것이다. 비디오게임 디자이너가 개인과 팀 플레이어에게 동기부여, 훈련, 정보 제공, 지원, 보상을 하기 위해 사용하는 방법은 온라인과 원격수업 같은 다른 영역에서도 유용할 것이다. 제임스 폴 지는 게임 환경의 36가지 학습 원칙을 제안했다. 몇 가지 원칙을 살펴보자.

- 자기 이해 원리: 가상 세계는 학습 주제와 더불어 학습자의 현재 능력과 잠재 능력 등 자신에 관해 학습하는 방식으로 구성된다.
- 성취 원리: 능력 수준에 상관없이 모든 학습자에게는 처음부터 각 학습자의 수준과 노력, 숙련도에 따라 맞춤화된 내재적 보상 그리고 학습자의 지속적인 성과를 알려주는 신호가 있다.

- 발견 원리: 학습자가 생각한 걸 바로 말하는 것은 실험하고 발견할 기회를 풍부하게 한다.
- 친화적 그룹 원리: 학습자는 인종, 성별, 국가, 민족, 문화에 따라서가 아니라 공동의 노력, 목표, 실행을 통해 '친화적 그룹'을 구성한다.

제임스 폴 지는 학습이 일어나는 실제 또는 가상의 장소로 '친화적 공간'의 개념을 확장해 학습법과 게임 결과를 결합했다. 친화적 공간은 학습자와 학습 환경을 만드는 교육학적 방법이다. 게임뿐 아니라 온라인 환경, 대면 환경에도 적용할 수 있다. 열정으로 구성된 친화적 공간에서 사람들은 쌍방향 지도와 같은 '스마트 도구'를 사용하여 생산적 활동을 한다. 이는 단순한 소모적 활동과 다르다. 친화적 공간에서 사람들은 연령으로 등급을 나누지 않고 초보자와 전문가를 하나로 모은다. 서로 멘토가 되기도 하고 멘티가 되기도 하며, 지식을 공유하고 확장한다. 학습은 능동적이면서도 다른 사람의 도움을 받아 일어나며 모든 사람이 학습자다.

매사추세츠 공과대학(MIT)의 평생유치원 연구팀의 작업에서 친화적 공간의 원리를 실제로 볼 수 있다. MIT 미디어랩에서는 사람들이 디자인하고 창조하고 발명하면서 배움이 어떻게 일어나는지 연구한다. 이 연구팀은 레고사와 협력하여 놀이와 학습에 모두 사용할 수 있는 마인드스톰 로봇 키트를 만들었고 국제적인 성공을 거두었다. 온라인 커뮤니티에 스토리와 게임, 애니메이션을 만들어 공유하는 스크래치 프로그래밍언어도 개발했다.

## 게임 학습의 실제

퀘스트투런(Quest to Learn)은 게임 기반 학습의 원리를 바탕으로 6~12학년(11~18세) 학생을 가르치는 뉴욕의 학교다. 학급 게임은 디테일하며 오랫동안 지속할 수 있다. 9학년 학생들은 가상의 바이오테크 기업에서 1년 동안 일하며 생물학을 배운다. 그들은 가상공간에서 공룡을 복제하거나 공룡을 위한 환경을 만든다. 이처럼 정교한 게임을 통해 학생들은 유전학과 생물학, 생태학을 배울 수 있다. 같은 학교 6학년 학생들은 게임 속에서 디자이너와 의사, 형사 등의 역할을 맡아 연기하며 인체에 대해 학습한다.


## 결론

학생들은 게임을 통해 게임과 게임 환경에 대한 지식과 기술을 배울 수 있지만, 이러한 것은 게임 밖 세상에서 거의 쓸모가 없다. 전통적 교육에 화려한 아바타, 빛나는 배지, 단계별 도전 등 게임적 요소만 추가하는 것은 학습에 도움이 되지 않는다. 새로운 접근 방식은 게임 활동과 학습을 본질적으로 통합하여 게임의 흐름과 도전을 통해 학습 주제를 배우게 하는 것이다. 친화적 공간은 게이머들이 만나 비공식적인 학습을 할 수 있게 해준다.

# 11

# 지리
# 학습법

**지역 안에서 지역에 대해 학습하라**

　지리학, 환경과학, 역사학을 공부하는 학생은 유적지의 관광객이나 낯선 도시의 방문객처럼 눈에 보이는 경관을 새롭게 이해하려고 노력한다. 학교의 자연 속을 산책하거나 운동장 정원을 방문하면 주변 환경에 대해 배울 수 있다. 이는 지역 안에서의 학습과 지역에 대한 학습으로 구별할 수 있다. 학생들은 19세기 거리를 재창조한 박물관처럼 풍부한 감각 경험을 제공하는 환경에 몰입하여 지역 안에서의 학습을 한다. 지역에 대한 학습은 지형의 특징, 기능 또는 형성 방법 등을 이해하는 것을 목표로 한다. 지질학 현장학습에 참여한 학생들이 빙하 계곡의 형성 과정을 이해하는 것이 그 예다. 지역 안에서의 학습과 지역에 대한 학습 모두 학생이 그 장소에 직접 가야 한다. 학생들이 직접 가서 그 장소에 몰입하고, 환경에 대한 규모를 파악하며, 그곳을 바라보는 관점을 가지고, 부분과 전체의 관계를 이해할 때 학습이 시작된다.

## 현장 방문하기

지질학과 학생들이 산꼭대기에 서서 빙하 계곡을 내려다보며 2만 년 전 빙하가 어떻게 경관을 만들었는지 관찰한다. 아이들은 학교 정원에서 겨울 이후에 성장의 흔적을 찾는다. 도시 방문객은 좁은 거리의 분위기를 느끼며 역사적인 도시를 탐험한다. 이들은 모두 직접적인 환경에 대해 배우고 있다. 1860년대 유럽 명소를 관광하는 토머스쿡 항공의 그랜드투어처럼 지리 학습은 새로운 것이 아니지만, 교육학과 기술의 결합은 현장에 직접 방문해서 배울 새로운 기회를 만들었다.

어떤 지식은 환경에 내재되어 있어서 분리할 수 없다. 만약 항해하는 법을 배우고 싶다면 교실에서의 많은 설명 대신 현장에서 닻을 올리고 바람을 느끼거나 조류를 가로질러야 한다. 모든 감각을 사용하여 환경에 대한 통합적 이해를 하는 것으로부터 학습이 시작된다. 이는 관련 없는 자극을 걸러내고 당면한 과제에 집중하는 것을 포함한다. 보트나 비행기 조종을 배워본 사람이라면 모두 알고 있듯이, 처음 시도하면서 경험한 것들은 주변 환경에 대한 감각을 익히는 데 매우 중요하다.

현장학습이 지질학과 학생들에게 중요한 이유도 마찬가지다. 그들은 우선 눈앞의 경관을 파악한 뒤 과거의 모습은 어땠을지, 바람에 따라 어떻게 바뀌었을지를 이해하기 위해 과제를 수행한다. 좀 더 어린 학생들은 학교 정원 안에서 식물이 햇빛에 영향받는 것을 보고, 흙의 질감을 느끼며, 계절에 따라 정원이 어떻게 변하는지 배울 수 있다.

지질학자 스티븐 셈컨은 다음과 같은 장소 기반 교육법을 개발했다.

• 암석 구조, 식물, 기후 등 위치의 자연 요소에 초점을 맞춘다.

- 교사와 학생, 지역사회를 위해 장소가 가지는 다양한 의미를 이해한다.
- 정확한 표본과 지도, 측정을 통해 가르친다.
- 지역 주민과 함께 지속 가능하고 문화적으로 적절한 활동을 촉진한다.
- 학생과 교사의 장소 감각을 풍부하게 한다.

## 학교 정원

미국 초등학교의 약 4분의 1이 정원을 가지고 있다. 학교 정원 가꾸기의 장점에 대한 연구는 정원 가꾸기와 공간 측정 능력 그리고 식물의 성장과정 이해 능력을 포함한 과학 과목의 학업성취도 사이의 긍정적인 관계를 보여준다. 그러나 정원 가꾸기 커리큘럼이 학업성취도와 연결되려면 특정한 과목 영역(예를 들어 수학)에 초점을 맞춰야 한다.

## 야외 증강현실

학생들은 증강현실 기술을 이용하여 직접적인 환경에 대해 배울 수 있다. 증강현실 기술은 경치의 윤곽과 명소를 설명하는 라벨이 표시된 투명 시트처럼 간단할 수 있다(〔그림 11.1〕 참조). 이것은 지질학 현장학습에 효과가 있다. 휴대전화 애플리케이션으로 사용자 위치를 감지하고 사용자가 찾고 있는 위치 정보를 휴대전화 화면에 띄운다. 영국의 지도 제작 기관인 오드넌스서베이는 현재 휴대전화 증강현실 애플리케이션

[그림 11.1] 산의 윤곽과 이름을 보여주는 투명 시트

을 제공하고 있다.

카에루스(CAERUS)는 식물원을 찾는 방문객을 위한 모바일 위치 인식 프로젝트다. 이 프로젝트는 다양한 모양의 꽃잎 등 방문객이 볼 수 있지만 눈치 채지 못한 정원의 특징을 강조하고, 표본을 채집한 장소 등의 식물 이야기를 전한다. 방문객은 눈앞에서 설명하는 것을 들으며 환경을 새로운 방식으로 인식하고 정보를 시각기억 안에 강력하게 넣을 수 있다.

'아웃데어, 인히어(Out There, In Here)' 프로젝트는 협업을 통한 지리학습을 지원한다. 학생 한 팀이 야외에서 현장 작업을 하면서 거리가 떨어진 실험실에서 작업하는 다른 학생과 실시간으로 의사소통을 한다. 이들은 대화형 태블릿톱, 대형 액정 화면, 태블릿컴퓨터, 휴대전화를 비롯해 다양한 기술을 사용할 수 있다. 야외의 학생들은 현장 속에 있다는 장점이 있는 반면, 실내의 학생들은 빠르게 정보를 검색하고 안내할 수 있다는 장점이 있다.


## 도시 드라마

지리 학습은 시골뿐 아니라 도시에서도 할 수 있다. 몇몇 도시에서는 도보여행을 위한 오디오가이드를 제공하기도 한다. 텍스토피아(textopia) 애플리케이션은 특정한 장소에 대한 숨겨진 이야기와 개인적인 경험을 드러내는 문학적인 글과 시를 제공함으로써 도시 투어를 한 단계 더 발전시켰다.

'라이엇!1831(Riot! 1831)'은 훨씬 더 야심 찬 프로젝트였다. 1831년 영국 브리스틀의 퀸스 광장에서는 더 많은 사람에게 투표권을 주지 않기로 한 의회 결정에 반대하며 폭동이 일어났다. 라이엇! 1831 프로젝트는 폭동을 오디오 풍경으로 재창조했다. 관람객이 헤드셋을 착용하고 광장 주변을 이동하면 폭도와 기사의 목소리나 전투 소리를 들을 수 있다.


## 지리 학습의 실제

영국 찰턴매너 초등학교의 수석교사는 정원 가꾸기가 어떻게 학교 교과과정의 중심이 되었는지 설명한다. 글쓰기 시간에는 정원에 묻혀 있는 보물을 주제로 창의적인 글쓰기를 하고, 수학 시간에는 화단을 재고 지도를 만든다. 과학 시간에는 싹 틔우는 해바라기에 대한 도표와 그래프를 그린다.

노팅엄 대학 지리학과 학생들은 매년 영국의 호수 지역으로 현장학습을 간다. 경치를 바라보기 위한 투명 아세테이트 시트, 태블릿컴퓨터의 구글어스(Google Earth), 빙하시대 주변 풍경을 보여주는 몰입형 머리 장착 디스플레이 등 풍경을 이해하기 위한 기술을 사용하고 평가하는 견학을 한다. 학생들은 조별로 활동하고, 그중 한 사람은 활동에 대한 비디오 일지를 만든다. 학생들은 연구소로 돌아가서 그 기술이 경관을 이해하는 데 어떻게 도움이 되었는지 토론한다.

## 결론

관광지와 박물관에는 이미 그 지역에 대해 학습할 수 있는 휴대용 장치가 널리 보급되어 있다. 대부분 지도와 장소에 대한 설명을 제공한다. 몇몇은 랜드마크를 알려준다. 하지만 사람들의 움직임과 활동에 대해 많은 데이터가 수집되었음에도 우리는 사람들이 장소 안에서 그리고 장소에 대해서 어떻게 배우는지 아는 것이 거의 없다. 사람들은 자신의 전문 분야에 따라 주변 환경에서 각자 다른 의미를 찾는다. 지질학자는 침식의 증거를 찾을 테고, 도시 지리학자는 패션과 유행의 문화적 단서를 인식할 것이다. 생물학자는 생명체의 성장과 쇠퇴를 찾을 것이다. 이들의 공통점은 눈에 보이는 걸 넘어 숨겨진 구조와 이야기를 추론한다는 것이다. 장소와 지역에 대한 정보는 쉬운 방법으로 얻을 수 없다. 저명한 지리학자 피어스 루이스는 "풍경은 책처럼 볼 수 있지만, 책과 달리 읽을 수는 없다"라고 말했다. 지리 학습법은 학생들이 교사나 가이드용 기기의 설명을 통해 자신의 주변을 해석할 수 있게 돕는다.

# 소셜미디어
# 학습법

**소셜미디어를 통해 장기적인 학습 기회를 주어라**

　사람들이 학교와 대학을 넘어 비정형화된 방식으로 배우는 경우가 많아졌다. 트위터, 페이스북, 스냅챗(Snapchat) 등 소셜미디어로 아이디어를 공유하고 소통한다. 이러한 사이트에서 전문가에게 조언받고, 문제에 직면하고, 의견을 고수하고, 비판에 맞서 아이디어를 수정하는 등 다양한 학습 기회를 얻을 수 있다.

　몇몇 단체들은 학습 기회를 주기 위해 특별히 소셜미디어를 이용하기도 한다. 학습자는 경험을 공유하고 관련지으며, 이것을 교육자료와 연결하도록 도움을 받는다. 다른 교육 사이트들은 리얼타임월드워투(Real Time World War Ⅱ), 더다이어리오브새뮤얼피프스(The Diary of Samuel Pepys), 미국 항공우주국(NASA)의 마스큐리오시티(MarsCuriosity) 같은 트위터 계정의 프로젝트를 기반으로 한다. 프로젝트를 운영하려면 전문성뿐 아니라 다양한 역할을 맡을 수 있는 시간과 능력이 필요하다. 자료를 추리고 사람을 끌어들이는 일에 숙련된 운영자는 사람들이 자유롭게 참여하거나 떠나는 소셜미디어 프로젝트를 오랫동안 운영할 수 있다.


## 학습에 생명을 불어넣다

수백만 명의 사람이 소셜미디어 사이트에 접속하여 친구들과 연락하고 유지하고 정보를 교환한다. 아시아에서는 10억 명이 넘는 사람이 위챗(WeChat)이라는 모바일 애플리케이션을 사용하여 문자메시지를 보내고, 사진을 공유하고, 화상회의를 열고, 뉴스를 읽고, 블로그를 쓰고, 친구를 사귀고, 택시를 부르고, 송금을 하고, 물건을 산다.

대부분의 사람은 이러한 활동을 '학습'이라고 생각하지 않는다. 하지만 소셜미디어는 서로 다른 시대, 공간, 특징, 가능성을 불러와 학습에 생명을 불어넣을 수 있다. 또한 창의성, 협업, 의사소통, 자원 공유를 지원할 수 있다. 학습자를 새로운 방식으로 참여하게 하면서 실시간으로 과거와 외계의 탐사를 지원하기도 한다. 소셜미디어는 대규모 학습을 위한 확장된 프로젝트를 개발하는 데 사용할 수 있다.

소셜미디어를 통한 교육이 성공적으로 이루어지면 학습자는 흥미롭고 믿을 수 있는 콘텐츠를 접하는 것뿐 아니라 전문가에게 조언을 받고, 문제에 직면하고, 의견을 고수하고, 비판에 맞서 아이디어를 수정할 다양한 기회를 얻을 수 있다. 하지만 소셜미디어를 통한 교육이 실패한다면 잘못된 정보를 얻을 수도 있다. 따라서 소셜미디어의 교육 관계자는 학습 기회를 줄 수 있도록 설계해야 하며, 정형화된 환경에서의 교사와는 다른 여러 역할을 해야 한다. 사람들에게 영감과 정보를 주는 전문가가 없다면 그 프로젝트는 완전히 실패할 것이다. 프로젝트를 시작하고, 자료를 추리고, 의견을 조정하고, 사람을 끌어들이는 역할을 하는 운영자도 필요하다. 숙련된 운영자는 사람들이 언제든지 참여할 수 있고 떠날 수 있음에도 계속해서 참여시키고 적극적으로 돕게 한다.

## 소셜미디어를 활용한 자기 조절 학습

자기 조절 학습은 자신의 학습을 통제하고 평가하는 과정이다. 소셜미디어는 이 과정을 3단계로 지원할 수 있다. 첫 단계는 학습자가 콘텐츠를 찾고 정리하면서 자신만의 개인 학습공간을 만드는 것이다. 학습자는 필요하고 믿을 만한 자료를 찾아야 하고, 어떻게 하면 비판적인 독자가 될 수 있는지 알아야 한다. 그다음 단계는 댓글, 답장, 미디어 공유 등으로 온라인 커뮤니티에 참여하는 것이다. 마지막 단계는 학습자가 처음 두 단계에서 나온 자료를 점검하며, 그들의 개인적인 학습목표를 중심으로 조직하는 것이다. 이 작업들이 잘 진행되면 소셜미디어 사이트는 학습자의 목표에 맞는 개인 및 공동의 학습자원이 된다. 하지만 지나치게 많은 학생이 잘못된 정보, 자기만의 생각, 공격적인 의사소통 속의 공간에 갇히곤 한다. 이런 이유로 생각의 확장과 비판적 사고를 통해 교육하는 소셜미디어 커뮤니티는 드물고 귀하다.

## 리얼타임월드워투

소셜미디어를 통한 학습과 교육의 좋은 예는 50만 명 이상이 팔로우하는 트위터 계정 '@리얼타임월드워투'다. 이 프로젝트로 팔로어들은 제2차 세계대전의 일련의 사건을 배우고, 전쟁 당시의 상황을 느낄 수 있다.

이 계정의 트윗은 목격자 진술과 사진, 비디오에 근거를 두고 있어서 메시지가 당시 현장에서 곧장 전해오는 것 같은 느낌을 준다. 메시지에는 세계 각국의 견해, 유명한 사건들에 대한 논평, 특정 개인의 견해가 담겨 있다. 사람들은 전쟁을 경험한 이들의 말을 거쳐 전쟁을 경험할 수 있다.

이 계정에는 당시에는 널리 알려지지 않았지만, 현재 우리가 중요하다고 여기는 사건들이 포함되어 있다. 예를 들어 2016년 8월 트위터에는 아우슈비츠의 로마인 치료, 질병과 굶주림으로 인한 수천 명의 사망, 수많은 살인과 어린이를 대상으로 한 실험이 요약되어 있다.

전 세계 사람들은 이 프로젝트에 참여하여 리트윗하거나 자신이 선택한 트윗에 대한 링크를 올린다. 몇몇 트위터 계정은 수천 개의 트윗을 중국어, 이탈리아어, 터키어, 라틴어, 핀란드어 등의 언어로 번역하기도 한다. 다른 사람들은 트윗과 최근의 시사 사건을 연결하여 쓴 게시물로 대화에 참여한다.


## 피프스다이어리

독자들이 참여할 수 있는 또 다른 프로젝트는 피프스다이어리닷컴 (www.pepysdiary.com)이다. 이 프로젝트는 17세기 런던에 살았던 새뮤얼 피프스가 쓴 약 10년간의 일기를 역사적 자료로 사용한다.

피프스의 일기에는 국가적 사건에 대한 직접적인 설명은 물론 일상생활과 그의 성적 경험까지 자세히 적혀 있다. 이것은 그 당시 영국 역사의 중요한 자료지만, 길고 이해하기 어려운 부분도 있어 보통은 런던대화재(Great Fire of London)에 관한 견해 같은 하이라이트만 공개한다.

피프스다이어리닷컴은 매일 일기 전문을 발표하여 마치 일상생활에서 이야기하는 것과 같다. 공유된 시간 흐름은 피프스와 독자들이 같은 속도로 시간을 보내고 있다는 느낌을 준다. 팔로어가 5만 8,000명이 넘는 새뮤얼피프스(@Samuelpepys) 계정은 하루에 몇 번씩 트윗을 올린다. 피프스가 300년 전에 사망했다는 점은 분명하지만, 그의 트윗은 사회적 반응을 불러일으킨다. 때때로 이 트윗들은 간단하고 일회적인 논평이지만, 어떤 것들은 그 캐릭터와 지속적으로 소통할 수도 있다.

이 계정은 독자들이 아이디어를 공유하고 프로젝트에 협력하도록 장려한다. 피프스다이어리가 온라인에 전부 게재될 때까지 그 계정에는 약 6만 번의 댓글이 달렸다. 이 일기가 두 번째로 게재되고 있는 지금, 독자들은 10년 전 댓글에서 시작된 토론을 계속하면서 새로운 아이디어를 추가하고 있다.

## 영국의 시인 초서와 중세 문학

피프스다이어리와 @리얼타임월드워투는 둘 다 과거를 생생하게 표현하기 위해 역사적 자료를 직접 인용하여 사용한다. 이와 다르게 초서도스(Chaucer Doth) 계정은 중세 문학에 사람들을 참여하게 하려고 캐릭터를 만들었다.

초서는 중세 영어로 글을 쓴 중세 시대의 시인이었다. 철자와 참고 문헌, 어휘는 현대 독자가 이해하기 어려운 경우가 많다. 그럼에도 그가 지금까지 유명한 이유는 글의 완성도와 영향력 덕분이다. 그의 작품 『캔터베리 이야기』는 드라마나 영화로 재구성되기도 했다.

초서에 대한 계정은 10년 이상 소셜미디어에서 유지되었다. 한 블로거는 '제프리초서(Geoffrey Chaucer)'라는 블로그를 운영하며 줄임말 같은 인터넷 언어에 대해 중세 영어로 글을 썼다. 자신의 블로그가 잘 구축되자 그는 트위터에서 @레보스트러GC(@LeVostreGC) 계정을 시작했다. 이 캐릭터의 작가는 초서의 작품이 해석과 놀이로 펼쳐질 가능성에 매료되었다.

블로그와 트위터를 실시간으로 운영하는 건 중세의 삶을 직접 설명하기 위한 것이 아니다. 그 대신 이 소셜미디어들은 21세기와 14세기가 예상치 못한 방식으로 충돌하는 세상을 만든다. 불일치와 시대착오는 중세 영어를 통해 유연하게 통합되었다.

학습 가능성은 언어에 생기를 불어넣는 저자의 능력에서 나온다. 이러한 트윗과 게시물을 통해 중세 영어는 즐거움을 위해 읽을 수 있는 창의적이고 재미있는 매체로 재창조된다. 댓글과 반응은 사람들이 스스로 그 문체를 시도해볼 수 있게 해준다.

@레보스트러GC 계정은 독자가 그 시대의 다른 작품들을 탐구하고, 작가들의 다양한 특징과 개성을 생각해보게 한다. 이 계정은 질문에 답하고, 더 많은 학문적 자료 링크를 안내하며, 쉽고 유용한 정보를 제공한다. 또한 에이프릴데이(Whan That Aprille Day)를 통해 매년 사라진 언어들을 기념하고 있다. 과거의 언어를 통해 독자들에게 케이크를 굽고, 비

디오를 만들고, 노래를 부르고, 일반적으로 참여하도록 자극한다.


## NASA

우리는 소셜미디어를 통해 먼 시대를 공부하고 다른 공간에 대해서도 배울 수 있다. NASA는 다양한 소셜미디어를 활용해 업무를 공유한다. 우주선은 각각의 트위터 계정과 특징이 있다.

NASA 우주선의 소셜미디어를 잘 활용하면 다양한 학습을 할 수 있다. 잘 알려진 예로, NASA의 마스큐리오시티로버(Mars Curiosity Rover)는 거의 400만 명의 팔로어를 보유하고 있다. 팔로어들은 화석 암석의 표본에서 유기분자를 검출하는 것과 같이 정기적으로 업데이트되는 로버의 활동을 볼 수 있다.

또한 NASA는 소셜미디어를 통해 학습자들을 탐험과 발견에 참여하게 한다. 팔로어에게 NASA 임무와 요원, 프로그램에 대한 정보를 배우고 공유할 기회를 주며, 대면 이벤트도 실시한다.

더 많은 것을 배우고 싶어 하는 사람을 위해 NASA 솔브(NASA Solve)는 미국의 항공 우주 프로그램에 참여할 수 있게 해준다. 시간과 전문성 있는 일반인을 초대하여 연구에 참여하고 문제를 해결하도록 하는 것이다. 프로젝트에는 대중이 직접 해결책을 찾는 도전 과제, 시민 과학 프로젝트, 학생을 대상으로 한 대회 등이 있다.

## 결론

소셜미디어는 전 세계 사람들의 경험을 모아 관련짓는 것을 가능하게 한다. 이번 장에서 설명한 프로젝트들은 모두 시간이 지나면서 발전했다. 사람들은 시간적으로나 공간적으로 멀리 떨어져 있는 사건들을 소셜네트워크로 학습할 수 있다.

이런 프로젝트를 운영하려면 전문성과 열정, 조직하고 운영하는 능력뿐 아니라 장기적인 헌신이 필요하다. 때로 운영자는 사람들이 영감을 받고 참여할 수 있게 몇 년씩 계속 운영해야 한다.

이런 소셜미디어 프로젝트는 국제적으로 많은 학습자를 모으지만, 그 중심에는 한 개인이 있다. 계정 운영자는 다른 사람들과는 달리 정해져 있고 따라야 할 연구 계획이 없다. 전문성이 있고, 그 전문성을 사용하여 아이디어와 자료를 걸러내며, 참여와 상호작용을 촉진한다. 또한 공동 학습자 역할도 할 수 있고, 새로운 아이디어에 개방적이며, 다른 참가자가 제안한 활동에 자발적으로 참여할 수도 있다.

계정 운영자는 출입구가 여러 개인 학습공간을 관리하는 역할을 한다. 우연히 발견하고 금방 떠나버릴 수 있는 공간에서 사람들이 자신에게 맞는 깊이로 참여하고, 강제성 없이 머물며 배우게 한다. 이런 사이트에 참여하는 것은 학습자에게 달려 있다. 사람들은 아주 짧게 참여할 수도 있고, 다른 사람을 관찰하면서 배울 수도 있고, 장기간에 걸쳐 광범위하게 참여할 수도 있다.

# 13

# 지식
# 탐색법

**여러 주장을 평가하고 건전하게 토론하라**

가짜 뉴스와 정보 거품이 새로운 것은 아니지만, 인터넷으로 여론에 미치는 영향력이 커졌다. 따라서 사람들은 책임감 있게 정보를 평가하고 공유할 수 있어야 한다. 다양한 종류의 지식을 인식하고, 사실과 허구를 구분하며, 타당한 관점을 형성하고, 현명하게 행동해야 한다.

학생들에게 지식은 복잡하고 변화한다는 것을 인식할 수 있게 알려주는 교육적인 접근법이 있다. 이 접근법은 앞으로 가는 길이 다른 길보다 믿을 수 있는 것임을 알게 한다. 이 접근법을 통해 학생들은 진실과 이해에 대한 자신들의 생각을 인식할 수 있으며, 지식을 평가하고 구성하는 능력을 키울 수 있다.

## 지식 탐색에 대한 과제

'탈진실'이란 여론 형성에서 객관적인 증거보다 감정과 개인적 신념에 호소하는 것이 더 큰 영향을 미치는 세상을 말한다. 탈진실이 가장 극단적인 곳에서 사람들은 음모론, 그럴듯한 거짓말, 의도적인 가짜 뉴스 같은 것을 받아들인다.

인터넷은 개인과 그룹이 정보를 생산하고 공유할 기회를 만들었다. 이러한 발전은 긍정적인 효과가 크다. 예를 들어 블로그와 위키피디아는 엄청난 양의 최신 정보를 무료로 제공한다. 사람들은 인터넷에서 개인이 만들어낸 정보와 다양한 매체의 홍수 속에서 복잡하게 살아가고 있다. 따라서 우리는 믿을 만한 지식을 찾고, 선택하고, 평가하는 능력을 현명한 행동의 기초로 배워야 한다. 어느 누구도 새로운 정보를 모두 확인하고 검증할 수 없으므로 정보의 홍수에 대처할 전략을 세워야 한다.

첫 번째 대처 전략은 페이스북 친구나 익숙한 뉴스 사이트처럼 손쉽게 이용할 수 있는 뉴스의 출처에 의존하는 것이다. 대안적인 설명은 검색하지 않는다. 두 번째 전략은 그 당시에 옳게 보이는 걸 선택하는 것이다. 예를 들어 웹에서 상반되는 것을 발견하면 '좋아요'가 가장 많거나 아는 사람이 지지하는 것을 선택할 수도 있다. 마지막 전략은 실천하는 것이다. 우리는 구글 검색 결과의 첫 페이지만 보거나, 출처가 분명해 보이면 더는 확인하지 않는다.

이러한 대처 전략에는 '확증편향(confirmation bias)'이라는 일반적이고 심리적인 특성이 있다. 확증편향이란 자신의 신념을 뒷받침하는 정보를 선호하는 경향을 말한다. 우리는 이상하거나 터무니없는 뉴스를 전달하기를 즐긴다. 그래서 뉴스를 추종하고 퍼뜨릴 때 성의가 부족하고 편향적이며 장난스러운 경향도 있다.


## 비판적 읽기

확증편향 특성을 극복하려면 우리가 읽고 보는 내용을 비판적으로 생각하고, 허구와 사실을 구분하는 우리 능력에 의문을 품어야 한다. 스탠퍼드 역사교육그룹이 중학생 203명을 대상으로 실시한 연구에 따르면 80퍼센트 이상의 학생이 '후원 홍보' 문구가 적힌 광고를 실제 뉴스 기사라고 믿었다.

비판적 읽기의 첫 번째 출발점은 지식이 얼마나 복잡하고 변화무쌍한지 탐구하는 것이다. 예를 들어 학생들은 다이어트 보조식품과 건강식품이 지난 100여 년 동안 비소 알약에서 통곡물로 바뀌는 과정, 현대 영양이 뒷받침되는 다이어트의 종류 등을 알아보며 식이요법의 유행에 대해 조사할 수 있다.

비판적 읽기의 두 번째 방법은 각각의 설명이나 주장이 동등하게 옳지는 않더라도 증거에 따라 뒷받침되어야 한다는 것이다. 도서관과 사실 확인 사이트는 가짜 뉴스를 구별하는 가이드라인을 제시한다. 국제도서관협회연맹은 가짜 뉴스를 찾아내는 방법에 관한 포스터를 여러 언어로 작성하기도 했다. 이 포스터는 팩트체크닷오르그(FactCheck.org) 웹사이트의 기사를 바탕으로 작성되었는데, 기사의 내용은 다음과 같다.


• 출처를 고려하라: 일부 가짜 뉴스 사이트는 ABC뉴스(ABC News)처럼 실제 방송사와 비슷한 이름을 사용하여 신문이나 TV 뉴스 사

이트로 보인다. 다른 사이트들은 풍자와 환상의 출처라고 주장한다. 오랜 세월 동안 스놉스닷컴(Snopes.com)은 가짜 뉴스를 알리는 글을 써왔고, 확인된 가짜 뉴스 웹사이트 목록을 공개하고 있다.

- 헤드라인 너머를 읽어라: 도발적인 헤드라인에 끌린다면, 그 충격적인 뉴스를 퍼뜨리기 전에 다시 확인하라. 가능한 일인가? 주요 뉴스 사이트에서 기사를 수집했는가? 전체 이야기를 읽으며 풍자나 환상을 보여주는 단서가 있는지 찾아보라.

- 저자를 확인하라: 폴 호너와 같은 가짜 뉴스 저자들은 잘 알려져 있다. 다른 사람들은 교수나 상을 받은 작가라고 주장할 수도 있다. 그렇다면 그들의 자격 증명을 재빨리 확인하는 것이 좋다. 또한 저자 이름이 혹시 비속어는 아닌지 어번딕셔너리(Urban Dictionary)에서 검색하여 확인하라.

- 근거는 무엇인가?: 많은 가짜 뉴스가 공식적인 것처럼 보이는 출처를 언급한다. 출처는 그 주장을 지지하지 않는 진짜 뉴스, 정부 또는 과학 사이트와 연결될 수 있다. 아니면 가짜 뉴스와 음모 홈페이지의 미로 속에 빠질지도 모른다. 주장에 대한 명확한 증거를 출처에서 찾을 수 있는지 확인하라.

- 날짜를 확인하라: 몇몇 거짓된 이야기들은 과거에 일어났던 실제 사건을 왜곡한 것이다. 이야기가 현재 사건을 언급하는지 확인해 보라. 과거에 똑같은 사건이 보도되지는 않았는지 확인하라.

- 풍자인가, 사실인가?: 풍자는 여러 형태로 나타난다. 도발적이고 풍자적인 이야기를 고의적으로 할 수 있다. 혹은 예술가 뱅크시가 미술 경매에서 자신의 작품을 자동으로 조각나게 한 것처럼 풍자

로 설정된 실제 사건을 설명한 것일 수도 있다.

- 편견을 확인하라: 우리는 자신의 편견을 뒷받침하는 이야기가 사실인 것을 좋아한다. 자신의 신념과 가정이 판단에 영향을 미치는지 고려하라. 만약 당신이 반대하는 정치인의 페이스북 게시글이 끔찍하다면 확인해보라.
- 전문가에게 문의하라: 팩트체크닷오르그, 스놉스닷컴, 〈워싱턴포스트〉 팩트체커(Fact Checker), 폴리티팩트닷컴(PolitiFact.com) 가운데 적어도 한 곳에서는 선정적인 뉴스 기사의 주장을 확인했을 가능성이 크므로, 헤드라인의 단어들을 이 사이트에서 검색해보라.

지식을 탐색하는 방법을 배우는 궁극적인 목표는 가짜 뉴스가 위험할 수 있음을 인식하는 것이다(예를 들어 HIV와 AIDS가 관련이 없다는 주장, 백신이 자폐증을 유발한다는 주장). 또한 무지한 사람이 아니라 증거와 이성을 통해 진실을 찾는 사람이 되기 위해서다.

## 지식 탐색의 실제

캘리포니아 어바인의 한 교사는 10~11세 학생들이 가짜 뉴스를 발견할 수 있게 수업을 계획했다. 이 활동은 저작권, 출처 검증, 신뢰성, 발간 날짜, 작가의 전문성, 사전 지식과의 일치성, 현실성 등 뉴스의 7가지 요소를 살펴보는 것으로 시작한다. 다음으로 '시몬 가라사대' 게임처럼, 교사가 웹에서 기사를 발표하면 학생들은 앉거나 서서 기사가 사실인지 가짜인지 신호를 보내야 한다. 그런 다음 학생들은 팀을 구성하여 3가지 기사 가운데 어느 것이 가짜인지 증명한다. 이 활동은 미국 전역에서 학생들이 가짜 뉴스를 찾아내기 위해 다른 팀과 대결하는 온라인게임으로 확장되었다. 이탈리아 교육부는 8,000개 학교의 학생에게 온라인의 음모와 가짜 뉴스를 인식하도록 교육하는 프로젝트를 수행한다. 학생이 자신의 블로그를 만들어 가짜 뉴스를 폭로하고, 그 내용을 어떻게 조사했는지 설명하게 하는 것이다.

## 결론

고대 그리스시대부터 철학자들은 주장 뒤에 숨겨진 진리를 규명하려고 노력했다. 이제 우리는 진실이 '외부에서' 발견되는 게 아니라는 것을 안다. 진실은 우리가 세상을 인식하는 방식과 언어를 연관시킴으로써 구성되어야 한다. 그러나 모든 주장이 동등하게 타당하다거나 웹의 호소력 있는 이야기를 모두 좋아하고 전달해야 한다는 의미는 아니다.

가구 디자이너는 의자란 무엇인가에 대한 가정에 의문을 품게 하고 도전하기 위해 의도적으로 불편한 의자를 디자인할 수 있다. 마찬가지로 작가는 자극적이고 읽기 불편한 기사를 쓸 수도 있다. 그러나 구매자가 앉으면 무너지는 것처럼 안전하지 않은 의자를 파는 디자이너는 그야말로 대중에게 위험한 존재다. 작가가 거짓으로 글을 쓰거나, 출처를 확인하지 못하거나, 증거를 제시하지 않거나, 한쪽의 일방적인 주장만 제시할 때도 그렇다. 지식을 탐색하는 것은 위험한 제품을 점검하고 더 안전하게 만드는 방법을 찾는 것이다.

3부

# 성찰

# 선행탐구
# 학습법

자신의 배경지식을 바탕으로 먼저 탐구하고 학습하게 하라

선행탐구는 학생에게 교사가 가르치는 직접 교수 전에 복잡한 문제를 먼저 탐색할 기회를 주는 교육 방법이다. 학생들이 배경지식을 활용하여 가능한 해결책을 함께 고민해서 찾고 평가하며 가장 좋은 결론을 이끌어내는 것을 목표로 한다. 학생들은 초기에 좌충우돌하고 때로는 실패하기도 하지만, 그러한 과정에서 해결책을 찾으면 그 문제의 구조나 요소를 더 깊이 이해하게 된다. 선행탐구 후에 교사는 문제의 본질적인 개념과 해결 방법을 설명하여 학생들이 좋은 결론과 그렇지 않은 결론을 확실히 구별할 수 있게 도와준다. 교육학에서는 학생에게 도전과 불확실성을 요구한다. 처음에 학생들은 자신감이 떨어지기도 하지만, 이런 활동으로 더 창의적이고 유연해질 수 있다. 선행탐구를 구체적으로 실천하기 위해 교사는 주제를 깊이 있게 이해하고, 가르치는 방법을 근본적으로 바꿔야 한다.

## 생산적 실패

선행탐구에서 학생은 관련 원칙과 올바른 방법을 배우기 전에 소그룹으로 복잡한 문제를 해결하려고 노력한다. 문제를 해결하기 위한 학생들의 노력이 실패하거나 형편없는 해결책을 찾을 수도 있기 때문에 교육학에서는 이 과정을 '생산적 실패'라고 부른다. 하지만 이러한 색다른 탐색 과정은 학생들이 더 깊이 이해할 수 있게 돕는다. 그 후 교사는 학생이 잘못 이해한 부분을 바로잡아 줄 올바른 해결책과 기본 원칙을 설명한다.

'생산적 실패' 학습이론은 쿠르트 반렌(Kurt VanLehn)과 그의 동료들의 연구에서 시작되었다. 그들은 학습자가 문제를 해결하는 과정에서 가끔 곤경에 빠진다는 것을 알았다. 혼자 학습할 경우 엉뚱한 해결책을 찾아 어려움에 처할 수도 있다는 것이다.

뺄셈 문제를 풀고 있는 아이를 생각해보자.

$$35$$
$$-\ 17$$
$$\overline{\phantom{00}}$$

아이는 작은 수에서 더 큰 수를 빼는 방법을 배우지 못했다. ("난 5에서 7을 빼는 방법을 몰라.") 따라서 더 큰 수에서 작은 수를 빼는 방법으로 문제를 해결하려 할 수도 있다.

$$35$$
$$-\ 17$$
$$\overline{\phantom{0}22}$$
$$22$$

아이가 문제를 해결하려 매우 열정적으로 노력한다는 것을 이해한 교사는 빠뜨린 지식을 짚어주거나 잘못된 지식을 수정해줄 수 있다.


## 생산적 실패에서 배우기

학습과학자 마누 카푸(Manu Kapur)는 실패하고 바로잡는 과정이 배움에 효과적일 수 있다고 말한다. 그는 학생이 그룹으로 어려운 문제를 해결해야 한다고 제안했다. 학생은 종종 실패하면서 문제를 더 깊이 탐색할 수 있다. 그런 과정에서 기본 원칙으로 돌아가거나 창의적이면서 대안적인 해결책을 찾을 수도 있다.

'생산적 실패'에는 4가지 주요 학습 방법이 있다.


학습자는

1. 문제 혹은 개념과 관련된 배경지식에 접근하고 탐색한다.

2. 문제의 핵심에 주목한다.

3. 중요한 특성을 논의하고 설명한다.

4. 중요한 개념적 특성을 정리하고 해결책의 하나로 삼는다.


이 방법들을 두 단계의 문제 해결 수업으로 계획할 수 있다. 첫 번째 단계에서 교사는 학생이 문제를 탐색하고 가능한 해결책을 찾도록 장려한다(메커니즘 1). 두 번째 단계에서는 교사가 중요한 개념을 가르치고 학생이 이를 올바른 해결책으로 구축하도록 돕는다(메커니즘 2~4).

교사가 표준편차 통계에 대한 수업을 진행하고 있다고 가정해보자.

교사는 학생들에게 3년 동안 매년 테니스 대회에서 가장 일관된 성적을 보인 테니스 선수를 찾는 복잡한 데이터분석 문제를 제시했다. 첫 번째 단계에서 학생들은 소그룹으로 답변을 찾아낸다. 다음 단계에서 교사는 학생들이 찾아낸 해결책을 모으고 비교하며 대조한다. 그런 다음 학생들의 해결책을 예로 사용하여 해답을 찾는 방법을 설명한다. 마지막으로 학생들에게 새로 배운 지식을 활용하여 유사한 문제를 해결하도록 한다.

## 선행탐구

선행탐구는 학생들이 먼저 소그룹으로 복잡한 주제를 탐색한 뒤, 교사의 지도를 받게 되어 있는 '생산적 실패'의 일반적인 버전이다. 이는 교실에서, 온라인에서 또는 두 가지가 혼합된 형태로 이루어질 수 있다. 과학에서는 소리의 속도를 측정하는 다른 방법을 시도할 수 있다. 역사에서는 온라인 자료를 검색하여 로마제국이 어떻게 흥하고 망했는지 확인할 수 있다.

학생들이 처음으로 다양한 가설과 이론을 테스트하면서 주제를 광범위하게 탐구하는 것이 중요하다. 또한 교사가 탐구하기 좋은 주제를 고르는 것도 중요하다. 학생이 이해할 수 있어야 하며, 주제에 대한 배경지식을 기반으로 하여 되도록 많은 해결책을 찾을 수 있는 주제여야 한다. 그리고 온라인에서 빠르게 검색하여 답을 찾을 수 있을 만큼 쉽지도 않아야 하고, 학생들이 어디서부터 시작해야 할지 모를 정도로 어려워서도 안 된다.

한 연구에서 수학의 조합과 순열을 가르치는 두 가지 방법을 비교했다. 첫 번째 대학생 그룹은 대학교수가 순열을 강의하는 비디오를 보았다. 그런 다음 대화형 테이블에서 주제를 탐색했다. 두 번째 대학생 그룹은 먼저 주제를 탐색한 뒤 강의를 보게 했다.

이 연구에서 두 번째, 즉 먼저 주제를 탐색한 학생 그룹이 훨씬 더 큰 학습 성과를 보였다. 저자는 연구에서 선행탐구 학생들이 주제를 더 광범위하게, 그리고 강의를 더 쉽게 이해했다고 밝혔다. 비디오를 보면서 시작한 학생들은 공식을 암기, 회상, 적용하는 데 더 어려움을 겪었다.

## 선행탐구 실제

2008년부터 '생산적 실패' 학습은 싱가포르 학교에서 수학 교육을 위해 시범적으로 이루어졌다. 9학년 수학을 배우는 한 학급의 학생들이 효과적인 사례와 해결해야 할 문제로 직접 교수를 받았다. 다른 한 학급은 3명이 한 그룹을 이루어 문제를 스스로 푼 뒤 올바른 해결책의 근거로 사용될 학생들의 해결책을 교사와 논의했다. 그런 다음 학생들이 더 많은 문제를 해결하는 활동으로 이어졌다. 최종 테스트에서 생산적 실패 학습 그룹의 학생들은 직접 교수를 받은 그룹의 학생들보다 개념 이해를 잘했고, 서로 다르지만 연관성 있는 문제를 해결하기 위해 자신의 지식을 재구성하는 능력도 뛰어났다. 미국과 캐나다, 독일, 오스트레일리아에서도 비슷한 연구 결과가 있었다. 이러한 연구는 이 기술이 다양한 능력과 다른 수준의 배경지식을 지닌 학습자에게 효과적으로 적용될 수 있음을 보여준다.

## 결론

이 학습법은 학생들에게 수용적으로 도전과 탐색을 요구하므로 단기적으로는 자신감이 떨어질 수 있다. 그러나 이러한 접근은 시간이 지나면 더 창의적이고 유연함을 갖추도록 도와준다.

교사는 '생산적 실패'로 문제를 설정한 다음, 학생들의 답변을 수정하고 해답을 만들어가면서 학습에 강한 영향력을 미친다. 이는 까다로운 과정이다. 교사가 문제를 깊이 이해해야 하고 학생의 잘못된 지식을 논의하고 수정할 수 있어야 한다. 생산적 실패를 실천하려면 학생들에게 그룹 활동을 위한 더 오랜 시간과 공간을 제공하도록 학교 구조와 교실을 변경해야 한다.

생산적 실패는 비교적 새로운 교육법임에도 주목받고 있다. 이 교육법은 26곳 이상의 싱가포르 학교에서 시행되었다. 싱가포르 교육부는 이를 대학생을 위한 수학 A급 커리큘럼에 접목시켰다. 혁신적인 교육학으로서 생산적 실패는 문제 해결과 그 효과에 대한 엄격한 경험적 테스트로 직접 교수법의 전통적 개념을 뒤집었다.

# | 15 |

# 상호교수
# 학습법

**배운 것을 친구에게 가르치면서 학습하게 하라**

학습자는 교사에게서 배우는 것뿐 아니라 다른 사람에게 자신이 아는 것을 설명함으로써 배울 수도 있다. 이것이 '상호교수 학습법(teachback)' 의 기본이다. 교사, 전문가 또는 다른 학습자가 또 다른 학습자에게 주제에 대한 자신의 지식을 설명한다. 그 학습자는 자신이 알게 된 것을 설명하거나 다시 가르치려고 노력한다.

상호교수 학습법은 두 가지 장점이 있다. 첫째, 학습자가 학습 주제 또는 문제를 그들 자신의 말로 재구성해서 이해할 수 있게 돕는다. 둘째, 학습자는 이해할 수 있는 방식으로 자신이 배운 것을 설명해야 한다. 만약 상대방이 학습자의 설명을 이해하지 못하면 그들은 서로 이해될 때까지 주제에 관해서 이야기를 나눈다. 상호교수 학습법은 의료 분야에서 사용되었다. 의사와 간호사는 환자에게 치료법을 명확하게 설명해주고 환자가 자신이 들은 것을 다시 설명하게 함으로써 치료법을 확실히 익혔는지 확인했다. 상호교수 학습법은 다양한 주제에 걸쳐 폭넓게 적용할 수 있는 방법이다.

## 배운 것을 설명하기

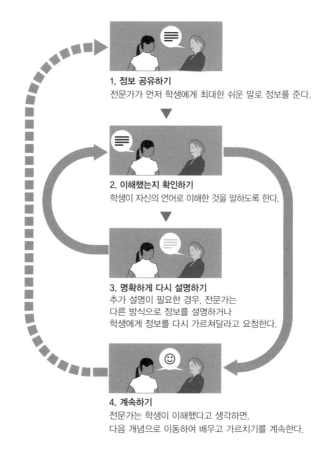

1. 정보 공유하기
전문가가 먼저 학생에게 최대한 쉬운 말로 정보를 준다.

2. 이해했는지 확인하기
학생이 자신의 언어로 이해한 것을 말하도록 한다.

3. 명확하게 다시 설명하기
추가 설명이 필요한 경우, 전문가는
다른 방식으로 정보를 설명하거나
학생에게 정보를 다시 가르쳐달라고 요청한다.

4. 계속하기
전문가는 학생이 이해했다고 생각하면,
다음 개념으로 이동하여 배우고 가르치기를 계속한다.

[그림 15.1] 상호교수 학습법의 과정
(출처: culturallyconnected.ca/skills/supporting-health-literacy/)

상호교수 학습법은 어떤 주제를 이해하고 그것을 이해했다는 것을 보여주는 방법으로, 구조화된 대화를 통해서 이루어진다([그림 15.1] 참조). 대개 전문가가 어떤 주제에 대해 그것을 잘 모르는 초보자에게 설명한다. 그러면 그 초보자가 새롭게 이해한 것을 전문가에게 다시 가르친다. 초보자가 좋은 반응을 주면 전문가는 계속해서 그 주제에 대해 더 많은 것을 설명해준다. 만약 초보자가 다시 가르치는 데 어려움을 겪으면 전문가는 지식이 공유될 때까지 명확하게 다시 설명하고 초보자는 또다시 가르친다. 예를 들어 견습생이 자동차 엔진의 작동 기초를 이해하려 노력한다고 하자. 숙련된 자동차 정비사가 공기와 연료를 빨아들이고, 압축하고, 점화하고, 배출하는 '4개의 엔진 사이클'을 설명한다. 견습생은 4단계를 도표 등을 활용하여 단계별로 설명하려고 노력한다. 만약 견습생이 실수한다면 정비사는 다시 설명하고, 둘 다 그 설명에 만족할 때까지 또다시 가르쳐달라고 견습생에게 부탁한다.

## 대화를 통한 학습

상호교수 학습법은 개념은 1970년대 교육공학자인 고든 파스크와 함께 '대화를 통한 학습'이라는 멋진 이론으로 시작되었다. 파스크는 이 방법이 항상 교사나 전문가처럼 훈련된 사람이 필요한 것은 아니라고 강조했다. 어떤 주제에 대해 비슷한 지식을 갖춘 두 사람이 차례로 주제를 소개해달라고 부탁하면서 서로 더 만족스럽게 이해할 때까지 설명하려고 노력한다.

상호교수 학습법에서는 다음과 같은 3가지 사항이 중요하다.

- 학습 과정은 참가자와 집중해서 듣는 모든 사람이 듣기에 가시적이고 명료해야 한다.
- 두 사람 모두 대화로 얻는 게 있어야 한다. 전문 지식이 더 많은 사람은 지식을 구조적인 방법으로 설명하고, 그것이 이해되고 있는지 확인할 기회를 얻는다. 전문 지식이 필요한 사람은 직접 교수로 배우고, 이해가 안 된 부분을 찾기 위해 다시 떠올리고 새로운 지식을 또다시 가르치는 과정에서 배운다.
- 새롭게 알게 된 것을 검증할 수 있는 방법이 있어야 한다. 예를 들어 지식을 적용하고 배운 것을 명확하게 해주는 형성평가와 같은 방법이 있다.

상호교수 학습법은 스포츠 코칭, 과학 교수, 언어학습을 포함한 모든 교수법과 학습법에 적용할 수 있다. 또한 유사한 지식을 갖춘 사람이 다양한 관점에서 나오는 복잡한 주제를 탐색해야 할 때 필요할 수 있다. 적어도 참가자 가운데 한 사람은 주제에 대해 정확한 지식을 제공해야 한다. 모든 사람이 똑같이 무지하거나 잘못 알고 있다면 시작할 수 없고, 혹은 다른 사람에게 잘못된 지식을 제공하게 될 것이다. 한 사람이 아무리 박식하다고 해도 다른 사람이 믿을 만한 지식을 어떻게 알게 되었는지가 문제 될 수도 있다. 이는 보통 훈련된 교사나 전문가처럼 공인된 지위를 인정받은 지식인에게서 나온다. 또는 대부분의 사람이 대화로 새로운 이해 내용과 그들의 이전 경험이나 검증 가능한 사실이 어떻게 일치하는지를 인식하게 된다. 대화를 통한 학습은 흥미진진하고 창의적인 깨달음의 과정이 될 수 있다.

## 교실에서의 상호교수 학습법

상호교수 학습법은 학교와 대학에서 유용한 교수법이지만 아직 광범위하게 채택되지는 않았다. 과학고 학생들을 대상으로 한 작은 연구는 새로운 가르침을 받지 않은 상태에서 자신이 알고 있는 것을 가르치게 하자 중력 아래에서 물체가 어떻게 움직이는지를 설명하기 위해 그 이전보다 더 풍부한 도표를 만들었음을 보여주었다.

학교 교실에서 이루어지는 상호교수 학습법 활동은 학생들이 짝지어 수행하는 것을 포함한다. 그들은 한 주제에 대해 알고 있는 지식을 서로에게 설명하는 것으로 시작하고, 교사나 비디오 프레젠테이션을 통해 배운다. 다른 학생은 "무슨 뜻인가?"와 같은 질문을 해서 설명에 의문을 제기한다. 만약 둘 중 하나가 확실하지 않거나 의견이 다르다면, 교사에게 물어본다. 또한 간략하게 설명하거나 도표를 그려서 새로운 것을 설명할 수도 있다.

상호 교수법(reciprocal teaching)은 상호교수 학습법과 비슷한 방법이다. 학생은 그룹 단위로 글을 읽고 교대로 교사 역할을 한다. 첫째, 그들은 저자가 무엇을 말하려고 하는지를 이해하거나 글 다음에 오는 것이 무엇인지를 예측한다. 그런 다음 알쏭달쏭한 정보나 글의 불분명한 부분을 질문함으로써 그들의 지식에 의문을 품는다. 다음으로, 한 학생이 본문을 명확히 하고 질문에 대한 답변을 시도한다. 다른 학생은 가장 중요한 부분을 정해 본문을 요약한다. 이것은 상호교수 학습법보다 더 복잡한 절차이고, 교사가 각 활동의 목적과 학생들에게 각자의 역할을 어떻게 부여하는지 이해하도록 요구한다.

## 온라인을 활용한 상호교수 학습법

온라인 학습 도우미는 학습자들이 가르쳐보기 위해 만들어낸 컴퓨터 캐릭터다. 어떤 학습자가 온라인상에 자신의 학습 도우미를 만들어내기 시작했다고 하자. 그 학습자는 어떤 주제에 대한 핵심 개념을 나타내는 한 벌의 카드로 에이전트의 '브레인'으로 들어간다. 그리고 일련의 항목을 화살표로 연결하여 개념 지도(concept map)를 형성한다. 인공지능 소프트웨어는 학습자의 지식을 바탕으로 학습 도우미의 지식을 만들어낸다. 어떤 학습자가 질문하면 개념이 활성화되면서 학습 도우미가 그 질문에 답하게 된다. 학습자들은 자신들이 만들어낸 학습 도우미를 최고의 응답자를 뽑는 온라인 대회에 참가하게 한다.

폴 러드먼의 연구에서 컴퓨터가 지원하는 전화로 상호교수 학습법의 또 다른 방법을 찾아볼 수 있다. 어떤 사람은 책에서 치료법과 같은 새로운 주제를 배우고 교사가 된다. 또 다른 사람은 전화 통화로 같은 주제를 배우기도 한다. 핵심 단어를 인식하는 소프트웨어가 이 전화 대화를 지속적으로 모니터링한다는 것이 참신하다. 약효가 있는 허브와 같은 한방치료와 관련된 말을 소프트웨어가 인식하자마자 교사의 화면이 아닌 학습자 화면에 도움이 되는 정보를 보여준다. 이렇게 하면 대화는 더욱 균형이 잡힌다. 교사는 한방치료에 대한 기초적인 지식을 알게 되고, 학습자는 관련된 질문에 대한 즉각적인 답변을 제공받는다.

## 상호교수 학습법의 실제

어떤 의료 전문가들은 당뇨나 심부전증 환자에게 약품 관리 방법을 알려주려고 상호교수 학습법을 활용했다. 이 연구에는 읽기, 쓰기 능력이 낮은 당뇨병 환자 43명이 매주 3회 간호사와 함께 참여했다. 연구에 참여한 간호사는 상호교수 학습법을 사용하여 환자가 약품 관리 방법을 확실히 이해할 수 있도록 다음과 같은 질문을 했다. "댁에 가셨을 때 배우자가 여러분에게 제가 알려드린 약품 관리 방법을 질문할 거예요. 그럼 어떻게 대답하시겠어요?" 마지막 세션이 끝나고 6주 후에 상호교수 학습법을 사용한 환자는 일반적인 상담을 받았던 대조군보다 당뇨병에 대한 지식과 식습관, 약품 관리 방법을 훨씬 더 잘 알게 되었다. 환자를 대상으로 한 상호교수 학습법에 대한 다른 연구들도 긍정적인 결과가 나왔다. 환자에게 건강관리 방법을 그림으로 자세히 안내한 리플릿이 다른 방법보다 더 효과적인지 확인하려면 더 많은 연구가 필요하다.

## 결론

상호교수 학습법은 다른 사람에게 자신이 알고 있는 것을 설명하면서 배울 수 있는, 간단하면서도 효과적인 방법이다. 둘 다 새로운 배움에 도달할 때까지 지속적으로 대화한다. 처음에 가르치는 사람은 최소한 주제의 일부라도 잘 알고 있어야 한다. 상호교수 학습법은 의료 분야에서 환자가 자신의 약을 관리하는 법을 확실히 이해하도록 일상적으로 사용되지만, 아직 교육 분야에서는 널리 받아들여지지 않는다.

# 16

# 토론
# 학습법

**생산적인 토론 기술을 활용해 학습하게 하라**

학생들은 과학과 역사, 예술 분야에서 논란이 될 만한 주제를 전문 과학자나 학자들처럼 토론해봄으로써 그 분야를 깊이 이해할 수 있다. 토론은 학생들이 대립적인 입장을 잘 다루고 근거의 가치를 알 수 있게 도와준다. 모든 사람은 토론으로 논증의 과정을 배울 수 있다. 학생들은 토론을 통해 과학자들이 자신의 주장을 확립하거나 다른 주장을 반박하기 위해 어떻게 협력하는지를 배워 다른 사람들과 아이디어를 다듬어가는 방법을 배운다. 교사는 학생들이 개방적인 질문을 하고, 좀 더 분명한 표현으로 말하며, 자신의 주장을 적절한 근거로 뒷받침하고, 좋은 예를 사용하여 설명하도록 격려함으로써 의미 있는 토론으로 이끌어갈 수 있다.

생산적으로 토론할 때, 학생들은 질서 있게 말하면서 적극적으로 경청하고 다른 사람에게 건설적으로 반응하는 법을 배운다. 전문성 개발은 교사가 이러한 전략을 배우고 자신의 전문 지식을 학생들과 적절하게 잘 공유할 수 있는 방법과 같은 과제에 도전할 수 있도록 돕는다.

## 주장하기와 근거 제시하기

토론은 학생들이 앞으로 모든 사람에게 영향을 미치고 공개적으로 논의될 만한 기후변화, 유전공학, 인공지능, 지속 가능한 에너지와 같은 과학·기술·공공정책의 변화에 대비할 수 있도록 돕는다. 학생들은 과학자처럼 조사하는 과정과 의사소통 과정에 참여해봄으로써 이러한 논제를 깊이 이해할 수 있다. 정확한 언어로 토론하는 동안 상대방의 주장과 근거를 개선하고 반박하기 위해 자신의 근거로 논리를 펼치면서 배울 수 있다.

생산적인 토론 방식은 전통적인 과학 분야에만 국한되지 않고 수학, 역사, 언어, 예술, 인류학에도 적용될 수 있다. 오늘날에도 여전히 교수법의 기초가 되는 고대 그리스 철학자 아리스토텔레스의 토론 방식은 생산적인 토론의 기본으로 활용된다.

1. 논제를 제시하라.
2. 입장을 정하라. 그 논제에 찬성하는가, 반대하는가?
3. 논제를 설명하며 당신의 사례를 보여주라.
4. 자신의 사례를 뒷받침할 근거를 제시하라.
5. 반대 입장을 경청하라.
6. 반대되는 입장을 거론하고 하나하나 반박하라.

7. 최종 입장을 제시하라.

이는 말로 직접 토론할 때 이루어지는 절차다. 만약 에세이에서 토론이 진행된다면 작가는 그것에 대한 충분한 이해를 바탕으로 한 설명, 그리고 반대 주장에 대한 반박을 모두 해야 할 것이다. 논쟁 형식에는 다음과 같은 3가지 요소가 있다.

- 주장: 당신이 취하고 있는 입장을 말한다. 다른 주장은 중심 주장을 수립하고 지지하도록 도울 수 있다.
- 근거: 당신의 주장을 뒷받침하는 것을 말한다.
- 증거: 근거가 당신의 주장을 어떻게 뒷받침하는지를 보여주는 예다.

한 학급에서 '설탕을 먹는 것이 건강에 해로운지 아닌지'에 대한 논제로 토론을 한다고 가정하자. "설탕이 건강을 해친다"라는 주장이 있을 것이다. 이를 뒷받침하는 근거로 "설탕이 이를 썩게 한다"와 "설탕을 먹는 것은 과체중의 원인이 된다"라는 내용이 포함된다. 각 근거는 신뢰할 만한 증거로 뒷받침되어야 한다. 예를 들어 "설탕은 입안 박테리아의 먹이로서 이를 썩게 한 뒤 통증을 유발한다"와 같은 것이다. 이런 주장에 대한 반박으로 "설탕은 네게 에너지를 준다"와 같은 입장이 있을 수 있다. 물론 이 입장도 신뢰할 만한 근거와 증거로 뒷받침되어야 하며, 둘 다 수용되거나 반박당할 수 있다.

## 승자와 패자 없이 토론하기

고전적인 토론은 강한 주장과 힘 있는 발표로 상대방을 제압하는 데 관심이 있었다. 칼 로저스가 제안한 또 다른 토론 방법은 서로 다른 관점 사이에서 중간 지점을 찾는 것이다. 일대일이나 그룹 또는 서면으로 토론할 때 공평하게 할 수 있다. 로저스식 토론은 다음과 같은 단계로 진행된다.

1. 논제를 제시하라.
2. 입론하기 전에 상대방의 입장을 인정하라.
3. 상대방의 의견을 무시하지 않는 형식으로 반론하라.
4. 중간 지점을 신중하게 제안하여 서로 다른 입장을 하나로 모으는 방법을 찾아라. 자신의 견해를 기꺼이 바꾸어라.
5. 결론적으로, 모든 사람이 중간 지점에서 어떻게 하면 이익을 얻을 수 있는지 명확하게 찾아라.

이런 토론은 옳고 그름이 없는 주제일 때, 양쪽 모두를 지지하기에 좋은 사안일 때, 결과물을 적절하게 타협할 수 있을 때 효과적이다. 한쪽 입장에 강력한 근거가 될 "설탕이 이를 썩게 한다"와 같은 주장에는 잘 통하지 않는다. 로저스식 토론의 좋은 예로 "학교 교실에서 휴대전화 사용을 금지해야 하는가?"나 "아이들이 야외에서 놀 수 있는 자유를 더 많이 가져야 하는가?"와 같은 논제를 들 수 있다.

## 교사가 생산적인 토론을 이끌어낼 수 있는 방법

효과적인 토론을 위해 학생들은 주의 깊게 듣고 말해야 하고, 이유와 근거를 사용하여 정당하게 주장하고 아이디어를 나눠야 한다. 이런 종류의 교실 토론은 대부분의 학생에게 쉽게 와닿지 않으며 신중한 접근이 필요하다.

교사는 다음과 같은 조력자 역할을 수행한다.

- 토론 및 경청을 지원하라.
- 학생들에게 생산적인 토론의 예를 보여주라.
- 토론할 논제를 제안하거나 학생이 제안할 수 있게 허용하라.
- 학생들이 아이디어를 공유하고, 반대나 중립을 위해 다른 입장을 갖도록 격려하라.
- 학생들이 신뢰할 수 있는 증거를 찾도록 도우라.
- '증거'가 무엇인지, 근거가 어떻게 주장을 뒷받침할 수 있는지 설명하라.
- 학생들이 토론 또는 서면으로 좋은 주장을 구성할 수 있게 도우라.
- 학생들이 반대 입장을 고려하고 반론을 제시하도록 장려하라.
- 토론 과정을 반성하고 그것을 어떻게 개선할 수 있는지 돌아보라.

과학적 아이디어에 대한 진지한 토론을 유발하는 좋은 방법은 단순하게 답할 수 없고 이론과 근거에 대한 논의가 필요한 질문을 제기하는 것이다. 다음과 같은 몇 가지 예를 들 수 있다. "왜 새들은 전기 케이블에 내려앉을 때 감전되지 않을까?" "왜 비행기는 우리 위로 날아올 때 무게감이 느껴지지 않을까?" "지능을 측정할 수 있을까?" "시간 여행이 가능할까?" "예수가 진짜 사람인지 어떻게 알 수 있을까?"

## 생산적 토론을 지원하는 기술

교사는 학생들에게 그룹별로 어떤 주제를 조사한 뒤 그 내용을 비교해보도록 요청할 수 있다. 교실 통신 기술이 이 과정을 돕는다. 클리커(clicker)는 학급의 각 학생에게 제공되는 장치로서 학생들의 질문에 답할 수 있다. 예를 들어 교사가 학생들에게 질문에 대한 각자 다른 답을 제시하도록 요청하고 전체가 제시한 답 가운데 마음에 드는 것에 투표하게 한다. 학생들이 각 항목을 선택한 수치를 막대그래프로 나타내서 보여준다. 그리고 나서 교사는 학생들에게 더 많은 근거를 덧붙여 그 반응에 대해 토론하도록 한 다음 다시 투표하게 한다. 일반적으로 학생들은 논제의 근거가 분명한 것에 반응한다.

또한 학생들은 온라인에서 생산적으로 논쟁할 수 있다. 키알로(Kialo)는 진지한 토론과 협력적인 의사결정이 이루어지는 온라인 사이트다. 사용자 누구나 논제를 제시할 수 있으며, 다른 사람들은 그 논제에 대해 주장을 펼치고 근거를 들어 자신의 주장을 뒷받침할 수 있다. 참가자들은 제안된 주장에 의견을 제시하고 투표할 수도 있다. 키알로는 각 주장에 투표한 수치를 막대로 표시하는 것이 특징이다.

## 생산적인 토론의 실제

WISE 플랫폼은 생물학, 화학, 지구과학, 물리학에서 중등학교 주제에 대한 다양한 과학적 프로젝트를 제공한다. 이 프로젝트는 주요 질문으로 시작하여 온라인 조사 과정으로 학생들을 이끈다. WISE의 아이디어 매니저는 학생들이 증거를 수집할 수 있게 돕고, 설명작성기는 학생들이 체계적인 논리로 근거를 조직할 수 있도록 해준다. 미국 미네소타주의 칼턴 대학은 학생들이 교양수업에 대비할 수 있게 토론과 탐구 세미나를 운영한다. 강의실 토론을 위한 일련의 온라인 서비스를 제공해왔는데, 학생들이 토론의 기준과 규칙을 정하고 토론 자료를 온라인에 게시할 수 있게 했다.


## 결론

생산적인 토론의 과정을 관리하는 일은 어려울 수 있다. 대부분의 학생과 교사는 잘 알려진 답이 나오는 질문에 익숙하다. 그래서 학생들은 과학적 사고나 주제를 개인적으로 통달할 수 있다. 그러나 토론은 차례대로 입장을 말하고 비판하며 반박하고 조정하는 과정으로 지식을 쌓기 때문에 어려운 과정이 될 수 있다. 따라서 학생들이 사고의 깊이를 더해주는 토론의 전문화된 방법을 배울 수 있도록 사려 깊은 지원이 필요하다. 교사가 교실 토론 전문가가 되기 위해서는 오랜 시간이 걸릴 수 있다. 생산적인 토론을 위한 풍부한 질문이나 주제를 교과과정에 맞춰 개발하는 일은 쉽지 않다. 다행히도 자유롭게 온라인서비스를 이용할 수 있는 너필드재단(Nuffield Foundation) 같은 기관에서 교사에게 좋은 자료를 제공해왔다. 대면 토론 혹은 온라인 토론을 위한 풍부한 주제를 비롯해 잘 설계된 학습활동은 의사소통을 지원하고 어떻게 토론이 진행되는지를 보여주는 기술과 잘 조합될 수 있다.

| **17** |

# 컴퓨팅
# 사고

컴퓨터의 정보처리 기술을 사용해 문제를 해결하게 하라

컴퓨팅 사고는 컴퓨터 프로그래밍에 사용되는 사고방식을 일상적인 문제를 해결하는 데 적용하는 것이다. 컴퓨팅 사고의 목표는 큰 문제를 작은 문제들로 세분화하여 그것들이 어떻게 관련이 있는지 인식하고 문제를 해결할 수 있는 구조로 만드는 것이다. 큰 문제를 더 작은 문제로 나누고(분해), 이것이 과거에 해결된 문제와 어떤 관련이 있는지 인식(패턴 인식)한다. 이때 중요하지 않은 세부 사항(관념)을 제쳐두면서 식별 및 개발 해결책(알고리즘)에 도달하는데, 이러한 단계를 다듬고 수정해나가기(디버깅) 위해 단계 대화를 하는 것이다.

이러한 컴퓨팅 사고 능력은 삶의 여러 측면에서 가치가 있다. 좋아하는 음식 조리법을 친구들과 작성할 때 혹은 휴가나 탐험 계획을 세울 때도 도움이 될 수 있다. 같은 방법으로 과학 동아리가 질병의 발생에 대처하도록 지도할 수도 있다. 컴퓨팅 사고는 아이들에게 컴퓨터 코더가 되도록 가르치는 것이 아니라 사고 기술을 습득하여 삶에서 접할 수 있는 다양하고 복잡한 문제를 해결할 수 있게 돕는 것이다.


## 삶을 위한 기술

과학을 배우면서 우리는 실험을 수행하는 방법을 이해한다. 또한 음악을 공부하면서 타이밍과 리듬감을 키우기도 한다. 교육과정의 각 영역은 평생 적용할 수 있는 일련의 기술과 연관되어 있으며, 세상을 이해하는 새로운 방법을 알려준다.

컴퓨팅의 경우에 원리와 방법을 배우면서 일련의 문제 해결 능력도 습득하게 되는데, 이를 컴퓨팅 사고라고 한다. '컴퓨테이셔널 (computational)'이라고 해서 따라야 할 지침을 제공할 때만 문제를 해결할 수 있는, 상상력 없는 기계처럼 생각하도록 가르치는 걸 의미하는 것은 아니다.

컴퓨팅 사고는 인간이 문제를 해결하려고 노력할 때 언제나 생각할 수 있는 방법이다. 이는 명확한 단계의 집합으로 설정될 수 있지만, 문제 해결을 위한 단계를 수행하는 것은 창의적인 인간의 활동이다. 비록 이런 사고방식이 컴퓨터 프로그래밍과 컴퓨터 과학의 맥락에서 발전했지만, 더 광범위하게 적용될 수 있다. 사람들이 복잡하고도 다양한 해결책이 있을 수 있는 문제를 자신 있게 대처하도록 돕는다.

컴퓨팅 사고는 컴퓨터 응용 프로그램을 개발할 때 필수적이지만 모든 분야에서 가치가 있다. 여러 국가에서 학교 주요 과목 목록에 컴퓨팅 사고를 추가한다. 영국은 국가 교육과정에서 아이들이 세상을 이해하고 변화시킬 수 있는 컴퓨터 사고력과 창의력을 갖추도록 고품질 컴퓨팅 교육을 제공해야 한다고 명시하고 있다. 구글과 마이크로소프트 리서치와 같은 대기업 교육에서도 컴퓨팅 사고를 소프트웨어 엔지니어로서 갖추어야 하는 필수적인 문제 해결 기술 및 기법으로 여긴다.

## 컴퓨팅 사고의 요소

컴퓨팅 사고는 동일한 기본 요소를 사용하여 다양한 문제를 처리한다.

1. 분해: 큰 문제를 작은 문제로 나눈다.
2. 패턴 인식: 작은 문제가 과거에 해결한 문제와 어떤 관련이 있는지 인식한다.
3. 추상화: 중요하지 않은 세부 사항을 식별하여 따로 둔다.
4. 알고리즘 디자인: 해결책에 도달하기 위해 단계를 계획한다.
5. 디버깅: 단계들을 수정한다.

기본 목록에 포함되지 않고 일반적으로 암시되는 마지막 단계는 다음과 같다.

6. 사용 가능한 형태로 솔루션을 제시하라.

학생들로 구성된 팀이 달의 월식을 설명하기 위해 컴퓨터적인 사고를 사용한다고 가정해보자. 문제를 분석하여 다음과 같은 발견을 하는 과정을 살펴보자.

1. 분해: 달은 지구 주위를 돈다. – 지구가 태양 주위를 어떻게 움직이는가? – 달이 지구 그림자에 있을 때 어떤 일이 발생하는가? – 이것을 다른 사람들에게 어떻게 설명할 것인가?
2. 패턴 인식: 월식은 학생들이 이미 연구한 일식과 유사한 패턴을 가지고 있다.
3. 추상화: 달과 행성 같은 천체가 다른 천체의 그림자 속으로 이동할 때라는 공통점이 있다.
4. 알고리즘 디자인: 학생들은 태양, 달, 지구를 램프와 공으로 나타내는 형태로 알고리즘을 설정하여 달이 지구 그림자로 이동하는 단계를 보여준다.
5. 디버깅: 월식을 가장 잘 묘사할 수 있는 램프와 공의 크기를 선택하려면 이것을 수정할 필요가 있다.
6. 수업 시연과 짧은 비디오를 통해 해결책을 제시한다.

## 컴퓨팅 사고와 문제 기반 학습의 차이점

컴퓨팅 사고는 문제를 여러 부분으로 세분화하여 이해한 뒤 문제를 해결하기 위한 단계를 찾는 것이다. 따라서 준비된 연습을 통해 작업하기보다 실제 문제를 해결한다는 점에서 문제 기반 학습과 다르다. 이는 처음에 당면한 문제를 작은 요소로 세분화한 다음, 이것과 과거에 해결했던 문제 사이의 연관성을 찾는다. 또한 수용 가능한 결론에 도달할 때까지 솔루션(solutions)을 테스트하고 개선할 것이라고 가정한다. 따라서 문제 기반 학습, 특히 단계별 솔루션이 있는 학습보다 실제 문제 해결에 더 유용하다. 그러나 컴퓨팅 사고가 쉽게 하위 문제로 분해될 수 없는 인간과 사회 문제를 해결하는 데는 적합하지 않을 수도 있다.

## 컴퓨팅 사고력

컴퓨팅 사고를 통해 문제를 해결하면 다음과 같은 기술이 발달한다.

1. 실험과 반복(Experiment and iterate): 개발하고 시도한 다음 더 발전시키기
2. 테스트와 디버그(Test and debug): 적합한 결론에 도달하기 위해 찾고 테스트하고 수정하기
3. 재사용과 혼합(Reuse and remix): 기존 프로젝트 또는 아이디어를 기반으로 구축하기
4. 추상화와 모듈화(Abstract and modularize): 전체와 부분 사이의 연결 탐색하기
5. 표현(Express): 이런 방식으로 일하는 게 창의적인 활동을 하는 것임을 인식하기
6. 연결(Connect): 다른 사람과 함께 창작의 힘 활용하기
7. 질문(Question): 세상에 질문할 수 있는 힘 느끼기

컴퓨팅 사고를 하는 것은 일련의 과정을 거치는 게 아니라 어려운 문

제를 탐구하고 해결하는 방법이다.


## 컴퓨팅 사고의 실제

앞에서 언급한 바와 같이 영국의 국가 커리큘럼은 컴퓨팅 사고를 포함하도록 변경되어 모든 학생이 컴퓨터 용어로 문제를 분석할 수 있을 뿐 아니라 추상화, 논리, 알고리즘, 데이터 표현 등 컴퓨터 과학의 기본 원리와 개념을 이해하고 적용할 수 있게 되었다. 영국 교육과정에서는 다음과 같이 제시한다.

Key Stage 1(5~7세): 학생들은 알고리즘과 정확한 지침을 따르는 방법을 배운다. 또한 간단한 컴퓨터프로그램을 만들고 오류를 제거한다.

Key Stage 2(7~11세): 문제를 부분으로 나누어 해결하고, 논리적 추론을 사용하여 알고리즘이 작용하는 방식을 설명한다. 이후 물리적 시스템 제어 또는 시뮬레이션을 포함하는 목표를 달성하기 위해 프로그램을 설계, 작성하고 오류를 제거한다.

Key Stage 3(11~14세): 현실 세계의 문제를 모델로 하여 컴퓨터언어로 디자인한다.

Key Stage 4(14~16세): 문제를 해결하고 디지털 미디어를 설계하기 위해 창의성과 분석적 지식을 개발한다.

미국의 그린도트 학교는 모든 분야의 교육과정을 컴퓨팅 사고와 통합하고자 한다. 이는 컴퓨터 과학의 아이디어를 사용하여 어려운 문제를 해결하는 활동을 포함한다. 예를 들어 "NBA(National Basketball Association)가 워싱턴주의 엑셀 공립 차터 스쿨에서 어떻게 농구 경기를 할 것으로 보는가?"와 같은 개방적인 문제를 설정한다. 학생들은 데이터를 수집, 분해, 시각화하고 분석하는 다양한 방법을 찾아서 해결한다. 그린도트 학교는 다른 사람들이 무료로 사용할 수 있게 컴퓨팅 사고 수업을 개발했다.

구글은 교육자를 위한 컴퓨팅 사고 연수를 만들었다. 인문학, 수학, 과학, 컴퓨터공학 분야의 교사를 위한 이 과정은 5개 단원과 프로젝트로 구성되어 있다. 각 단원에는 교실에 맞게 수정할 수 있도록 유럽 전역의 도로 여행 계획과 같은 실제적인 사례가 포함되어 있다.

## 결론

컴퓨팅 사고는 단순히 코딩을 배우는 것을 넘어서 훨씬 더 많은 가치가 있다. 학습자는 컴퓨팅 사고로 패턴을 정의하고 특정한 사례로 일반화함으로써 복잡하게 얽혀 있는 문제를 구조화하고 해결하는 추상화에 참여할 수 있다. 또한 정보를 처리하고 다른 방식으로 표현하는 방법을 배우게 한다. 삶의 모든 부분에서 일어날 수 있는 문제를 분석하고 좀 더 쉽게 해결할 수 있는 방법을 찾는 것이 무엇보다 중요하다. 그러나 컴퓨팅 사고가 모든 문제의 해결 방법을 제시하지는 않는다. "어떻게 하면 더 행복한 삶을 살 것인가?", "어떻게 친구를 사귈 것인가?"와 같은 수많은 인간의 문제는 세분화하여 나누기보다는 전체론적으로 생각하고 가능성을 탐색하는 게 더 효과적이다.

# | 18 |

# 애니메이션
# 학습법

**단편 애니메이션을 보고 소통하게 하라**

애니메이션으로 학습할 때 학생들은 심장이 뛰는 방법이나 수학 문제를 해결하는 방법과 같은 역동적인 과정을 보여주는 짧은 애니메이션 영화를 본다. 교과서에서 정적인 이미지를 보는 것에 비해 애니메이션은 움직임과 속도를 더 잘 나타낼 수 있다. 또한 전문가가 어려운 문제를 해결하는 방법을 실제 사례로 보여주기도 한다.

애니메이션 학습법이 성공적이려면, 애니메이션은 관련 부분을 강조하고 가장 중요한 움직임을 확대해야 한다. 긴 장면이 반사를 위해 일시 중지된 짧은 단위로 분할될 때 가장 잘 작동한다. 학습자는 다음 단계를 시작할 시기를 결정하고 애니메이션에서 정지하거나 시작 또는 뒤로 이동할 수도 있다. 교사는 학습자가 자신이 배우는 내용을 스스로 설명할 수 있게 용기를 북돋아주어야 한다. 그리고 다음 단계를 예측하며 애니메이션을 서너 번 보게 되면, 움직임과 장면이 설명하려고 하는 것을 완전히 이해할 수 있다.


## 애니메이션에서 배우는 원리

애니메이션 한 장면은 단어 1,000개의 가치가 있고, 애니메이션 한 편은 그림 1,000장의 가치가 있다. 애니메이션을 활용한 학습을 20년간 연구한 사람들이 성공적으로 교육용 애니메이션을 디자인하는 방법을 보여주었다.

일부 주제는 텍스트나 정적인 그림으로 가르치기 어려워 애니메이션이 생겨날 수밖에 없었다. 움직이는 과정을 천천히 보여주어야 할 때(분자가 액체를 통해 어떻게 확산되는가), 역동성(심장이 혈액을 펌프하는 방법), 절차(붕대 묶는 방법) 또는 문제 해결 단계(미분방정식을 해결하는 방법) 등이 여기에 포함된다. 애니메이션으로 제시하면 속도가 너무 느리거나 작아서 볼 수 없는 과정이 나타날 수 있다. 또한 기압의 변화를 보여주는 애니메이션은 날씨 지도와 같이 실제 세계에서 추상화된 과정을 나타낼 수도 있다.

사람들이 애니메이션에서 배우는 방법에는 3가지 기본 원칙이 있다.


- 우리는 가르치는 내용과 관련된 부분을 선택, 구성, 통합하여 정보를 적극적으로 처리한다.
- 우리는 다양한 방식(시각적 · 음성적)에 서로 다른 방식으로 반응한다.
- 정보를 처리하는 우리의 능력은 단기 작업 기억에 제한된다.

즉, 애니메이션은 학생들이 관련 정보를 처리하고 주의를 산만하게 하는 부분은 무시하도록 세심하게 설계하고 연계하여야 한다. 또한 시각과 소리가 과장되지 않고 학생들이 배운 것을 성찰할 시간을 주어야 한다. 비디오 프레젠테이션처럼 애니메이션을 보는 것만으로는 충분하지 않다. 학습자가 문제를 해결하거나 과제를 수행하여 문제를 완전히 이해할 수 있게 해야 한다.

## 좋은 교육용 애니메이션을 디자인하는 방법

성공적인 애니메이션 학습법을 위해 일련의 애니메이션 디자인 원칙을 찾는 연구가 이어졌다. 연구 초기에는 애니메이션이 교과서 그림과 다를 바 없다고 생각했지만, 최근 연구에서는 애니메이션이 효과적인 학습 도구로 기능할 수 있게 하는 데 중점을 둔다.

역동적인 과정에서 학생들에게 정확한 사고 모델이 되어주는 것이 주요 목표다. 따라서 좋은 애니메이션을 설계하려면 다음 단계를 거쳐야 한다.

1. 가르치는 내용의 역학을 분석한다.
   - 중요한 개념과 무시해도 되는 내용이 무엇인지 분석한다.
2. 속성의 과정과 관계를 표시하기 위해 적절한 그래픽 요소를 선택한다.
   - 몇몇 연구에 따르면 사실적인 애니메이션이 만화보다 더 효과적일 수 있다.

3. 주요 사건이나 과정을 어떻게 제시할 것인가를 결정한다.

4. 사건의 순서와 제시 방법을 구상한다.

   - 어떤 각도와 색상, 속도로 제시하고 표현할 것인지 고려한다.

5. 긴 애니메이션인 경우 일시 중지를 할 시기를 결정한다.

6. 학습자가 중요한 정보와 작동 방식을 볼 수 있도록 포함, 강조, 확대할 항목을 선택한다.

7. 주의를 산만하게 하는 음악 말고, 관련성 있는 소리를 추가한다.

8. 무슨 일이 일어나고 있는지 설명하기 위해 음성 내레이션을 고안한다.

9. 학생이 애니메이션을 중지하거나 시작하고 되감도록 허용하는 소프트웨어 플랫폼에서 애니메이션을 제작한다.

10. 학생에게 애니메이션을 테스트하여 꼭 받아들여야 하는 필수 개념과 과정을 얼마나 깊이 이해했는지 확인한다.


교실에서 보여줄 애니메이션을 선택할 때 교사는 앞에서 열거한 10가지 디자인 원리를 바탕으로 좋은 자료를 골라야 한다. 교사는 애니메이션을 수업에서 보여주고 가르치는 내용을 설명할 수 있다. 학생은 애니메이션 장면을 최소 3~4회 보고 상호작용을 할 기회를 가져야 한다. 만약 애니메이션이 과정을 보여준다면, 교사는 학생이 그것을 보고 말로 묘사하거나 설명할 수 있게 격려한다. 만약 문제를 푸는 단계를 보여준다면 학생에게 더 많은 문제를 풀게 하고, 필요하다면 모범적인 해결책을 다시 언급해야 한다.

## 애니메이션이 그림보다 더 좋은가?

정적 이미지에 비해 애니메이션은 흐름의 방향이나 속도를 나타내는 화살표 없이도 움직임과 속도를 직접 보여준다. 그러나 일부 동작은 미묘해서 이해하기 쉽지 않다. 예를 들어 확산 과정을 완전히 이해하려면 얼마나 많은 입자가 액체와 기체를 통해 이동하는지, 입자가 움직이는 속도가 액체보다 기체 내에서 얼마나 더 빠른지, 그리고 시작할 때 입자 농도가 확산 속도에 어떤 영향을 미치는지 알아야 한다. 이 모든 요소를 종합하는 것이 해결해야 할 중요한 과제다.

일부 애니메이션이 한 번에 발생하는 여러 과정을 보여주려고 할 때 표현이 지나치거나 중요한 정보를 놓칠 수도 있다. 무엇보다도, 학생은 사고와 정신의 스위치를 끄고 애니메이션을 볼 수는 있겠지만 이해할 수 없는 비디오로 취급할 수 있다. 그래서 다음과 같은 경우 애니메이션이 그림보다 낫다는 연구 결과가 나왔다.

- 설계가 잘 되어 있다.
- 과정이나 기술을 가르친다.
- 학생이 통제력을 가진다.

## 애니메이션에서 학습의 실제

칸아카데미(Khan Academy)는 애니메이션 작업 사례를 기반으로 방대한 무료 교육 자원을 제작했다. 주제는 수학, 과학 및 공학, 컴퓨팅, 예술 및 인문학, 경제 및 금융이 있다. 프레젠테이션에서는 애니메이션 칠판을 사용하여 해결 중인 예시 문제를 구술과 함께 보여준다. 지루하게 들리지만 애니메이션의 색채 조합, 멈춰서 뒤로 스크롤 할 수 있는 기능, 생동감 넘치는 내레이션은 '아톰(Atom)'이나 '크레브스회로(Krebs Cycle)'에 대한 소개와 같은 주제를 흥미롭고 이해하기 쉽게 했다.

애니메이션에서 해설자는 주제를 소개하거나 설명하는 역할을 한다. 기업에서 신제품이나 서비스를 도입할 때 사용하는 경우가 많지만, 교육에도 같은 원칙을 적용할 수 있다. 해설자는 일반적으로 별이 어떻게 생겨나는지와 같은 이야기를 명확하게 전달하는 강력한 서술 기법을 갖추고 있다. 그들은 짧은 시간(일반적으로 90초 이하), 즉 처음 30초 동안 주요 메시지를 전달하고 일반적인 대화 말투를 사용하는데 말솜씨가 좋고 유머 감각이 있는 경우가 많다.

애니메이션이 단지 어려운 주제를 설명하기 위한 것만은 아니다. 더 리터러시셰드(The Literacy Shed)는 어린이의 창의적인 글쓰기를 촉진하기 위해 수백 개의 짧은 비디오와 애니메이션을 갖추고 있다. 이는 '모험', '괴롭힘 방지', '판타지', '역사'와 같은 사실적 주제로 구성되었다. 예를 들어 '모어닝 도브(Mourning Dove)'는 사랑과 상실이라는 주제를, '더 로키티어(The Rocketeer)'는 제2차 세계대전을 배경으로 하늘을 나는 것을 꿈꾸던 어린 소년의 이야기를 전달한다.

# 19

# 학습법
# 배우기

효과적인 학습자가 되는 방법을 배우게 하라

우리는 평생 새로운 아이디어를 받아들이고 새로운 기술을 배우고 익힌다. 때로 배우는 일이 어렵다고 느껴지는 경우는 다른 사람들이 구체적인 목표를 달성하기 위해 우리를 가르칠 때다. 배운다는 것은 효과적인 학습자가 되어 스스로 학습 과정을 관리하는 방법을 아는 것을 포함한다. 그러려면 단순히 문제를 해결하거나 목표에 도달하는 방법만을 알아내는 것이 아니라 그 과정 전체를 살펴보며 가정에 의문을 제기하고 어떻게 하면 좀 더 효과적일 수 있을지를 생각해봐야 한다. 효과적인 학습자는 지식의 원천을 찾고 비교하며, 온라인 네트워크를 이용해 조언을 듣고 지원받기도 한다. 학습 일기, 개념 매핑(concept mapping)과 같은 웹 도구는 학습을 지원하기 위해 설계되었지만 이러한 도구와 활동이 배움의 장에서 학습자에게 제대로 활용되지 못했다.

## 복잡한 세상에서의 학습

학습은 우리가 하는 일에 목적을 부여하고 사람답게 살 수 있게 하는 삶의 근본적인 부분이다. 모순되게도 우리는 다른 사람들이 우리에게 가르쳐주고 싶어 하는 걸 배우기를 거의 원하지 않는다. 어린아이는 자신을 둘러싼 세계를 오감으로 즐겁게 탐험하면서 마음껏 배운다. 그리고 서서히 시간이 지나면서 부모와 교사에게 설명을 들으며 배운다. 그러나 하루가 다르게 신제품이 나오고 새로운 정보와 지식이 범람하며 빠르게 변화하고 있는 현대사회에서는 말을 듣는 것만으론 삶을 충분히 준비할 수 없다. 따라서 젊은이들은 학습 과정을 관리하는 방법을 배워야 한다. 효과적인 학습자는 다음과 같이 수행할 줄 안다.

- 다양한 문제에 대한 적절한 전략을 선택한다.
- 다양한 자료에서 새로운 지식을 추구한다.
- 새로운 지식을 평가하고 비교하기 위해 비판적인 입장을 취한다.
- 그들이 배운 것을 반영한다.
- 다른 사람과 잘 어울려 일한다.
- 익숙하지 않은 상황에서도 새로운 기술을 잘 받아들인다.

교사가 배우는 과정을 성찰하면 "학생들이 어떻게 배우는가?", "무엇이 학생들에게 동기를 부여하는가?"를 학생의 관점에서 볼 수 있다. 학생들이 자신의 학습을 관리하는 데 필요한 기술을 가르쳐줄 수도 있다.

교육 콘텐츠도 여전히 중요하지만 학습의 전달과 평가를 넘어서서 스스로 학습을 관리할 수 있는 방향으로 나아가야 한다. 학생들은 교실이나 직장, 집이라는 공간에서 연구, 토론, 조사, 실습 등을 지속하며 지식과 기술을 습득하는 최고의 방법을 발견한다. 교사는 자원을 제공하고, 학습자는 그것을 학습 과정으로 일관성 있게 구성할 수 있는 방법을 결정하고 지휘해야 한다.

학습과 연계된 학습은 스스로 배우고 싶은 부분을 찾고 결정하는 것이며, 학습 과정에 지속적으로 반영하는 능력이다. 이러한 기량을 키워 나가려면 열린 자세로 소통하고 협력해야 하며, 새로운 상황에 유연하게 대응하고 창의적으로 대처해야 한다. 그리고 상황 변화에 따라 적절하고 효과적으로 행동할 수 있다는 자신감이 있어야 한다.


## 마인드러닝

이는 모두 학습자가 스스로 학습할 것을 결정하고 학습 방법을 알고 싶어 한다는 가정에 근거한 것이다. 따라서 젊은 학습자가 자신의 세계를 이해하도록 하고, 창의적인 전략을 개발하여 그들의 학습을 체계화할 수 있게 도와야 한다. 학습 과정을 배운다는 건 학습의 필요성을 진단하고 목표를 설정하여 가치 있는 자원을 발견하는 것이다. 다른 사람들과 함께 배우며 학습 전략을 선택하고, 배움과 진도에 대해 성찰해야 한다. 또한 지속적으로 창의적 기술을 개발해나가고, 개인적으로 학습한 결과를 평가할 필요가 있다. 학습할 때 학생들이 실제로 배우고 싶어 하는 것과 가장 효과적으로 배우는 방법이 일치한다면 즐겁고 효과적으로 배울 수 있을 것이다.

효과적으로 배우는 또 다른 방법은 개인의 우선순위를 배움의 기회와 결합하는 것이다. 직장 생활에서 불가능해 보이는 목록을 작성하여 모두 하려고 하는 건 과도하게 스위치를 켜놓은 것과 같다. 이는 우리가 무엇을 할지 결정을 내리는 일에 애를 쓰면서도 비효율적으로 행동하게 한다. 많은 자기계발서에서는 긴급하고 일상적인 업무만이 아니라 중요한 일을 우선순위에 두라고 제안한다. 이러한 조직 기법은 학습법을 배우는 하나의 방법이다.

좀 더 총체적으로 접근하기 위해서는 한 걸음 물러서서 우리의 학습이 자기 자신과 타인에게 미치는 영향을 고려하고, 자신의 행동에 관심을 둠으로써 삶에 대해 생각해봐야 한다. 마음 챙김은 현재의 순간에 시각, 소리, 냄새, 맛 등이 연결되어 효과적으로 오감을 느끼면서 우리의 생각과 감정을 더 잘 인식하게 되는 것이다. 현재의 순간을 좀 더 분명하게 봄으로써, 우리가 살아가는 삶의 방식에 긍정적인 변화를 불러올 수 있다. 이는 명상할 때 마음에 집중하여 내면에서 일어나는 일을 이해하는 것과 같다. 공부할 때 속상하게 하는 요인이 무엇인지, 너무 어려워서인지 혹은 노력한 보람이 없어서인지 등 내부 판단을 할 수 있게 한다. 마인드러닝은 무엇이 중요한지에 대해 완전한 관심을 두게 하고, 관심을 둔 일에 시간을 충분히 투자하여 균형을 이루도록 한다.


## 이중 루프 학습

마인드러닝은 우리가 학습자로서 최근에 학습활동을 어떻게 수행했는지 되돌아보고, 배우는 과정을 조정하게 했다. 이 '이중 루프' 접근 방식은 '단일 루프' 사고의 일반적인 과정과는 다르다. 단일 루프 사고는 겉으로 보이는 정보만 받아들여 사건에 반응하며, 친숙하고 일반적인 방법으로 문제를 해결하는 것이다([그림 20.1] 참조). 이중 루프 사고는 개인의 발전을 위해 더 큰 시스템과 관련하여 당면한 문제를 고려하는 것이다.

철학자이자 교육자인 도널드 숀은 현재 활동에 주안점을 두는 '행동에 대한 성찰(reflection-on-action)'과 '전체 활동에 대한 성찰(reflection-in-action)'을 구별해야 한다고 했다. 행동에 대한 성찰은 우리가 배울 때 현재 행동에 영향을 미치는 요인을 찾는 것이다. 전체 행동에 대한 성찰은 활동 전체에 대해 성찰하여 배우는 지점이 어디인지, 그리고 이것을 어떻게 조화롭게 수행하여 미래를 향상시킬지도 살펴보는 것이다. 이것이 이중 루프 학습의 본질이다. 행동에 대한 성찰과 전체 활동에 대한 성찰은 모두 학습 방법을 배우는 데 기여한다.

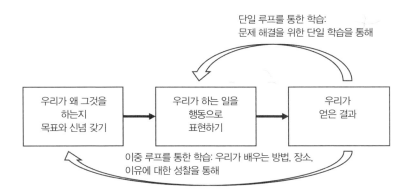

[그림 20.1] 단일 루프와 이중 루프 학습 (출처: C. 아지리스, 1976)

교사가 이중 루프 학습을 도우려면 학생들이 교육 내용을 어떻게, 어디서, 왜 배우는지에 관심을 두고 학습 방법과 장소, 배움의 이유를 스스로 결정해나갈 수 있도록 큰 틀을 잡고 교육 콘텐츠를 만들어야 한다. 학생들은 자기 자신과 교사 그리고 동료들과 커리큘럼 및 학습 전략을 상의하는 방법을 배운다. 각 학습자의 요구와 전략에 맞는 학습 자료를 제공하고 이 틀에 맞는 오픈 학습 자료와 무료 온라인 강좌를 제공하는 것이 좋다. 따라서 학습법을 배우는 것은 학습자에게 권한을 부여하고 자신의 학습을 관리할 수 있는 역량을 개발하도록 돕는 광범위한 교육 운동의 일부다.

## 학습법을 배우는 기술

개인 학습 환경(Personal Learning Environment, PLE), e-포트폴리오 및 개념 지도(concept mappers)를 포함하여 학습을 지원하기 위한 많은 소프트웨어 도구가 개발되었다. 개인 학습 환경에서는 학습을 위한 개인 도구를 제공해야 한다. 목표를 설정하고 학습 프로젝트의 진행 상황을 관리하기 위한 도구, 자체 평가 설문 조사, 성공적인 학습 가이드를 포함한 자료 및 다른 학습자와 접근하고 소통하는 방법 모두가 여기에 포함될 수 있다. e-포트폴리오는 잠재적 고용주에게 보여줄 성취 기록이면서 학습활동과 결과를 살펴보는 성찰의 일지로도 기능할 수 있다. 개념 지도를 통해 학습자들은 문제의 구조를 찾기도 하고, 일련의 상호 연결된 아이디어를 시각화하며 지도를 만들 수 있다. 이러한 도구를 활용하여 개별 학습자를 중심으로 수업을 설계하고 정규수업 안팎에서 활용할 수 있게 한다. 더 나아가 기관 사이에 접근을 용이하게 하면 효과적이다.

그러나 학생들이 다른 개인이나 사회 및 전문 도구와 연계하는 것을 원하지 않는다면, 학습용으로 특별히 설계된 기술을 사용하지 않을 수도 있다. 트렐로(Trello), 핀터레스트(Pinterest) 또는 링크트인(LinkedIn)과 같은 광범위한 웹 기반 도구와 서비스를 채택하여 학습 프로젝트를 구성하고 아이디어를 공유하며 성과를 기록하는 것이 더 나을 수 있다.

## 학습법 배우기의 실제

리사 마리아 블라슈케의 논문에는 배움의 요소가 나열되어 있다.

학습법 배우기
1. 학습 계약: 학생들은 튜터나 멘터의 도움을 받아 개인 학습 목표를 설정하고 학습 과정을 계획한다.
2. 유연한 커리큘럼: 핀란드의 중·고등 교육과정은 모듈을 중심으로 설계되어 있어, 학생들이 자유롭게 학습 일정을 결정하고 학업 및 직업 학습을 결합하며 2~4년 안에 강의 계획서대로 실천한다.
3. 학습자 질문: 학생들이 코스 내용을 이해하고 성찰을 촉진하는 데 도움이 되는 '큰 질문'을 하도록 안내하는 학습자 주도형 질문이다.
4. 평가: 학습 계약과 개인 목표에 따라 적절한 평가를 설계하는 데 학생이 참여하는 토의 평가다.

이 모든 것은 학생들의 동기부여가 잘 되어 있고, 그들이 배움을 관리할 수 있는 세상에서만 가능할 것으로 생각되어 마치 유토피아처럼 보일지도 모른다. 실제로, 이는 학생들이 시간과 자원을 관리할 수 있을 것으로 기대되는 성인 원격교육에서 비롯했다. 하지만 적절한 목표를 설정한 뒤 효과적으로 학습하는 방법을 알고 학습 프로젝트를 스스로 관리하는 것은 모든 학생에게 필요한 기술이다.

## 결론

학습법을 배우는 것은 20년 안에 많은 직업이 바뀌는 세상에서 의미가 있다. 그러나 학습법을 배우는 데 필요한 성찰적 사고와 기법은 습득하기가 어렵고 교실에서 가르치는 일 또한 쉽지 않다. 스스로 세심하게 관리하는 학습자가 되는 것만으로는 충분하지 않다. 또한 현실적으로 해야 하는 학습이 너무 많아 목표가 명확하지 않다는 문제를 해결해야 할 것이다. 학습법을 배우는 일에 시간을 투자할 가치가 있다는 사실을 깨닫고, 삶에 대한 마음 챙김과 성찰적인 접근을 중심으로 배움의 기회를 얻을 수 있는 학습 체계를 찾아 나가는 것이 필요하다.

# 20

# 학습을 위한
# 평가

**진단적 피드백으로 학습 과정을 지원하라**

평가를 통해 학습 결과만 측정하는 것이 아니라 학습 과정을 지원할 수도 있다. 컴퓨터 기반 평가를 실시하면 그 결과를 바로 활용해서 학생들이 가진 오개념을 찾아내고, 적절한 보충학습을 개별적으로 제공할 수 있다. 또한 학생의 변화를 한눈에 파악하고, 이를 바탕으로 단순한 해설지 제공에서 온라인상에서의 일대일 안내까지 다양한 방법을 활용해 개별지도 할 수 있다. 학생들은 '개방형 학습자 모델(open learner models)'에서 스스로 평가 결과를 확인해 자신의 수준이 어느 정도인지 파악하거나 학습 효율을 높이는 데 더 좋은 방법을 찾아보면서 능동적인 학습자가 될 수 있다. 제대로 구성된 진단검사로 학습 능력을 향상할 수 있다는 사실은 많은 자료에서 증명되었다.

## 건설적인 피드백

학습 과정 중에 잘 통합된 수행평가(또는 형성평가)로 학생의 학습 장면을 살펴보고 제대로 학습하고 있는지 확인할 수 있다. 학습의 결과를 측정할 뿐 아니라 전반적인 과정이 잘 이루어지고 있는지 통합적으로 파악할 수 있다. 또한 학생에게 목표를 달성하고 학습 효율을 높이는 방법을 제시할 수 있다는 점에서 적절한 평가는 유익하다. 이를 위해 평가까지 고려해서 교재를 구성해야 하며, 학생들은 건설적인 피드백을 바로 받을 수 있어야 한다. 건설적인 피드백을 위한 평가 방식은 다양하다. 교과서의 퀴즈나 교사의 발문을 활용하거나 학습자 사이의 상호평가, 온라인 평가를 실시하는 등 무궁무진하며 저마다 장단점이 있다.

'교재에 수록된 퀴즈'는 별다른 컴퓨터 기술이 필요하지 않으며, 학생들이 자신의 진도에 맞춰 활용할 수 있다. 다만 질문과 답을 한꺼번에 제시하지 않도록 세심하게 설계해야 하며, 답을 확인하기 쉽기 때문에 제대로 문제를 풀어보려는 학생들의 의지와 노력이 필요하다. 교사는 학생들이 교재를 얼마나 풀었는지 보고 진도를 가늠할 수는 있지만, 그들이 각각의 문제에 어떻게 답변했는지까지 바로 알기는 어렵다.

가장 전통적인 평가 방식은 '교사의 발문'이다. 이 방식이 생각보다 쉽지 않다는 걸 교사들은 이미 알고 있을 것이다. 수업 중 어느 순간에 질문해야 할지, 어떤 질문을 던져야 할지, 누구에게 질문해야 할지, 오답에는 어떻게 대처해야 할지 등등 교사도 경험에서 배워가야 한다. 이러한 방식은 학생의 오개념에 교사가 바로 대응할 수 있고, 그 과정을 지켜보면서 학급 모두가 함께 배울 수 있다는 장점이 있다. 다만 한 번에 한 사람씩 하다 보니 충분히 이해하지 못하거나 다른 오개념을 가진 학생이 있을 수 있다.

학습자 사이의 '상호평가'에서 학생들은 짝이나 모둠을 만들어 서로의 답변과 이해 정도를 확인할 수 있다. 이 과정에서 부족한 부분을 채우기도 하고, 학습목표에 무사히 도달한 서로를 칭찬하기도 한다. 상호평가는 채점이 아니라 건설적인 피드백을 주고받는 데 그 의의가 있다. 이는 학생들이 서로의 과제를 자세히 살펴보고, 어떻게 더 나은 결과를 만들 수 있을지 협력할 때 가능하다. 그러려면 교사가 사전에 건설적인 피드백을 주고받는 방법과 토론·토의법을 가르쳐야 한다.

'컴퓨터 기반 평가(CBA)'는 객관식이나 단답형 문제를 풀고 나서 정해진 해설을 제공하거나 학생의 답변에 맞춰 단계를 이동하게 하는 등 다양하게 설정할 수 있다. 이 평가는 학생들이 각자의 속도대로 학습을 진행하고, 평가 후 곧바로 피드백을 볼 수 있다는 것과 교사가 학생들의 수행 정도와 평가 결과를 한눈에 확인할 수 있다는 게 큰 장점이다. 그 대신 줄 수 있는 피드백이 한정적이고 교실 안에서 상호작용이 적으며, 시스템과 시설을 갖추는 데 적잖은 비용과 시간이 든다는 단점도 있다.

지금까지 살펴본 여러 평가 방식을 통해 학생들은 이미 자신의 학습 내용과 과정을 점검했을 것이다. 이제는 적절한 피드백을 제공해서 스스로 더 나은 수준에 이르도록 해야 한다. 좋은 피드백을 위해선 무엇이 필요할까?

1. 자연스럽게 상호작용 하며 피드백을 주고받을 수 있는 학급 분위기를 조성한다.
2. 학생이 자신의 목표를 설정하고 그 목표를 달성해가는 과정을 확

인할 수 있게 돕는다.

3. 학생의 이해도를 확인하기에 적절한 과제를 제시한다(예를 들어 에세이 과제에 대한 동료 평가, 컴퓨터 기반 평가를 이용한 문제 해결 과정의 피드백 등).

4. 학생마다 개별 피드백을 제공한다.

5. 반복되는 오개념이나 오답은 학급에 전체적으로 피드백한다.


## 컴퓨터 기반 피드백

컴퓨터 기반 피드백은 정답과 오답이 분명한 객관식 문항에서 더 효과가 있다. 좀 더 정교하게 다듬으면 이차방정식과 같은 문제를 풀어가도록 단계별로 진행할 수도 있다. 이 이상으로 실제로 교사가 지도하는 것처럼 반응할 수 있는 지능적인 시스템도 개발하고 있다.

예를 들어 '잠재 의미 분석(Latent Semantic Analysis, LSA)' 방식으로 제한적이나마 학생들의 에세이를 평가할 수 있다. 먼저 기존 학생들이 제출한 과제에서 수집한 단어와 구, 문장을 비교·분석해서 기준을 세운다. 이를 바탕으로 학생이 제출한 글의 문체, 일관성 등을 평가한다. 이런 방식은 글의 의미를 깊이 있게 이해하지 못한다는 한계가 있어 특색 있는 글을 찾아내기는 어렵다.

컴퓨터게임을 응용한 다른 기술을 사용하면 학생들의 성적 변화를 한눈에 볼 수 있다. 주제별 진행률을 확인하는 '개방형 학습자 모델'을 만들 수도 있다. 좀 더 응용한다면 학생들이 선택한 각 주제가 어떻게 연결되어 있는지와 함께 진행 상황을 파악할 수도 있다.

이러한 기술은 주의해서 사용해야 한다. 사람이 반응하듯이 세밀하거나 어떠한 통찰을 제공하지는 못한다. 또한 지속적인 피드백을 받다 보면 능동적으로 참여하기보다는 오히려 제시된 기준을 맞추려는 수준에만 머물 수 있다. 학생이 피드백이나 '학습자 모델'을 단순히 보기만 해서는 안 되고, 주도적으로 시스템과(혹은 교사와) 상호작용 하면서 학습에 대한 하나의 그림을 함께 그려가야 한다. 그리하여 학생 스스로 자신을 돌아보고 피드백을 관리하면서 성찰할 수 있어야 한다.

절충안으로 '신뢰 기반 검사(Confidence Based Marking, CBM)'가 있다. 미적분 수업에서 다음과 같은 문제를 풀어야 한다고 해보자.

학생들에게 "x를 미분하면 어떻게 될까요?"라고 물으면서 2x2, 3x2, 4x2, 2x3, 3x3 또는 4x3과 같은 선택지를 준다.

학생은 정답이 무엇일지 선택하면서 자신의 답변에 대해 얼마나 확신하는지 '상-중-하'로 선택할 수 있다. 교사는 자신감과 정확성을 함께 고려하여 다음과 같이 피드백할 수 있다.

자신 없어 했지만 그래도 정답을 맞혔네요. 다시 한번 풀어봅시다.

또는

자신 있었던 만큼 제대로 정답을 맞혔네요. 좀 더 어려운 문제를 풀어봅시다.

CBM을 실시하면 학생이 좀 더 신중하게 답변하도록 할 수는 있지만 좋은 피드백을 제공하기는 어려울 수 있다.

## 사람이 참여하는 컴퓨터 기반 평가

컴퓨터 기반 평가에 조교나 (보조)교사가 두 가지 방법으로 참여할 수 있다. 하나는 교사가 그래프를 보고 파악한 학생의 성적과 과제수행도의 추이를 활용하는 방법이다. 막대그래프의 가로선에는 학생을, 세로선에는 평가 문항을 배치한다. 정답과 오답을 초록색과 빨간색으로 표시하고, 자신감 정도와 같은 부수적인 내용은 주황색처럼 또 다른 색으로 설정할 수 있다. 결과가 한눈에 보이기 때문에 보충학습이 필요하거나 자신감이 부족한 학생을 돕는 데 집중할 수 있다. 이름이 보이지 않게 하면 학생들도 그래프를 보고 '개방형 학습자 모델'의 효과를 얻을 수 있다. 자신이 학급에서 어느 정도 위치에 있는지 알 수 있고, 도움이 필요한 순간을 스스로 판단할 수 있다.

다음은 학생들이 하는 개방형 질문에 대한 응답에 교사가 참여해서 그 질을 높이는 방법이다. 대부분의 교사는 성적이 낮거나 과제를 제대로 수행하지 못한 학생에게는 자세히 피드백하고, 잘하고 있는 학생에게는 간단하게 피드백하곤 한다. 하지만 잘하는 학생이 성장하기 위해서도 교사의 피드백이 필요하다. 피드백이 없어 학급에서 자신의 위치를 모른다면 자칫 자기가 잘하고 있다는 것도 모를 수 있다.

이렇게 평가의 목표가 학습의 성과를 평가하는 데서 학습 과정을 안내하는 방향으로 점차 변화하고 있음을 알 수 있다. 지금까지는 고차원적인 수업을 위해 컴퓨터와 멀어져야 한다고 생각했지만, 컴퓨터 기술로 학생들이 어느 정도 수준인지를 파악한 뒤 그에 맞게 필요한 정보나 지식, 보충학습을 제공하는 수업이 얼마든지 가능하다. 아직은 특정한 주제나 일부 단원에서만 이러한 수업이 가능하지만, 각 수업 주제에 맞는 좋은 예시 답안과 학생들의 오답 자료를 수집하여 계속해서 누적해 가면 점차 다양한 분야로 확대될 것이다. 이러한 방식은 상당히 유연하게 다양한 주제와 학생들에게 적용할 수 있다. 좋은 시스템을 갖추고 교사가 잘 다듬어간다면 컴퓨터를 활용해서 학생들의 이해를 높이고 과제를 잘 수행하도록 얼마든지 도울 수 있다.

## 학습을 위한 평가의 실제

스코틀랜드에 있는 대학 3곳에서 구조화된 평가가 학생들의 학습에 미치는 영향을 연구하기 위한 프로젝트(Re-engineering Assessment Practices in Higher Education, REAP)를 진행했다. 1학년 학생들이 수강하는 수업 가운데 19개를 선정해 평가와 피드백의 효과를 집중적으로 연구했다. 심리학 수업에서 팀을 이루어 함께 에세이를 작성하고 서로에 대해 피드백하게 했다. 이 과정을 거친 학생들은 에세이 평가에서 전년도 학생들보다 더 높은 점수를 받았다. 약학 과정을 수강하는 학생들에게는 제시된 처방전에서 잘못 처방했거나 누락한 부분을 찾게 하고, 이들의 답변에 대해 바로 피드백했다. 이 프로젝트는 효과적인 평가 방법의 개선이 대학의 교육혁신을 이끌 수 있다는 근거가 되었다.

또한 이스라엘의 한 학교에서는 피드백이 학습 동기와 성적 향상에 미치는 영향에 대한 연구를 진행했다. 피드백 없이 점수만 확인한 학생들은 다음 수업을 듣고 나서 성적에 변화가 없었다. 점수는 모르고 피드백만 받은 학생들 가운데서는 평균 30퍼센트가 성적이 올랐다. 그렇다면 점수도 알고 피드백도 받은 학생들의 성적은 어떻게 달라졌을까? 놀랍게도 성적에 아무런 변화가 없었다. 아마도 자신의 점수에만 집중하느라 피드백은 크게 신경 쓰지 않았을 것이다.

## 결론

형성평가 연구의 선구자인 딜런 윌리엄 교수는 '평가'라는 단어를 사용한 것을 후회했다. 사람들이 시험과 점수에만 초점을 맞추었기 때문이다. 그래서 필요한 것이 '반응형 교육(responsive teaching)'이다. 미래 교육을 위해서는 다양한 방법을 결합하여 효과적이면서도 교사와 학생에게 부담스럽지 않은 방법을 찾아야 한다. 학습에서 평가는 결국 교사와 학생, 컴퓨터시스템 사이의 상호 적응 과정이다. 학생들은 자신의 학습 과정과 결과를 스스로 돌아보고 관리한다. 교사는 학생들의 학습 과정을 지켜보면서 필요한 순간에 지원한다. 컴퓨터시스템은 각 과정이 원활하게 진행되도록 적절한 피드백과 방향을 제공한다.

# | **21** |

# 형성적
# 분석

학습자의 성찰과 향상을 돕는 분석을 개발하라

학습분석은 학생의 행동을 추적하고 사고 과정을 유추하여, 학생의 학습 과정을 측정하고 예측하는 것을 목적으로 한다. 예를 들어 학생의 온라인 학습 또는 평가에 시간이 얼마나 소요되었는지를 분석한다. 총괄적 분석은 지원이 필요한 학습자에 대한 요약된 성과와 통찰력을 교사나 관리자에게 제공한다. 반면에 형성적 분석은 무엇을 배웠는지, 무엇을 개선할 수 있는지, 어떤 목표를 달성할 수 있는지, 어떻게 나아가야 하는지를 학습자가 스스로 성찰할 수 있도록 지원한다. 형성적 분석은 시기적절하게 학습 경로를 시각 자료로 보여주거나 개별화되고 자동화된 피드백으로 학습자를 격려한다.

## 교사를 지원하는 학습분석

학습분석은 교수 학습 과정에서 만들어진 데이터를 분석하고 보여준다. 이는 교사나 관리자가 학습 과정을 이해하는 데 도움이 된다. 학생의 프로필과 행동에 대해 많은 정보를 모으고 분석해서 학생에게 추가로 필요한 지원을 예측한다.

학습분석도구는 블랙보드(Blackboard)나 디자이어투런(Desire2Learn)과 같은 상용 학습관리시스템(Learning Management System, LMS)에 내장되어 있다. 이것들은 온라인 학습 장치에서 보낸 시간과 평가 결과를 포함하는 행동 데이터를 수집한다. 이러한 데이터에서 학습자의 성과를 측정하고 예측한다. 교사는 학습분석 프로그램을 통해 어려움을 겪고 있는 사람이 누구인지, 추가로 지원할 것이 무엇인지에 관해 다양한 정보를 얻을 수 있다.

## 학생을 위한 형성적 학습분석

'형성적 학습분석'이라고 부르는 학습분석 방법의 새로운 접근법이 있다. 학습자가 배우고 있는 내용과 개선할 수 있는 사항, 달성할 수 있는 목표, 나아갈 방법을 성찰할 수 있게 지원하는 피드백을 제공한다. 형성적 학습분석에 따른 피드백은 학습 평가와는 분명한 차이가 있다. 단순히 퀴즈나 에세이를 기반으로 한 피드백이 아니라 학생이 본 자료, 각 활동에 소비한 시간, 평가에 대한 답변, 도움을 요청했는지 여부, 온라인 토론에 어떻게 기여했는지 등 다양한 학습 행동을 분석해서 피드백을 제공한다.

어떤 상용 LMS는 학습분석에 근거를 두어 다음에 무엇을 공부해야 할지 개별화된 자동 피드백을 제공한다. 예를 들어 LMS 알렉스(ALEKS)는 학생들의 핵심 개념과 상호 관계에 대한 성취도를 확인하기 위해 지속적으로 평가한다. 학생들은 자신의 학습 행동을 바탕으로 알고 있는 내용과 이해도를 더 높일 수 있는 방법을 피드백 받는다. 학습 능력과 흥미에 맞는 새로운 주제를 선택할 수도 있다.

## 형성적 학습분석의 작동 방식

학생들의 진도를 확인하면서 어떤 어려움을 겪고 있고, 어떻게 개선해야 할지 피드백하는 방법은 다양하다. 기본적인 방법은 학습자의 이전 활동과 시험 점수를 바탕으로 퀴즈나 보충 자료를 제공하는 것이 효과적일지 판단하여 보충 자료를 제시하며 다음과 같이 안내한다.

이 모듈을 학습한 학생들은 이 자료를 보았습니다.

또 다른 접근법은 각 학생의 학습을 기준과 비교해서 정보를 준다.

대부분의 학생은 이 자료를 보았습니다.
이 시험의 평균 점수는…입니다.
이 주제에 대한 온라인 토론이 진행 중입니다.

노트북 카메라를 이용해 학습자의 눈동자를 추적하여 제대로 집중하는지 확인할 수 있는 기술을 비롯해서 학생들의 학습 행동을 관측할 수 있는 더욱 진보된 기술도 있다. 이 방법들은 학습자에게 좀 더 풍부한 피드백을 줄 수 있지만 거슬릴 수도 있다. 학습자의 행동을 추적하는 것은 윤리적인 우려와 함께 지나치게 많은 지침을 주기 때문에 학습자 스스로 학습을 관리하는 것을 방해할 위험이 있다. 형성적 학습분석은 지원과 중단 사이에서 적절한 균형을 유지해야 한다.

## 형성적 학습분석의 실제

개방대학에서는 기존의 원격학습 과정에 다양한 형성적 학습분석 기술을 적용한다. 성공적인 학생들이 특정한 토론 포럼에 참여하고, 핵심 영상을 보거나 퀴즈 풀기 등 다양한 학습활동에서 무엇을 하고 있는지 추적한다. 성공적인 전략에 대한 이러한 정보를 분석한 뒤, 추가 지원이 필요하거나 더 잘하고 싶어 하는 학생들에게 조언해준다.

〔그림 21.1〕은 수지 학생이 유사한 개인 프로필과 학습 경로를 가진 또래 학생들과 비교해서 얼마나 잘하고 있는지 보여주는 화면이다. 3번째 과제 이후 학습활동을 바탕으로 18주 안에 4번째 튜터마크과제(Tutor Marked Assignment, TMA)를 제출할 수 있을지 예측할 수 있다. 이미 충분한 신용을 얻었다고 생각하거나 4번째 과제가 그다지 중요하지 않다고 판단한다면, 이 과제를 하지 않기로 결정할 수도 있다. 하지만 수지가 그 과제를 잘하고 싶어 한다면, 형성적 학습분석 시스템은 비슷한 학생들의 분석을 바탕으로 특정한 학습활동을 추천한다.

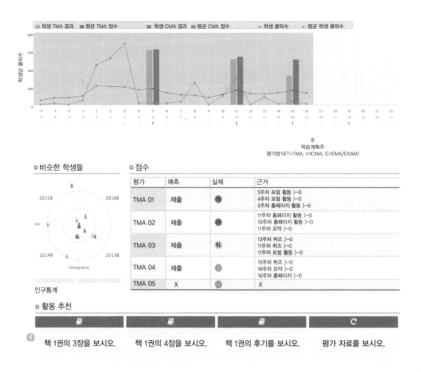

[그림 21.1] 원격학습 학생의 성과를 보여주는 OU 분석 대시보드

## 결론

교육기관에서 학습 행동에 대한 자료를 더 많이 수집함에 따라 학생들에게 인지적 측면뿐 아니라 감정적 측면에서도 성장하는 방법을 보여줄 수 있다. 어떤 학생은 형성적 학습분석 결과, 위기에 처해 있거나 과제를 통과하기 위해 더 많은 활동을 해야 할 때 실망할 것이다. 또 어떤 학생은 제시된 활동을 해야 하는 이유를 알려고 좀 더 자세한 자료를 확인하고 싶어 할 수도 있다. 또 성적을 5퍼센트 향상시키려면 무엇을 해

야 하고, 시간이 얼마나 걸릴지 알고 싶어 하는 학생도 있을 수 있다. 학생과 교사, 학습 설계자, 학습분석 전문가는 함께 대화하여 형성적 학습 분석 결과와 피드백을 학습자와 효과적으로 공유할 수 있는 방법을 결정해야 한다. 한 가지 분명한 접근 방법은 학습자의 활동에 대한 간단한 조언에서 고급 기초지표까지 다양한 정보와 자동화된 조언을 제공해야 한다는 것이다.

# 4부

# 확장

| **22** |

# 문턱 개념
# 학습법

**이해하기 어려운 개념과 다루기 어려운 주제를 가르쳐라**

문턱 개념은 일반적인 이해의 문턱을 넘어 전문적인 이해로 나아가게 해주는, 어려워 보이지만 핵심적인 개념을 의미한다. 문턱 개념 학습법은 문턱 개념을 활용하여 문제와 주제, 세계에 대한 새로운 사고방식을 열어주는 학습 방식이다. 예를 들어 가정에서 요리를 하거나 에너지를 사용하는 것을 '열전달의 물리학적 개념'이라는 어렵지만 핵심적인 문턱 개념으로 가르침으로써 새로운 이해와 사고방식을 가질 수 있도록 돕는다.

교사는 문턱 개념을 효과적인 수업 설계의 출발점으로 사용할 수 있다. 학습자가 주제를 정의하고 주제 영역에 대한 인식을 전환하는 데 도움이 된다. '열전달의 물리학적 개념'이라는 어려운 개념을 활용하여 '요리와 가정에서의 생활'이라는 일반적인 현상을 이해하도록 돕는 것이다. 물론 문턱 개념은 이상하고 직관적이지 않다는 문제점이 있다. 어려운 문턱 개념을 이해한 것처럼 보이는 학생이 실행하지 못하거나, 상식적이지만 부정확한 신념을 갖게 될 수도 있다. 그럼에도 교육에서 문턱 개념을 활용하려는 움직임이 여러 분야에서 늘어나고 있다. 이를 위해 다양한 주제 영역에 대한 문턱 개념의 표준을 설정할 필요가 있다. 그리고 문턱 개념을 교수와 학습 과정, 활동에 포함할 수 있다.

## 문턱 개념 이해하기

문턱 개념은 이해하기 어려울 수 있다. 문턱 개념을 파악하고 다른 학습 주제와 구별하는 방법은 학자 사이에서도 논쟁이 되고 있다. 학자들은 주제에 대한 새로운 사고방식을 만들고 이해하려면, 기본 개념이 필수적이라는 데 동의한다. 학생이 개념을 이해하면, 지식의 전 영역에서 더 많은 의미를 알게 된다.

문턱 개념은 다음과 같은 특징이 있다.

- 어려움: 어렵고 직관적이지 않다.
- 전환: 주제에 대한 학습자의 인식이 변화한다.
- 불가역: 한 번 배우면 잊기 어렵다.
- 통합: 개념 간 상호 관련성이 드러난다.
- 경계: 문턱 개념의 구분되는 한계를 정의한다.

## 어려운 지식

하나의 개념을 문턱 개념으로 정의하는 데 5가지 특징 중 몇 가지가 필요한지는 분명하지 않다. 단순한 방법은 학생이 대상에 대한 핵심 주제를 문턱 개념으로 말하는 것이다. '어려운 지식'은 핵심 개념이다. 특히 과학기술 분야에서 낯설고 이해하기 어려운 주제에 대해 학습하기 전에 문턱 개념을 활용하면 도움이 된다.

예를 들어 학생은 컴퓨팅 학습에서 반복 개념을 어려워한다. 컴퓨팅은 러시아 마트료시카 인형처럼 내장되어 있는 구조다. 그래서 개념을 가르치는 방법은 러시아 인형 비유로 시작할 수 있다. 유사점으로 가르치려면 설득력 있는 시각 자료와 설명 사이의 균형이 필요하다.

공학과 과학은 문턱 개념을 식별하고 구조화하는 프로젝트의 중심 분야였지만, 다른 분야에서도 사용된다. 경제학의 '기회비용', 물리학과 공학의 '중력', 회계학의 '감가상각', 영문학의 '해체 이론' 등을 예로 들 수 있다.

문턱 개념은 업무 현장 학습에서 활용하기도 한다. 예를 들어 수련의와 간호사는 환자를 대할 때 '감정지능'을 이해하고 적용할 수 있다.

마이어 J. H. F.와 랜드 R.은 '기회비용'을 경제학에서의 문턱 개념의 예로 든다. 요약하면 기회비용은 개인이나 기업이 어떤 선택 때문에 놓치는 기회를 말한다. 경제학의 목적은 사람과 조직이 어떻게 시간을 보내고, 돈을 투자하는지 설명하는 것이다. 기회비용은 희소성과 선택 사이의 관계로 표현된다. 모든 선택(선택하지 않음 포함)은 대체를 거부한다. 기회비용을 이해하는 학생은 선택의 즉각적인 결과 이상의 대안을 예상할 수 있다. 또한 추상적인 사고방식을 지향하고, 투자 결정이나 위험

등 경제학을 탐구하는 강력한 개념을 이해할 수 있는 도구가 된다.

## 문턱 개념의 교수 학습 과정

교실 교육은 학습자가 교육과정 주제를 이해하고 적용하는 데 필요한 개념에 대한 깊은 지식을 얻고, 이러한 개념을 적절하게 구조화할 수 있도록 설계되었다. 문턱 개념은 이 변환의 출발점이 될 수 있다. 핵심 개념을 중심으로 한 교육과정의 효과적인 설계는 수업 모형을 제공하고, 학생 간 대화를 촉진한다. 복잡한 주제를 소개하는 데 도움이 되고, 학생과 교사의 이해를 위한 질문을 유도한다. 또한 교사가 학생의 눈높이에 맞춰 주요 학습을 성찰하고, 깊이 있는 학습을 방해하는 오개념과 학습 장벽 영역을 알아보는 데 도움을 준다.

평가 과정은 문턱 개념을 중심으로 구성할 수 있다. 개념을 관련 요소로 나누고 각각을 문턱 개념에 맞춘다. 교사는 각 부분을 가르치고 평가한 뒤 종합하여 전체 과정의 이해를 평가한다.

문턱 개념은 직소퍼즐처럼 '큰 그림'을 보여주는 가치가 있다. 구성요소를 전체로 맞추기 전에 왜 중요하고, 실생활에서 어떻게 적용할 수 있는지 알아본다. 문턱 개념은 서로 다른 분야에 걸친 교육에 접근법을 제공한다는 점에서 진정한 가치가 있다. 그리고 어려운 개념에 대한 깊은 이해를 발전시키는 기초가 된다.

## 문턱 개념 수업의 실제

젝스탈렌 유러피언(The Juxtalearn European) 프로젝트는 과학과 기술, 공학, 수학 분야의 교사와 함께 문턱 개념의 장벽을 극복하려고 일한다. 이 프로젝트 과정은 8단계로 나뉜다.

1. 교사는 학생과의 이전 경험을 바탕으로 교실에서 문턱 개념을 파악한다. 그리고 학생이 이해하기 어려운 '장애물' 부분을 더 작게 나눈다.
2. 장애물을 해결하려는 하나 이상의 활동을 만든다.
3. 문턱 개념의 이해도를 확인하기 위한 진단 문항을 개발해 평가한다.
4~6. 학생은 팀을 이루어 문턱 개념을 설명하는 짧은 영상을 기획·제작·공유한다.
7. 학생은 서로의 영상을 보고 토론하며, 이해한 내용을 공유하려고 노력한다.
8. 이해도를 확인하기 위해 진단 문항으로 재평가한다.

젝스탈렌팀 수업은 학생이 함께 영상을 제작하고, 영상 사이의 시각적 유사성을 발견하는 것이 과정의 핵심이다. 젝스탈렌팀과 STEM 과목(과학, 기술, 공학, 수학) 교사는 학생의 문턱 개념에 대한 이해도를 테스트하고, 동영상을 만들 수 있게 했다. 포르투갈의 세 교사는 13~15세 학생이 대수방정식을 단순화하는 수학적 개념으로 프로젝트를 진행했다. 학생들은 설명을 비디오로 제작하는 과정은 어려워했지만 창작 과정을 즐거워했다. 오개념을 푸는 데 도움이 되었다고 말한 학생도 있다.

영국의 뉴먼 대학은 '아이, 젊은이, 가족과 함께하는 일'에 대한 학부 과정을 검토했고, 학생들이 사회학의 일부 핵심 개념을 이해하지 못하고 있음을 발견했다. 진행팀은 비판 전문가, 전문적인 정체성과 가치관 그리고 이론과 정책, 실천 사이의 연관성이라는 3가지 핵심 주제를 중심으로 과정을 재설계했다. 또한 과정 속에 숨은 문턱 개념을 강조하고 탐구하는 것을 목표로 삼았다.

## 결론

문턱 개념을 정의하는 일은 어렵지만, 이 개념이 많은 교과 주제를 이해하는 핵심임은 분명하다. 학습자가 문턱 개념을 파악하는 것은 이해로 가는 길이다. 문턱 개념은 좀 더 추상적인 수준에서 어려운 주제에 대해 생각하고 새로운 지식을 구성하는 방법을 알려준다. 교사는 문턱 개념을 바탕으로 교육과정을 구성하고 수업을 계획할 수 있다. 즉 개념을 소개하고, 개념이 사용된 예를 제시하며, 학생이 자신의 말로 말할 수 있도록 돕는다. 더 나아가 새로운 개념을 중심으로 주제를 재설계할 수 있다. 문턱 개념을 이해하는 일은 학생과 교사 모두에게 어렵지만, 기존의 지식을 점검하고 주제에 대한 새로운 사고방식을 만들어나가는 과정이다.

# | 23 |
# 스토리텔링
# 학습법

**기억과 경험을 이야기로 만들어 가르쳐라**

이야기는 사건을 기억하고 회상하는 데 도움이 되는 서사구조다. 이야기의 해설가인 작가는 특정한 관점에서 일련의 사건을 만들어 의미 있는 전체를 창조한다. 실험 기록과 조사 보고, 역사 분석은 모두 이야기 학습을 뒷받침하는 예다. 실제로 우리 교육의 많은 부분은 알고 있는 것을 관계에 따라 묶어 일어난 일을 이해하고, 이로 미루어보아 미래에 일어날 일이 무엇인지를 예상하는 과정이다. 이야기는 사건에 대한 기억을 연결해 더 크고 일관성 있는 단위로 만든다. 학습자는 사건의 흐름에 따라 관련된 자료와 증거를 확인한다. 스토리텔링은 학습자의 참여를 이끌고, 원격 상황에서 학습자를 적절히 연결할 수 있다.

## 이야기와 인간의 기억

스토리텔링은 인류가 학습하는 데 필수적이다. 이야기는 시간 흐름에 따른 사건의 연결을 보여줌으로써 과거를 이해하는 데 도움이 되는 서사구조를 제공한다. 무용담이나 비유, 우화는 중요한 사건을 일관된 이야기로 엮어 기억에 남게 하는 방법이다. 이야기는 과거 사건의 회상뿐 아니라 추상적 원칙이 실제로 어떻게 실행될 수 있는지 보여줌으로써 미래의 행동을 예측하고 계획하도록 돕는다. 이야기 방법은 말하기, 쓰기, 촬영하기, 흉내 내기, 행동하기, 제시하기, 컴퓨터 게임과 같은 대화형 미디어 등 다양하다. 이야기의 공통점은 듣는 사람을 앞으로 나아가게 하고, 일어날 일에 관심을 보이게 하는 연결된 사건의 기록이라는 것이다.

과학적 접근 방식의 교수 학습은 사실과 숫자의 숙달을 강조하고 이야기를 열외로 취급했다. 그러나 온라인으로 다양한 지식에 접근하기 쉬워지고, 사회가 복잡해졌다. 이에 따라 학습자가 자료와 사건을 통해 문제를 해결하는 과정을 학습하는 논리 정연한 스토리라인에 대한 필요성이 증가하고 있다. 여기서는 스토리텔링 학습에 대한 3가지 접근 방식인 교실에서의 스토리텔링과 이야기 학습법, 이야기 중심 학습 환경을 자세히 살펴볼 것이다.


## 교실에서의 스토리텔링

교실에서 이야기책을 읽는 방법은 동화책 읽기와 역사 이야기 바꿔 쓰기, 가족이나 개인적인 이야기 재구성하기 등 여러 가지가 있다. 이야기를 읽고 나서 학생은 글쓰기나 그림, 연기로 이야기를 재구성하여 표현할 수 있다.

릴스토리(Li'l Stories)는 어린아이가 자신의 이야기를 만들고 공유하도록 돕는 수업 모형이다. 먼저 아이들은 모둠원과 함께 캐릭터와 설정을 소개하고 행동의 순서를 보여주는 만화 형식의 스토리보드 작업을 한다. 교사가 제시한 이야기, 아이들 가운데 한 명의 개인적인 이야기, 역사나 환상의 이야기를 재구성해 말할 수도 있다. 스토리보드는 학생이 공유된 이야기를 구성하고 정리하는 데 도움이 된다. 그러고 나서 아이들은 연극이나 인형극 또는 영화로 이야기를 연기한다.


## 이야기 학습법

이야기 학습법은 간호교육을 위해 개발되었지만 사회복지사업이나 경영 같은 다른 직업 분야에서도 활용할 수 있다. 교실에서는 학생과 교사가 함께 최근의 경험을 이야기하고 해석하는 협력적 과정으로 운영한다. 직장 이야기를 서로 나누고 행동을 되돌아보며, 환자 상황을 분석하고 결과를 평가하는 성찰적 글을 쓸 수 있다.

간호학과 학생과 교사는 사례에서 할 수 있는 행동과 일어날 수 있는 문제를 공유하는 것이 생활화되어 있다. 이 과정에서 학습자는 다른 사람의 생각을 듣고 토론하는 경험을 한다. 학습자는 서로 다른 이야기를 만나는 과정에서 지식을 재구성하고 불확실성 요소를 탐구한다. 주제 영역은 제한이 없다. 개방적이고 문제가 될지 모르는 모든 이야기를 할 수 있다.

간호학과 학생은 이야기 나누는 과정에서 어려운 환자에게 어떻게 대처했는지, 그리고 다른 사람과 공감할 기회 등 상황에 대한 다양한 관점을 이해하고 상황을 빠르게 판단하는 법을 배운다. 이야기를 나누면서 자신의 가치와 태도를 성찰한다. 정해진 답을 찾기보다는 끊임없이 질문하고 생각하는 것의 중요성을 깨닫게 된다.

## 이야기 중심 학습 환경

간호사를 위한 이야기 학습법은 현실 세계에서 이루어진다. 반면에 이야기 중심의 학습 환경은 안내된 탐구학습을 할 수 있는 가상의 이야기 세계를 제공한다. 교실에서 가상환경을 만들거나 마인크래프트(Minecraft) 같은 가상 세계, 게임 설정을 기반으로 한다. 학습자는 전개될 이야기 속에서 역할을 맡고 질문과 예측, 문제를 해결하는 과정에서 학습한다.

학습자는 제한된 환경 내에서 문제에 도전하고 해결하며 극복하는 방향으로 나아간다. 시나리오의 판타지 요소는 장면을 생생하게 상상할 수 있도록 돕는다.

## 스토리텔링을 통한 학습의 실제

스토리텔링 프로젝트(Project S)는 마인크래프트 세계의 이야기 중심 환경이다. 프로젝트 에스섬(Project S Island) 방문자는 영혼의 나무가 지배하는 상점과 집으로 둘러싸인 마을 광장에 착륙한다. 나무 내부를 탐험하다 보면 땅과 물, 공기, 불의 사원이 드러난다. 원주민 마을 주변에는 학생이 집과 사업체를 지을 수 있는 다른 정착지가 있다. 동굴과 화산, 해적 상인이 사는 섬도 근처에 있다. 전체 환경은 상상력과 창조적 표현을 자극하도록 설계되었다.

스코틀랜드의 스트래스클라이드 대학은 성인 학습자를 위한 법의학 온라인 과정(무크)을 제작했다. 이는 살인 사건에 대한 이야기로 무료 입문 공개 과정이다. 학습자는 스코틀랜드의 로몬드호수 기슭에서 벌어지는 살인 사건 영상을 본다. 그리고 매주 살인 사건에 관해 더 자세한 내용이 담긴 영상을 제공받는다. 이들은 법의학 과학자로 활동하면서 누가 범인인지 찾으려고 증거를 분석한다. 학습자는 온라인에서 협력하여 증인 진술을 비교하고, 범죄 현장을 조사하며, 지문을 채취할 사람을 결정하고 혈액 패턴 분석과 신발 자국, 총기 사용을 조사한다. 무크의 마지막 주, 마지막 밤 살인범이 밝혀지는 긴장된 순간에는 범인에 관해 1,300건이 넘는 의견 글이 달렸다. 무크 제작자의 도전은 스토리텔링 접근 방식으로 학습자의 참여도를 향상해 스토리텔링 학습을 진보시켰다.


## 결론

이야기를 듣고 말하는 것은 강력한 학습 방법이다. 학습자는 이야기를 들으며 또 다른 시간이나 장소로 이동한다. 추상적인 원칙을 학습할 때 매력적인 이야기를 활용하면 현실적으로 이해하고 더 잘 기억할 수 있다. 또한 대안적인 세계와 다른 역사적 가정의 문제를 탐구할 수 있다. 학생들은 이야기를 하면서 더 많은 의사소통을 한다. 그리고 이야기를 들으면서 성찰하고 생각과 느낌을 공유하면서 배운다.

그러나 스토리텔링은 신중하게 사용해야 한다. 교사와 학생 가운데 몇몇은 자신의 힘든 경험을 말하기 어려워한다. 학교 교실은 집단치료를 위한 장소가 아니다. 역사적 사건에 대한 이야기는 전쟁 같은 복잡한 사건을 운명으로 제시해 과거를 왜곡할 위험이 있다. 뉴턴의 사과와 아르키메데스의 목욕탕 이야기는 마치 위대한 사람만 과학을 하는 것이라고 오해하게 할 수 있다. 스토리텔링은 큰 힘이 있는 만큼 커다란 책임도 따른다.

# 경이로움에서 배우기

**경이로움을 떠올리며 배우게 하라**

눈부신 무지개나 장엄한 폭포와 같은 경이로운 장면은 호기심을 부른다. 일상 속 만남에 대해 질문하고 조사하면서 이해하고자 하는 동기가 배움으로 이어진다. 자연을 산책하며 피보나치 나선형 구조, 프랙털(fractals: 일부 작은 조각이 전체와 비슷한 기하학적 형태-옮긴이), 소용돌이, 파도, 거품, 테셀레이션(tessellations: 쪽 맞추기 또는 타일 맞추기. 같은 모양의 조각들을 서로 겹치거나 늘어놓아 평면을 덮는 것-옮긴이), 균열의 수학적 아름다움과 모델링을 경험할 수 있다. 학습자는 친숙한 물체를 이용한 착시와 마술을 보면서 인과관계, 보존, 먼 거리에서의 행동, 자발성에 대한 호기심이 생긴다. 그런 놀라운 만남으로 다양한 관점에서 현상을 보려는 동기가 생긴다. 교사는 마술 쇼와 실물 수업, 자연 책상, 호기심 상자, 야외 탐색, 문학을 통해 경이로움을 불러일으킬 수 있다.

## 경이의 추구

경이로움은 배움의 시작이다. "어떻게 움직이는지 궁금해"라는 말은 이해의 출발점이다. 아리스토텔레스, 플라톤 같은 철학자는 우리가 익숙한 개념에서 낯선 생각을 탐구할 때 경이로움으로 학습이 자극된다고 말했다. 옛날부터 교사는 신기한 태엽 장난감을 만들어냈고, 학생들을 위해 경이로운 사물을 보여주었으며, 세계의 경이로움을 보여주려고 견학을 계획했다. '호기심의 방'이라 부르는 원더룸(Wonder Rooms)은 16세기 유럽 르네상스 정신을 대표하는 유물이다. 현대에는 거미줄처럼 경이로운 물체를 찾으려고 학생들과 자연 산책을 하고, 과학의 경이로움을 볼 수 있는 실험을 한다.

이와 같이 교사는 학습에 경이로움을 느낄 수 있는 활동을 의도적으로 계획하고 설계한다. 시인 워즈워스는 상상력이 풍부한 어린아이의 눈으로 본 수선화 들판과 하늘의 구름 같은 일상적 장면에서 경이로움을 보았다. 익숙함에 오래 머무르며 '존재의 즐거움'을 느끼는 것은 창조하고 싶은 영감을 준다.

경이로움은 여러 모습을 보인다. 불꽃과 플라스마 램프에서 장엄함을 느끼고, 타조 깃털의 모양과 자이로스코프(gyroscope: 바퀴의 축을 삼중의 고리에 연결해 어떤 방향으로든 회전하도록 만든 장치로, 회전체의 역학적 운동을 관찰하기 위한 기구–옮긴이)의 움직임에서 호기심을 일으킬 수 있다. 교실의 자연 책상에서 탐구와 분류를 배우고 자연과 과학, 수학 사이의 연관성을 찾을 수 있다. 경이로움은 친절과 긍정적인 경험을 바탕으로 하며, 관찰과 더 많은 것을 찾고자 하는 기대로 이어진다.

## 기대, 만남, 조사, 발견, 전파

경이로움에서 배우기는 발견 학습과 비슷하다. 발견 학습은 학생이 직접 탐구를 거쳐 문제를 해결하고 원리를 이해하는 과정이다. 그러나 탐구의 시작이 경이로움에서 배우기와는 다르다. 경이로움에서 배우기는 호기심을 자극하는 사물이나 사건을 제시하고 친숙한 것을 새로운 방식으로 보여주거나 퍼즐 맞추기, 과학과 자연을 주제로 한 마술로 시작한다. 이 장의 많은 부분은 매슈 맥폴의 학교 환경에서 경이로움을 디자인하려고 탐구한 결과를 기반으로 한다. 그는 경이로움에서 배우기를 다음과 같은 단계로 설명한다.

- 기대: 어떤 일이 일어날 것이라는 느낌과 알고 싶은 욕구
- 만남: 경이로운 경험의 순간
- 조사: 경이로운 것을 추구하고, 더 잘 이해하거나 계속 경험함
- 발견: 알아야 할 것이 얼마나 더 있는지 이해하거나 깨닫게 됨
- 전파: 경이로움을 함께 공유하고 축하하며 계속 연구함

이 5단계는 학습자를 위해 설계되었다. 수수께끼와 질문, 신비한 대화, 포스터로 기대감의 씨앗을 뿌릴 수 있다. 학생은 다른 교실, 외부로 이동하거나 스토리텔링을 거쳐 낯선 곳으로 여행하는 경험을 할 수 있다. 경이로움과의 만남은 두려움이 아니라 영감을 주는 과정이다. 만남을 준비할 때는 화석, 성게 껍데기, 씨앗 꼬투리, 반짝이는 돌, 만화경, 치아, 대리석, 움직이는 시계 등 호기심을 불러일으키는 사물을 책상 위에 제시하도록 신중히 구성한다. 거미줄이나 씨앗을 찾기 위한 산책은

새로운 곳으로 가는 여행이 될 수 있다. 퍼즐이나 마술도 만남의 방법이다. 물체의 가치를 생각해보며 교훈을 알아볼 수 있다.

경이로움을 느끼는 수업은 건설적으로 설계되어야 한다. 학습자는 경이로움에 대한 생각을 공유하고 경이로운 사물을 찾거나 창조하려고 시도해야 한다. 학습자는 질문으로 만남을 넘어 확산되는 의미를 탐색한다. 어떻게 작용하나요? 왜 그런 모양인가요? 무엇이 그렇게 아름다운가요? 다음은 어떻게 되나요? 각각의 질문으로 만남에 대해 더 많은 것을 이해하기 위한 여정을 시작할 수 있다. 발견의 단계는 지질학, 식물학, 공학 분야의 직업이나 취미로 평생 지속될 수 있다. 기억을 남기는 것이 경이로움의 핵심이다. 학교는 교실 사물함과 원더룸에 전시하고 공유할 많은 기회를 준다.

### 경이로움 수업의 원칙

매슈 맥폴은 경이로움을 위한 수업의 일반적인 원칙을 다음과 같이 말했다.

1. 우리가 어떻게 사물을 도입하느냐에 따라 차이가 생긴다. 경이로움과의 만남이 어떻게 설계되어야 기대치를 높이고, 호기심이 생길지 고려한다.
2. 상호작용은 결과에 영향을 미친다. 학습자는 교사의 전시를 보는 것보다 물체를 만지고, 퍼즐놀이를 하고, 이상한 사건을 다시 만들어내는 데 더 몰입한다.

3. 학습자는 숨기거나 숨겨진 물건, 비밀 상자에 끌린다. 금색 봉투를 사용하면 권위 있어 보이고, 위신을 높여준다.

4. 물체는 서로 다른 상호작용을 할 수 있다. 탐색과 통찰을 지향하고 연결을 찾는다.

5. 상호작용을 계획할 때는 모든 감각을 고려한다.

6. 만족감을 주어야 한다. 학습자가 예상하는 방식과 다르더라도 기대감을 품게 한다. 실패를 두려워하지 마라. 질문은 설명보다 강하다.

7. 친절하게 대한다.

## 경이로움을 통한 학습의 실제

몇몇 교육 철학과 학교, 기술은 학습의 경이로운 본질을 강조한다. 교육철학자인 루돌프 슈타이너는 어린 시절을 자연의 아름다움, 숫자의 우아함, 예술 작품의 디자인, 긴장감 넘치는 이야기에서 경이로움을 느끼고 상상력을 자극하는 시기로 보았다. 그는 발도로프학교를 생각과 느낌, 행동을 통합한 경이로운 정신을 기르는 곳으로 만들었다.

매슈 맥폴은 영국 노팅엄의 학교에 자신의 첫 번째 '원더룸'을 설치했다. 원더룸엔 경이로움과 호기심, 탐구심을 일으키는 물체를 전시했다. 전시품은 일 년에 한 번 썩은 고기 냄새를 풍겨 파리를 유인하는 아프리카부두백합부터 전쟁 전 기계식 타자기에 이르기까지 다양했다. 맥폴의 박사 논문에 따르면 원더룸에 대한 학생과 직원, 지역사회의 참여도가 높다.

맥폴은 경이로움에서 배우는 8단계 과정을 개발했다. 단계별로 색이
다른 모듈 또는 '상자'를 제시하고 학습활동을 설명했다.

1. 검정색 상자는 기대감과 호기심을 자극하는 시작 단계다. 교사의
   설정에 따라 탁자 위에 검은 천으로 덮어놓은 물건일 수도 있고,
   마술·과학 쇼일 수도 있고, 단서나 퍼즐이 나오는 상자일 수도 있
   다. 학생은 경이로움에 대한 생각을 공유하고 느끼는 학습자의 역
   할을 더 많이 배운다.
2. 빨간색 상자는 간단한 '사물 수업' 단계다. 학생은 교실 밖에서 경
   이로운 물건을 찾아 교실에서 보여주고 말한다. 전시품은 겉보기
   에 평범해 보이는 나뭇잎이나 돌, 종이클립, 동전부터 이국적인 물
   건에 이르기까지 다양하다. 학생들은 무엇이 경이로운지 생각하고
   토론한다.
3. 주황색 상자는 학교 운동장에서 물건 찾기 놀이를 한다. 학생은
   교직원의 지원을 받아 모둠을 이루어 이상하고 멋진 것을 찾아 나
   선다. 주변에서 보이는 것에 대해 질문하고 자갈과 도토리, 민들레
   와 같은 표본을 수집한다.
4. 노란색 상자는 자연물을 탁자에 전시한다. 학생은 자신이 발견한
   물건을 살펴보고, 전시를 위한 설명서와 전시 방법을 토론한다. 돋
   보기로 사물을 더 자세히 보고, 이를 분류하여 체계화하며, 이름표
   를 만든다.
5. 녹색 상자는 호기심 사물 전시회를 연다. 학생은 보여주고 설명하
   기 위한 전시물을 만든다. 전시물은 물건 찾기 놀이에서 모은 물건

이나 번개와 폭풍 같은 놀라운 사건을 경험하고 영감을 얻은 전시품, 수집한 화석처럼 집에서 가져온 물건, 저글링 곡예나 마술 같은 재주, 수학적 마술을 하는 도전, 조사 기록까지 다양하다. 예를 들어 학생은 오래된 휴대전화를 분해하고 부품을 전시한다. 또는 다른 시기에 씨앗을 심어 성장 단계를 보여준다. 호기심은 눈에 보이지 않을 수 있다. "번개는 어떻게 작용하는가?", "왜 조개는 나선형을 형성하는가?"와 같은 질문이 될 수 있다.

6. 파란색 상자는 탐구하고 이해하기 위해 탐색한다. 유적지나 동물학 박물관, 숲을 방문할 수 있다. 학생과 교사는 새로운 환경에서 경이로움을 느끼는 다양한 경험과 사물을 수집한다.

7. 남색 상자는 학생에게 많은 관중 앞에서 그들의 능력이나 경이로운 순간을 보여주기 위한 기획을 할 기회를 준다. 부모님이 방문할 작은 교실 박물관을 만들거나 '경이로운 쇼'를 기획한다. 이는 다른 상자들과 함께 사용해야 한다. 학생들은 피드백을 받을 수 있고, 경험을 통해 배울 수 있으며, 더욱더 의욕적으로 무언가를 만들 수 있다.

8. 흰색 상자는 부모 또는 친구와 함께 경이로움을 경험한 일을 서로 축하한다. 학교 과학 박람회와 비슷할 수 있지만 호기심과 경이로움을 주제로 한 탐구 결과에 초점을 맞춘다. "대단한 마무리다"라고 말하지만 경이로움에 대한 이해는 끝이 없다.


원더폴리스(Wonderopolis)는 미국 국립가족교육센터에서 만든 컴퓨터 플랫폼이다. 원더폴리스는 흥미롭고 호기심을 느끼는 질문, 즉 '오늘

의 경이로움'을 글과 이미지 형태로 제공한다. 학생은 '경이로움 은행'
에 자신이 만든 경이로운 질문을 제출한다. 그리고 '오늘의 경이로움'에
서 인기 있는 질문에 투표할 수 있다. 원더폴리스는 학습자가 경이로움
을 더 자세히 탐구하고 온라인에서 토론할 수 있는 자원을 제공한다.

## 결론

경이로움은 풍부한 유산이다. 경이로움은 경외감이나 놀람, 깜짝 놀
람과 다르다. 경이로움에서 배우기는 기대, 만남, 조사, 발견, 전파의 단
계로 설계된다. 경이로움 교육의 넓은 스펙트럼에서 볼 때, 한쪽 끝에서
는 산책을 꺼리는 학생을 이끌고 조약돌이나 나뭇잎의 경이로움을 느낄
수 있게 구성한다. 다른 한쪽 끝에서는 다른 사람이 어떻게 느끼는지 궁
금해하는 공감이 확산되도록 구성한다. 성공적인 경이로움 교육은 과학
과 예술의 교육과정에 적합하다. 과학과 예술을 학습할 때 새로운 방식
으로 친숙한 사물에서 탐구력과 상상력이 자극되는 모습을 보고 이해할
수 있을 것이다.

# | 25 |

# 원격실험
# 학습법

**실감 나는 과학 교구를 원격으로 활용하며 배우게 하라**

학생은 실험 도구를 실제로 사용하면서 과학자처럼 행동하는 법을 배운다. 과거에는 과학자나 대학생만 원격 실험실과 망원경을 쓸 수 있었지만, 이제는 교생과 학생도 사용할 수 있다. 원격 실험실에는 실험 도구와 작동하기 위한 로봇 팔, 실험을 볼 수 있는 카메라 등이 있다. 원격 실험실 시스템은 사용자가 쓰기 쉬운 웹 인터페이스와 수업 자료를 제공하여 교사의 전문성 개발을 돕는다. 학교에서 원격 실험실을 활용하면 학생이 직접 실험해보고 교과서에서 배운 내용을 관찰하며 보충할 수 있다. 예를 들어 학교 과학 시간에 멀리 있는 고성능 망원경으로 밤하늘을 관찰할 수 있다.

## 멀리 있는 실험실에서 실험하기

학생은 원격 실험실에서 실제 과학 도구를 다루고, 인터넷으로 데이터를 수집한다. 컴퓨터로 안내된 절차 덕분에 교사는 도구 준비 시간을 줄일 수 있고, 상대적으로 학습 시간이 늘어난다. 또한 학생은 같은 도구를 사용하는 다른 학교 학생과 데이터를 수집하고 결과를 공유하고 자료를 복사하는 등 주어진 시간을 다양하게 활용할 수 있다.

원격 실험실에서는 학생이 다루기 어려운 실험 도구와 아주 비싸거나 위험하거나 까다로운 새료를 사용할 수 있다. 예를 들어 '방사능아이랩(Radioactivity iLab)'에서 스트론튬-90의 방사선 표본을 측정한다. 미국 학생들은 아이랩에서 오스트레일리아에 있는 방사능 측정기를 작동해 서로 다른 지점에서 방사능을 측정하고, 라이브 비디오로 관찰할 수 있다.

천문학과 생물학, 화학, 컴퓨터 네트워크, 지구과학, 공학, 수리학, 초소형전자공학, 물리학, 로봇공학 등 다양한 주제로 원격 실험실을 활용할 수 있다. 또한 '아이랩센트럴(iLab Central)', '고랩(Go-Lab)', '오픈사이언스실험실(OpenScience Laboratory)'과 같은 공통 플랫폼이 등장하고 있다. 원격 실험실이 지닌 장점과 성장 가능성을 생각한다면, 지역과 원격 실험실의 잠재력을 끌어낼 수 있는 교육적 혁신에 관심을 보여야 한다.

## 실험실 작업을 통한 학습

과학기술이 실험실 작업 과정을 더 빠르고 쉽게 만든다면 학습은 어떻게 향상될 수 있는가? 과학 학습을 할 때 하는 핵심 질문 6가지로 알아보자.

1. 학습의 목적은 무엇인가?: 전통적인 연구실은 과학 도구를 안전하고 정확하게 다루는 방법을 익히는 것이 목적이었다. 원격 실험실은 이 과정을 줄일 수 있으므로, 교육자는 가르치려고 하는 개념적인 이해와 연구 목적에 집중할 수 있다. 과학 도구를 설치하거나 정리하는 시간은 줄이고, 실험을 설계하고 결과를 처리하는 데 더 오래 시간을 쓸 수 있다. 물질의 특성을 탐구하는 실험이라면 직접 실험이 나을 수도 있다. 원격 연구실은 연구가 멀리 있고 항상 이루어진다는 인상을 준다. 지역 재료를 활용하여 진행하는 실험도 과학이 어떻게 이루어지는가를 이해하는 데 의미가 있다.

2. 실험실에서 실험할 때 무엇을 지도해야 하는가?: 실험실에서 작업하는 동안 실험 과정은 매뉴얼로, 장비의 부품은 라벨로, 측정한 결과 값은 센서로 알 수 있다. 또한 학생이 실험 도구로 실험을 계획하고 분석할 때, 실험 결과와 주제를 연관 짓고 다음 과정을 결정할 때 도움이 필요하다. 교육자는 계획–실천–반성 과정에서 학생이 스스로 학습하는 학습자로 성장하는 데 도움을 줄 수 있다.

3. 학생은 어떻게 적절한 피드백을 받을 수 있는가?: 기존의 물리 실험실에서는 보통 교사가 돌아다니며 학생의 어려움을 확인하고 개입했다. 교사는 학생이 실험하는 동안 도와주고 평가해야 하지만, 원격 실험실에서는 교사가 나타나지 않을 수도 있다. 학생은 실험 영상과 같은 디지털자료로 자신의 이해 수준과 실험 과정을 스스로 확인할 수 있다.

4. 협업으로 학습목표에 어떻게 도달할 수 있는가?: 학교나 대학에 있는 실험실은 학생이 서로의 학습을 지원하며 사회적으로 교류하

는 곳이다. 학생은 온라인 채팅으로 소통하고 각자의 역할을 정하며, 함께 쓰는 공간 준비와 도구 쓰는 차례 등을 협력하면서 실험하는 법을 배운다. 만약 서로 다른 지역의 학생과 협업한다면 특히 더 신경 써서 사회적 상호작용을 조직해야 한다.

5. 경험하고 데이터 수집하는 장소를 바꿀 수 있는가?: 학생은 보통 연구실에서 수업할 때 데이터를 모으고, 자료를 바탕으로 조직하고 해석하는 것을 과제로 수행한다. 하지만 이때 혼자서 지적인 작업을 해야 한다. 원격 실험실을 활용하면 학생이 집에서 실험하고 교실에서 결과를 공유할 때, 교사가 학생의 조사 내용과 방법을 도와줄 수 있다. 전반적으로 혁신적인 교육학은 실험실에서 활동하고 배우는 데 필요한 시간과 도움의 균형을 맞출 수 있다. 즉, 어려운 과정을 수행할 때 학생 혼자 하도록 두지 않는다.

6. 교사는 어떻게 준비하는가?: 원격 실험실은 교사에게 새로운 학습 기회를 준다. 교생은 집이나 대학에서 원격 실험실로 연습하고, 학교에서 실습하는 동안 같은 실험실을 사용해 학생을 가르친다. 또한 학생이 수집한 데이터로 수업을 계획하고, 다른 지역의 교사와 자료를 나누고, 수업을 위해 교육학적 접근을 논의할 수 있다.

## 원격 실험실의 실제

파울케스 망원경 프로젝트(Faulkes Telescope Project, FTP)는 학교나 집에서도 접근할 수 있는 전 세계 망원경 네트워크다. 교사는 무료로 사용할 수 있는데, 계정을 등록하고 원하는 시간과 별이나 우주를 예약하면 그 시간에 망원경으로 관찰한 이미지를 받을 수 있다. 더 나아가 하늘의 좌표를 고르고 필터를 추가해 꾸밀 수도 있다.

고랩은 학교에서 사용할 수 있는 원격 가상 실험실 포털로, 방사능을 측정하는 가이거 계수기나 복합 메틸 오렌지 합성을 하는 화학 실험실, 모형 자동차를 실험하는 풍동(wind tunnel, 공기의 흐름이 미치는 영향을 시험하기 위한 터널형 인공 장치—옮긴이) 등이 있다.

## 결론

학교 수업 시간에 실제로 실험 도구로 실험하는 것은 이제 어려운 일이 아니다. 비싸고 위험하고 시간이 오래 걸리는 기계를 인터넷으로 작동할 수 있기 때문이다. 자동화된 작업은 학생과 교사가 도구를 다루는 방법이 아니라, 과학에서 배워야 하는 학습목표와 교육학에 집중할 수 있게 한다. 다만 원격 실험실이 교실에서 실험 도구로 할 수 있는 간단한 실험마저 대체하지 않도록 해야 한다.

# 맥락 기반
# 학습법

**맥락이 만들어지는 과정과 맥락을 만드는 방법을 가르쳐라**

우리는 맥락을 통해 경험에서 배울 수 있다. 맥락적으로 새로운 정보가 언제 어떻게 발생하는지 알고, 기존의 지식과 연계하며 정보가 지닌 관련성과 의미를 이해한다. 교실이나 강의실에서 맥락은 공간과 시간의 제약을 받는다. 학습은 교실뿐 아니라 유적지나 박물관에 가서도 할 수 있고, 좋은 책을 읽을 때도 할 수 있다. 주변 환경과 상호작용을 하며 대화나 메모를 하고 주변 사물을 바꾸면서 맥락을 만들거나, 가이드와 측정기로 주변을 탐구하며 맥락을 이해할 수 있다. 학교와 박물관, 온라인에서 학습에 효과적인 사이트를 만들기 위해 학습 과정에서 맥락이 어떻게 만들어지는지 이해하는 것이 중요하다.

## 경험의 이해

맥락은 관련이 있는지 없는지 구별하면서 경험을 쌓는 과정이다. 예를 들어 책을 읽을 때 단어나 구절의 의미는 문자 뜻 자체뿐 아니라 주변 단어나 삽화 위치로도 전달된다.

최근까지도 교육에서 맥락이 학습에 미치는 영향을 최소화해 아이들이 보편적 지식을 습득하고, 환경에 영향을 받지 않는 시험을 치르게 했다. 그러나 의학이나 예술, 공학 같은 전문직에서는 일반적인 전문 지식을 특정한 맥락에 적용해야 한다. 또한 다양한 상황에서 활동하며 쌓는 실용적인 지식도 필요하다. 따라서 혁신 교육학에서 맥락이 학습과 어떠한 관련이 있는지 이해하는 것이 중요하다.


## 맥락 학습과 맥락을 만드는 학습

미술관에서 그림 앞에 서 있는 학생들을 생각해보자. 그들은 그림과 미술관, 다른 사람들로 구성된 특정한 맥락 속에 있다. 또한 함께 행동하고 대화하며, 그림을 보러 가까이 다가가고, 작가에 대해 토론하고, 다른 그림과 비교하면서 새로운 맥락을 만든다. 결국 맥락은 우리가 몰입한 것과 만들어낸 것을 모두 뜻한다. 책을 읽을 때도 마찬가지다. 책에 있는 낱말에서 기존의 언어와 문학 지식을 활용하여 맥락적으로 의미를 이끌어낸다.

맥락은 우리를 둘러싼 것과 우리가 만들어내는 것을 모두 포함하는 이중적인 성질을 지니기에 교사는 이를 활용할 때 고민해야 한다. 어린 아이를 가르칠 때 야외나 온라인에서 위험한 상황에 노출되지 않도록 보호하는 동시에 놀고 탐구하며 맥락을 만들 기회를 주어야 한다. 대학의 지질학과 고고학, 환경과학 같은 과목에서는 불확실하지만 실제로 체험하는 학습을 해야 할지, 아니면 과학자가 조사하거나 만들어진 데이터를 활용하여 시뮬레이션해야 할지 의견이 분분하다.

증강현실, 가상현실, 환경 모델링은 맥락을 바탕으로 한 데이터에서 표본을 추출한다. 예를 들어 아폴로 우주비행사가 달에서 채취한 것을 포함해 다양한 바위 표본을 가상 현미경으로 비교하고, 각각의 표본이 수집된 장소를 지도에서 찾거나 지질학석 언내표에서 위치를 확인할 수 있다. 또한 표본의 3차원 영상을 회전하고, 가상 현미경으로 일부를 관찰하며, 다양한 조명에서 확대하거나 축소하면서 측정할 수 있다. 이런 기술 집약적 접근법은 다양한 맥락에서 접근하고 탐구할 수 있게 하지만, 실제 환경에서 과학을 탐구할 때와 비교해서 평가해야 한다.


## 교육의 맥락

아이가 어렸을 때는 시간과 장소, 사람, 사물의 맥락 속에서 학습하기에 '지금'을 산다. 차츰 성장하면서 아이는 일반적인 지식을 상황에 적용하며 맥락을 구성한다. 이때 맥락에서 지식을 이끌어내고, 일반적 지식을 추상화하는 도구가 필요하다.

특정한 상황에서 학습한 내용을 다른 상황에 적용하기 어려울 때도 있다. 말과 생각은 문맥에 따라 달라진다. 부엌과 테니스장, 수학 교실에서 영어 '세트(set)'는 모두 다른 뜻이다. 마찬가지로 기존의 생각과 활동을 다른 맥락에 적용할 때 재조정하거나, 특정한 지역에서 수집한 데이터를 일반적인 뜻으로 사용하기 전에 미리 확인하고 수정해야 할 수도 있다. 그래서 맥락 기반 학습은 장소와 사건을 이해하고 일상과 일반적 지식을 연결하는 데 매우 효과적이지만 국지적인 단어나 개념, 데이터를 이해할 수 있어야 한다.

## 맥락 기반 학습의 실제

맥락에 민감한 새로운 기술은 학습 상황에서 맥락을 풍부하게 한다. 휴대용 위치 인식 가이드와 증강현실 애플리케이션은 특정한 장소나 전시물의 일반적인 정보를 방문자에게 안내하려고 현재 위치나 작품을 설명하는 음성과 문자, 이미지를 제공한다.

아리스(Aris) 애플리케이션으로 물건 찾기 게임이나 역사적 사건 재현과 같은 위치 기반 게임을 만들 수 있다. 한 아리스 게임은 위스콘신 대학 매디슨 캠퍼스에서 일어난 1960년대 학생 시위를 재현한다. 대학 방문자는 리포터 역할을 맡아 캠퍼스를 돌아다니고, 사건이 일어난 위치에서 과거 사건을 이미지나 영상으로 경험하며, 참가자와 모의 인터뷰를 진행하기도 한다.

아리스 사용자는 직접 맥락을 만들 수도 있다. 지도에 사진을 찍고 내용을 기록하면 다른 사람이 그곳에 왔을 때 볼 수 있다. 예를 들어 사람들이 매일 사건을 기록하는 시민저널리즘(시민이 언론의 주체가 되어 대중에게 정보와 의견을 제공하는 활동-옮긴이)이나 특정한 장소에 가면 외국어로 장소나 물건 이름이 나오는 기기를 이용하여 언어 학습에 맥락 기반 시스템을 활용할 수 있다.

맥락 학습으로 아마추어 과학자 집단은 날씨와 야생동물, 바위, 화석과 같은 지역 데이터를 공유하고 비교할 수 있는데, 학교에서도 인터넷 사이트로 참여할 수 있다. '저니노스(Journey North)' 같은 사이트에서 전 세계의 학생과 시민 과학자가 벌새의 이동을 추적하고, 나비의 목격을 기록하고, 봄에 피는 꽃을 관찰하는 것처럼 야생동물의 이동과 계절 변화를 연구한다. 이동과 기후 변화의 일반적 지식은 시간과 공간에 걸친 데이터 패턴을 탐구하면서 발전한다.

### 결론

맥락 학습은 지리 학습법, 사건 기반 학습법, 집단 학습법, 시민 연구법 등 다른 교육 방법들과 깊은 관련이 있다. 이들의 공통 주제는 맥락을 바탕으로 이해하고 다양한 맥락에서 사건을 비교하며 학습하는 것이다. 교육적 접근 방식으로서 맥락 학습은 학생이 주변 세계에서 배우고, 지식이 위치와 활동에 어떤 관련이 있는지 볼 수 있게 돕는다.

# | **27** |

# 사건 기반
# 학습법

### 시간제한 학습을 경험하게 하라

사건 기반 학습은 몇 시간 또는 며칠 동안 진행되고 기억에 오래 남는다. 그 예로 DIY 과학과 공학, 공예에 열정적인 사람이 모이는 메이커 페어(Maker Faires)가 있다. 지역 행사는 국가적, 더 나아가 세계적 축제로 발전하기도 한다. 영국에서 매년 열리는 야생 다큐 프로그램 축제나 전 세계적인 컴퓨터프로그램 축제인 '스크래치의 날(Scratch Day)'과 같은 학습 행사는 국가나 국제적인 수준에서 시작되었지만 지역에서 열정적으로 주도해야 가능하다. 행사는 시간에 제약이 있어 사람들이 함께 모여 학습하도록 장려한다. 지역에서 모여야 하기에 아마추어와 전문가가 서로 만날 수도 있고, 규모 있는 행사라면 평소 접근하기 어려운 자원을 접할 수도 있다. 이런 행사가 집중적으로 열리면 학습자는 개인적으로 흥미를 보이고 적극적으로 참여하며, 구체적으로 작업하고 반성할 수 있다.

## 삶을 형성하는 사건

출생과 결혼, 장례식, 종교 기념일, 축제와 같이 개인적이거나 국가적인 역사를 형성하는 사건은 삶에서 가장 오랫동안 기억에 남고, 사진으로 찍어두기도 한다. 주요 기념일은 학교에서 문화와 역사, 예술 수업에 곧잘 활용된다. 학생은 국가의 역사를 배우거나, 연례행사에 참여할 때 다른 학생들과 함께하며 다양한 지식을 얻는다. 또한 과거에 비슷한 행사에서 배운 것을 바탕으로 지식을 쌓거나 새로운 도전을 하기도 한다.

기술은 그 혜택을 확장할 기회를 준다. 인스타그램이나 트위터와 같은 소셜네트워크시스템(SNS)으로 참여와 협업이 가능해지면서, 사람들은 친구나 동료와 있었던 일을 전 세계에 공유할 수 있게 되었다. 사건 기반 학습과 소셜네트워크의 결합으로 생긴 가능성은 과학과 컴퓨터 과학, 역사, 문학 등 다양한 주제 영역에서 탐구되고 있다.


## 지역 사건: 스크래치의 날과 메이커페어, 라즈베리잼

스크래치는 프로그램을 배우는 아이들을 위해 만들어진 무료 컴퓨터 프로그래밍 언어다. 스크래치 웹사이트는 이야기와 게임, 애니메이션을 공유하고 제작하는 전 세계 사용자가 모인 커뮤니티다.

2008년 제1회 스크래치 콘퍼런스에 수많은 교육자와 연구자, 개발자가 참여했다. 그러나 스크래치 커뮤니티의 대다수인 젊은 사용자가 아닌, 미국 동부 해안까지 올 수 있는 사람만 참여할 수 있었다. 이를 계기로 스크래치 사용자가 지역사회에서 모이는 '스크래치의 날'이 생기게 되었다. 이후 매년 젊은 사용자들이 만나 프로그래밍 프로젝트를 협업하고, 아이디어와 경험을 공유하며 함께 즐긴다. 매년 50개국이 넘는 나라에서 스크래치의 날이 1,000개 이상 열린다. 이때 전 세계에서 온라인으로 공유되는 스크래치 컴퓨터프로그램으로 활동하고 상호작용을 촉진한다.

활동과 상호작용을 촉진하는 또 다른 행사로는 저렴한 마이크로컴퓨터인 라즈베리파이(Raspberry Pi)를 주제로 한 라즈베리잼(Raspberry Jam), 라즈베리잼버리(Raspberry Jamboree)와 전 세계 DIY 공예 축제인 메이커페어가 있다. 모두 열성적이고 성장하는 커뮤니티와 관련 있으며, 시간적 제약이 있는 행사는 공개학습을 촉진하고 지원한다.


## 지식을 쌓는 사건: 바이오블리츠와 핵데이

사건 기반 학습은 기존 커뮤니티의 참여 없어도 할 수 있다. 바이오블리츠(BioBlitz)는 하루 혹은 몇 시간 동안 특정한 지역에서 생물학을 조사하려고 사람들이 모인다. 종종 축제 같은 분위기로 과학자와 자연주의자가 대중과 만나기도 한다. 아마추어와 마니아는 이 행사에서 특정한 생태계를 과학적으로 이해하고, 생물학과 생태학 그리고 그 지역의 자연적 중요성을 배울 수 있다.

바이오블리츠의 결과는 인터넷으로 공개하여 특정한 지역이 아니라 전 세계와 공유한다. 또한 온라인 도구는 시간이 지나도 계속 학습하는 참가자와 공유할 수 있다. 그렇기에 전문가가 떠나도 바이오블리츠 참가자는 계속 연구할 수 있다.

핵데이(Hack Day)는 컴퓨터 프로그래머가 모여서 집중적으로 프로젝트를 함께하는 행사다. 메이크유어스쿨(Make Your School)은 독일의 학교에서 열리는 핵데이로, 학생들이 학교를 개선하고자 팀을 구성해 상호작용 장치를 설계하고 구현한다. 이 발상이 널리 퍼져 수습 간호사나 경찰관, 사회복지사도 문제를 창의적으로 해결하려고 핵데이를 열었다.

## 미디어 주도 학습 사건

텔레비전과 연극 행사는 차츰 오락뿐 아니라 학습에도 활용되고 있다. 매년 열리는 영국 BBC 방송의 텔레비전 프로그램인 〈스프링워치(Springwatch)〉와 〈오텀워치(Autumnwatch)〉에서는 계절별 야생동물의 활동 모습을 실시간이나 녹화 장면으로 제공하여 시청자가 추가 자료에 접근하거나, 이벤트에 참여하거나, 시민 과학 조사에 협력할 수 있게 한다. 예를 들어 호박벌의 분포를 지도에 기록하거나, 고슴도치 보존 활동에 도움이 되는 데이터를 제공하거나, 계절 현상 연구에 참여하거나, 부비새의 번식 습성 연구를 도울 수 있다. 기술의 활용은 전 세계에서 이루어지는 관찰 결과를 웹캠(webcam)을 통해 온라인으로 보고, 스마트폰 앱으로 제출하고, 소셜미디어에서 공유할 수 있음을 뜻한다.

BBC 프로그램의 또 다른 연례행사인 〈스타게이징라이브(Stargazing Live)〉는 천문학과 행성학에 흥미를 불러일으킨다. 시청자는 온라인에서 자료를 찾고, 대면 행사에 참석하며, 시민 과학에 참여하여 경험을 확장할 수 있다. 2012년 시청자가 참여한 온라인 분류 작업에서 멀리 있는 별의 주변을 도는 새로운 행성을 발견했다. 다음 해 그들은 이전에 알려지지 않은 수십 개의 은하계도 확인했다. 이런 온라인 프로그램을 운영하는 주니버스(Zooniverse)는 프로그램을 실행할 때 시간당 100만 건 이상을 분류한다. 그 결과 신뢰도를 높이려고 여러 번 분류한 650만 개 이상의 이미지를 등록했다.

예술과 인문학에서도 미디어 주도 학습 행사가 있었다. 로열셰익스피어 극단이 구글의 크리에이티브랩(Creative Lab)과 협업하여 디지털로 새로 구현한 〈한여름밤의 꿈〉을 2013년 한여름 주말에 다양한 소셜미디어로 동시에 상영했다. 이 프로젝트는 2,500만 트위터 게시물에 등장했고, 전 세계 관객이 셰익스피어와 현시대의 관련성을 토론했다. 같은 달 초, 채널 4 텔레비전 회사는 6월 6일 제2차 세계대전 디데이 상륙작전 프로그램과 연계하여 소셜미디어에서 이벤트를 펼쳤다. 두 사건 모두 시간적인 제약이 있어서 짧은 시간이었지만 다양한 집단에서 토론과 성찰이 이루어졌다.

## 결론

기술이 뒷받침된 사건 기반 학습은 참여와 협업, 분산된 전문 지식(distributed expertise, 전문 지식 수준이 다양하고 이를 공유하려는 의지가 있는 커뮤니티-옮긴이)을 제공한다. 이러한 사건은 학습을 경험하게 할 뿐 아니라 지식을 풍성하게 하기도 한다.

# | **28** |

# 미래를 위한
# 학습

**학습자에게 불확실한 미래의 삶과 직업을 준비하게 하라**

학생은 오늘뿐 아니라 미래를 위해서도 교육을 받아 불확실한 삶과 복잡한 작업 환경에 대처할 수 있는 기술과 기질을 습득해야 한다. 미래를 위한 학습은 인간의 학습 능력을 키워준다. 여기에는 새로운 정보와 이해를 고려해 관점을 바꾸는 능력도 포함된다. 학생이 비판적으로 사고하고, 함께 배우고 일하는 사회적 역량을 기르며, 학습적으로 지적인 능력을 얻게 도와준다. 미래를 대비하는 학습자는 무엇을 어떻게 배울지 계획할 때 단계와 자율성이 있다. 불확실한 미래에 시민과 기여자, 혁신자가 될 수 있는 기술과 성숙한 문화적 · 대인관계적 이해력도 있다.

## 미래를 준비하는 학생

미래를 대비해야 한다는 요구는 학생이 미래에 학습과 일, 삶에서 성공할 수 있도록 학교와 교육 시스템이 준비되어야 한다는 것이다. OECD는 학교의 전통적인 교육과정에서 배우는 것들을 평생 학습하며 살아가는 데 꼭 필요한 핵심역량으로 바꾸어 제안했다. 이런 변화는 불확실한 세계와 복잡한 삶, 변화하는 환경에 대응할 수 있는 기술과 기질을 갖춘 학생을 준비시키려는 교육정책과 시책에 반영되었다.

커리어스2030(Careers 2030) 웹사이트는 이런 기술과 기질에 대한 생각으로 2030년에 웨어러블 기술 치료사, 시스템을 현실로 구현하는 사람, 미학자(Aesthetician) 등의 직업을 광고에서 볼 수 있을 것이라고 예측했다. 그중 흥미로운 사례로 로봇 상담가가 있는데, 로봇을 상담하는 게 아니라 가족이나 노인의 삶에 로봇 기술을 결합하여 돕는 사람이다. 즉 공감과 의사소통을 새로운 로봇 기술과 지식에 결합하는 것이다.


## 미래를 대비하는 학교

학교의 교육과정과 교재는 전통적인 주제와 기본적인 기술을 가르친다. 이와 대조적으로, 미래를 위한 학습은 변화하는 사회에서 학생이 새로운 기술을 준비할 수 있게 해야 한다. 교육 시스템만으로는 미래 교육을 대처하기 어렵다.

학생이 변화하는 사회를 이해하고 기대하도록 돕는 것으로 교육을 시작할 수 있다. 커리어스2030과 같은 미래 지향적인 웹사이트와 자료는 영감을 준다. 2030년에는 어떤 직업이 인기 있을까? 이 웹사이트에서는 미래 직업을 자세히 안내하므로 학생은 여러 직업 가운데 골라 조사할 수 있다. 2030년에 기업문화 홍보대사나 스마트큐브(SmartCube) 기술

자 또는 교사가 되려면 어떤 기술이 필요할까? 미래 직업을 탐구하면서
지략, 공감, 소통, 문화적 감수성, 기술적 참여, 윤리적 행동의 기본 자
질을 배우고 연습할 수 있다.

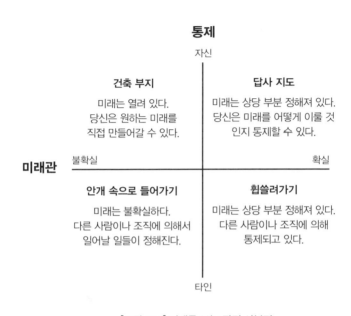

[그림 28.1] 미래를 보는 관점 사분면

(출처: Facer et al., 2011, *Building Agency in the Face of Uncertainty*)

〔그림 28.1〕은 미래를 생각할 때 유용한 도구다. 먼저 미래의 확실성
에 대해 물어본다. 미래가 열려 있고 불확실한가? 아니면 닫혀 있고 예
측할 수 있는가? 또는 그 사이 어디인가? 두 번째로 미래의 통제 중심
이 무엇인지 묻는다. 미래를 통제하고 있다고 느끼는가? 또는 누군가에
의해 결정되는가? 이 두 질문으로 미래에 대한 개인의 지향점을 보여주
는 사분면을 만들 수 있다. 사고 도구는 질문의 답을 제공하는 것이 아

니라 미래의 가능성과 영향에 대한 가정에 맞서는 일이다. 우리의 가정은 무엇을 근거로 하는가? 도전할 수 있는가? 그렇다면 어떻게 가능한가? 미래가 우리 생각보다 더 폐쇄적이거나 개방적이라는 증거는 무엇인가? 미래를 다르게 생각한다면 어떤 새로운 선택과 도전을 할 수 있을까? 이 사분면과 관련 질문은 수업에서 토론 주제로 활용할 수 있다.

미래를 위한 학습에서 기술은 유용하다. 2017년 미국 국가교육기술계획의 주제는 '교육에서 기술의 역할을 재구상하는 미래 준비 학습'이었다. 학습자가 학습적 측면에서 스스로 의미 있는 선택을 하고 주변 환경이 바뀔 때 자기계발을 도와주는 단체를 제공하는 것을 옹호했다. 예를 들어 온라인 멘토링과 일자리 포럼은 진로와 관련하여 조언하고, 무료 온라인 코스(free online course) 사이트는 새로운 일자리를 소개한다.

미래를 위한 학습을 어떻게 발전시키고 평가할지 더 많은 연구가 이루어져야 한다. 교사는 전반적으로 지식과 기술, 기질을 가르치는 방법이 필요하다. 정책 입안자는 매년 과밀 학년에서 어떻게 공간을 사용할지 결정해야 한다.


## 미래를 위한 학습의 실제

대부분의 나라에서 내용과 평가를 중심에 두는 것은 미래를 위한 교육을 제공하기 위해 교육 시스템을 대규모로 바꿔야 할지도 모른다는 뜻이다. 핀란드는 국제 평가에서 문해력, 수학 문해력, 과학 문해력이 거의 상위권을 차지해 성공적인 교육 시스템으로 인정받고 있다. 또한 학교 간 차이도 세계에서 가장 작다. 이는 학교교육에 투자하는 정부의 평균 투자액, 적은 숙제, 하루 수업 시간, 점검 대상이 아닌 학교 시스템으로 달성했다.

핀란드는 평등, 평생소득의 유연성, 지역 자유와 책임감, 수준 높은 교사 교육, 형성평가, 학습 장애 아동 지원 등을 원칙으로 학교 시스템을 구성했다. 아이들의 미래를 준비하는 기본 교육을 위한 핵심 교육과정이다. 학습하기 위해 생각하고 배우는 것, 문화적 역량, 상호작용, 자기만족, 자기관리와 일상생활 관리, 다중문해력, ICT 역량, 직장생활 역량과 기업가 정신, 지속 가능한 미래 구축 등의 역량과 관련하여 가르친다.

교육의 목적은 학습의 즐거움을 발견하고 공통의 학교문화와 공동체적 학습 방법을 강조하면서, 각 학생의 자화상을 긍정적이고 현실적으로 강화하는 것이다. 교육과정은 학교에서 학생이 배우는 주제와 그들의 삶과 미래에 필요한 지식을 연결한다.


## 결론

미래의 일과 기술, 직업, 사회는 무수한 가능성이 있다. 우리는 모든 사람의 모든 상황을 대비할 수 없다. 그렇다고 해서 과거의 교육 시스템에 의존할 수도 없다. 따라서 학생에게 미래의 기회를 더 많이 알게 하고, 선택을 도와줄 수 있는 단체를 지원해야 할 것이다. 하지만 주요한 변화는 학교가 학생에게 가능성 있는 다양한 미래를 준비시킬 때 올 것이다. 여기에는 문화적 인식과 윤리적 행동 등의 자질과 함께 비판적 사고와 같은 21세기 기술을 습득하도록 돕는 것도 포함한다. 능력 있는 교사, 적용 가능한 커리큘럼, 미래지향적인 기술, 세계적인 인식, 교육과 고용 사이의 긴밀한 연계를 중심으로 한 교육 시스템을 세운 핀란드나 캐나다, 싱가포르의 정책에서 배워야 한다.

# 5부

# 구현

# 구현
# 학습법

**몸과 마음을 통합적으로 학습하게 하라**

구현 학습에선 실제 또는 가상 세계에서 상호작용 하는 신체를 경험하고 제어한다. 구현 학습의 목표는 신체적 피드백과 행동으로 학습을 돕는 것이다. 신체적 피드백과 행동을 돕는 기술에는 개인의 물리적·생물학적 데이터를 수집하는 웨어러블 센서와 움직임을 추적하는 시각적 시스템, 크고 작은 동작에 반응하는 모바일 기기 등이 포함된다. 구현 학습법은 마찰, 가속, 힘 등 물리과학의 측면을 탐구하고 신체와 건강을 이해하는 데 응용할 수 있다. 학습자는 신체 활동으로 배우면서 느낄 수 있다. 신체가 세상과 상호작용 하는 방법을 더 잘 인식하게 된다면 앎과 삶에 대해 의식적으로 접근하는 데 도움이 된다.

## 실제 경험

구현 학습은 신체에 대한 자각, 즉 움직임과 생물의학 측정, 한계 그리고 세상과의 상호작용에서 비롯된다. 신체 제어는 새로운 스포츠를 하거나, 댄서가 되거나, 자동차 운전법을 배우는 것과 같은 형태의 학습에 필수적이다. 또한 신체를 통해 경험하고 실행하는 것과 관련이 있다.

신체는 여러 환경 속에서 사람과 사물에 상호작용을 하며, 주위 상황에 적응해간다. 환경은 우리 몸이 걷고, 뛰고, 듣고, 보고, 만지고, 냄새 맡고, 맛보면서 감지하고 조지하는 행동의 기회, 다시 말해 '행동 유도성'을 제공한다. 이처럼 지속적인 행동과 반응 과정에 주의를 기울일 때 학습이 일어난다. 예를 들어 어린아이가 처음 가스레인지를 만지는 것과 같이 갑자기 낯선 환경에 맞닥뜨렸을 때, 춤추기와 같은 신체 활동을 배우고 있거나 스케치, 채색, 조각, 건축 등 무언가 새로운 것을 만들고 싶을 때 학습이 일어날 수 있다.

어린아이는 자신을 둘러싼 세계를 탐험함으로써 시공간과 신체, 다른 사람을 이해하게 된다. 그러다가 학교에 가면 교사와 교재에서 구체화되지 않은 지식을 얻는다. 학교에서 가르치는 전통적인 교육은 추상적인 학습과 구체화된 학습을 분리한다. 학습자가 신체 활동으로 학습할 수 있다는 점을 인식하고, 모두에게 적용할 수 있는 교육학을 개발해야 한다.


## 학습 행위

펜이나 연필 또는 붓을 사용해 쓰고 그리는 것과 같은 행위는 우리가 배우는 방식에 영향을 미친다. 키보드로 입력하지 않고, 교재에 손으로 직접 줄을 긋고 메모를 추가하거나 도표를 그릴 수 있다. 작문하기, 수학적 해법 고안하기, 그림 그리기 등의 수행 과정을 다른 학습자나 교사가 보게 할 수도 있다. 학생은 사고 과정에 대한 통찰력을 얻고 지식의 차이를 확인하며, 기술을 개선하기 위한 방법을 제안할 때 기록이나 그림을 더해 자신만의 작업을 만들어낼 수 있다. 몸과 마음이 연결된 여러 작업으로 사고 과정을 표현하는 것은 교수 학습에 큰 도움이 된다. 시인이 원고에 창조 과정의 흔적을 남기듯, 아이들은 숫자를 지우고 더해 빼기 문제를 해결한다.

펜이나 터치식으로 입력할 수 있는 컴퓨터 장치는 펜의 움직임을 캡처하고 재생하여 문제 해결 애니메이션을 제공한다. 교사는 '실제 예제' 영상을 만들어 수학 문제 풀이 과정을 시연하거나 도표를 추가해 개념을 설명할 수 있다. 칸아카데미(Khan Academy)의 무료 강좌에서는 음성과 화이트보드를 조합해 수학과 과학 주제를 효과적으로 설명한다. 촉각의 압력을 민감하게 표현하는 신기술 덕분에 드로잉과 페인팅의 과정을 절묘하게 전달할 수 있다. 그러나 잉크의 흐름과 물감 색상을 표현하기에 디지털은 한계가 있다. 페인트는 주변광을 반사하여 색상을 생성하지만, 컴퓨터 화면은 빛을 투과하고 필터링하기 때문이다.

제스처를 사용하면 실제 또는 가상 물체를 표현하고 모양과 패턴, 음악과 춤을 만들어 의사소통을 할 수 있다. 또한 제스처는 모양을 회전하고, 사물을 체계화하고, 액체를 붓고, 물체를 정렬하거나 움직이게 하는 등 아이의 수학과 과학 발달에 기본적인 역할을 할 수 있다. 아이가 어른과 함께 밀기, 붓기 등의 행동을 할 때 사용하는 말은 과학적 언어의 기초를 형성한다.


## 피트니스 추적기

모바일과 웨어러블 기기에는 주변 온도, 조명 수준과 위치를 포함한 주위 환경뿐 아니라 일정 시간 걷는 걸음 수, 심장박동수와 혈액 산소 농도 같은 개인의 물리적·생물학적 데이터에 대한 정보를 제공할 수 있는 다양한 센서가 내장되어 있다. '정량화된 자아'라고도 하는 이러한 데이터는 자신의 신체질환과 약점을 진단하여 체력을 개선하는 데 사용할 수 있다. 다만 피트니스 추적기를 착용했을 때 단기적으로는 동기를 부여할 수 있지만, 시간이 지나면 오히려 운동을 멈출지도 모른다. 영국의 한 연구에 따르면 13세에서 14세 사이 학생 84명에게 8주 동안 피트니스 추적기를 사용하게 했는데, 처음에 이들은 운동에 관심을 보였지만 연구가 끝날 무렵에는 이 추적기에 대부분 싫증을 느꼈다. 장치를 위해 걸어야 한다는 압박감으로 1일 1만 보 걷기를 싫어하게 되었다.


## 구현 학습의 실제

교육 기술자인 시모어 페퍼트는 '신체 통합적 학습' 개념을 개발했다. 학생이 형태와 동작을 신체로 표현하면서 기하학과 역학을 배운다는 개념이다. 학생은 위치와 방향, 펜의 3가지 속성을 가진 '거북이' 컴퓨터그래픽을 이용해 학습할 수 있다. 자신이 거북이라면 무엇을 할지 상상함으로써 거북이의 움직임을 이해하고 예측하며 추론한다. 예를 들어 학생 자신이 직접 10보 전진, 90도 우회전 그리고 앞선 행동을 4번 반복하여 걸어가면서 정사각형 형태를 몸으로 익힌다. 일단 자신의 몸으로 도형 만드는 방법을 이해하면, 정사각형을 만들어본 것과 같은 몸짓으로 직사각형이나 삼각형도 만들 수 있다. 그러고 나서 정사각형을 만들 때 '거북이' 그래픽을 이용해 자신의 신체로 한 행동과 유사한 명령 '4번

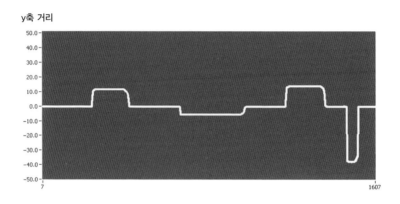

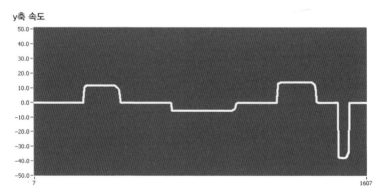

[그림 29.1]
움직임 추적기를 착용한 학생이 손을 움직여서 만든 거리-시간 및 속도-시간 그래프[1]

1 S. 아나스토풀루(S. Anastopoulou), 〈학습 환경 설계를 위한 다중 모드 상호작용 조사: 과학 학습 사례 연구〉, 영국 버밍엄 대학, 미발표 박사 논문, 2004.

반복(앞으로 100 오른쪽으로 90)'을 컴퓨터에 입력하여 도형을 그릴 수 있다.

'신체 통합적 학습'에 대한 또 다른 연구에서 대학생들은 위치와 방향을 감지하는 센서를 손에 착용했다. 이 센서는 손의 움직임을 거리-시간 및 속도-시간 그래프로 컴퓨터 화면에서 직접 보여준다. 〔그림 29.1〕은 참가자가 손을 앞뒤로 움직였을 때, 손에 부착한 센서를 움직여 실시간으로 생성한 두 개의 선 그래프다.

먼저 각 학생은 그래프가 어떻게 생성되는지 보려고 센서를 착용한 뒤 손동작을 시도했다. 그다음 그래프를 생성하려면 어떤 손 움직임이 필요한지 예측하고, 다시 손을 움직여 보았다. 이때 직접 움직인 손동작으로 그래프를 작성한 학생이 교사의 시범을 따라 한 학생보다 그래프 해석 테스트에서 더 높은 점수를 얻었다.

스몰랩(SMALLab)은 학생이 몸을 움직여 수학과 과학을 배울 수 있는 방 크기의 환경이다. 학생은 움직임 추적기를 활용하여 걷고 돌면서 중력과 마찰, 질량에 대해 배울 수 있다.


## 결론

구현 학습은 스포츠나 운전과 같은 몇몇 기술을 얻는 데 꼭 필요하다. 또한 신체적 움직임과 제스처로 공간, 시간, 동작을 이해하는 새로운 방법을 제공한다. 학습은 마음뿐 아니라 심신의 조화로운 상호작용으로 일어난다. 그러나 개별 특성을 고려해 신중하게 활동을 구성하지 않는다면 어려움을 느낄 학생도 있을 것이다. 내부 마이크로칩이나 디지털 문신을 포함한 웨어러블과 이식 기술이 발달하면서 신체 움직임과 생리학에 대한 훨씬 더 많은 개인 데이터를 얻을 수 있다. 그렇지만 이러한 기술이 발달한다고 해서 항상 편안하거나 유익하지는 않다. 본격적으로 기술을 개발하기 전에 의욕 상실이나 개인 사생활 침해 같은 부작용도 신중하게 고려해야 한다.

# | 30 |

# 몰입
# 학습법

**새로운 상황을 경험하면서 더욱 깊이 배우게 하라**

몰입 경험은 우리를 다른 곳으로 이동시켜 행동에 몰입하는 느낌을 주며, 다음에 일어날 일을 어느 정도 통제할 수 있게 해준다.

컴퓨터 기반 대화형 소설을 읽는 것도 그런 경험 가운데 하나다. 독자는 이야기 속의 액션이 어떻게 계속될 것인지, 등장인물은 무엇을 할 것인지 선택할 수 있다. 심지어 이야기 속 등장인물 중 하나로 들어가서 행동할 수도 있다.

이렇듯 몰입 학습은 자신의 지식과 자원을 활용해 가상현실에서 문제를 해결하거나 기술을 연습하면서 마치 그곳에 있는 것처럼 상황을 경험할 수 있다. 학습은 움직임, 공간 인식, 촉각 등으로 강화된다. 따라서 몰입 학습은 학습자의 흥미를 불러일으켜 학습 내용을 오래 기억할 수 있게 해준다.

## 몰입 학습 구현

전통적으로 몰입은 연극적 요소를 사용하는데, 시나리오대로 실행하거나 소품을 활용해 현실 세계를 시뮬레이션한다. 학습자는 학교 연극이나 좋은 책으로 다른 관점과 문화를 경험할 수 있다.

최근에는 가상현실 헤드셋으로 비디오게임을 하거나 스포츠를 관람하는 등 몰입적이고 상호작용적으로 활동하게 되었다. 학생들은 스마트폰, 3D 컴퓨터, 대형 디스플레이, 헤드셋이나 스크린이 내장된 헬멧, 센서가 장착된 장갑과 같은 기기를 활용하여 교실이나 박물관, 직장, 가정 또는 야외에서 몰입 학습을 경험할 수 있다.

전화나 문자메시지와 같은 기술을 사용해 사람들을 실제 또는 가상의 위치로 보내 부분적인 몰입감을 만들 수도 있지만, 몰입 학습은 증강현실이나 가상현실 기술이 수반되는 활동으로 몰입감에 빠지게 한다. 증강현실에서 학습자는 스마트폰과 같은 휴대용 장치나 특수 안경으로 세상을 보며 화면에서 레이블, 이미지, 3D 형태, 캐릭터 또는 애니메이션을 볼 수 있다. 이것은 게임, 퍼즐, 산책이나 주변 환경을 탐험하는 형태로 학습할 수 있다. 스마트폰의 포켓몬고(Pokémon Go) 게임으로 플레이어는 주변에 나타나는 인공적으로 생성된 생물, 건물과 상호작용을 하는 아바타를 만들게 되었다.

가상현실에서는 아바타가 되어 다른 가상의 존재와 상호작용 할 수 있고, 시공간을 여행하며 현실에서 설정할 수 없는 가능성을 탐색해 상상의 세계를 경험해볼 수도 있다. 일상생활에서 어렵거나 위험하여 불가능한 활동도 가상현실에서는 해볼 수 있다.

## 몰입 학습법

몰입 학습의 장점은 학생이 안전한 환경에서 복잡한 기술을 반복적으로 연습할 수 있다는 것이다. 특히 비행기 조종이나 의학, 수술 등 학습자에게 위험한 경우에 유용하다. 치아를 뚫는 것과 같은 기술을 숙달될 때까지 통제된 조건에서 여러 번 시도할 수 있다.

몰입은 외국어로 대화하는 것과 같은 사회적인 기술을 익힐 때, 교실보다도 더 현실적인 환경을 제공한다. 대화할 상대와 주변 환경을 시뮬레이션해서 학습자가 '그곳에 있다'고 느끼면서 상호작용을 하게 해준다. 서로 다른 위치에 있는 학습자가 공유 공간에서 만나 비상사태 대처 등 공통적인 문제를 해결할 수 있다.


## 몰입 상태

몰입 학습은 시간이 지나고 환경이 변하더라도 학습 상태가 오랜 시간 유지된다. 심리학자 미하이 칙센트미하이는 학습의 원활한 몰입에 동일하게 적용되는 몰입 상태의 9가지 지표를 제안했다.


- 모든 단계마다 명확한 목표가 있다.
- 행동마다 즉각적인 피드백이 있다.
- 도전과 기술 사이에 조화를 추구한다.
- 행동과 인식이 통합된다.
- 집중도를 높인다.
- 실패를 두려워하지 않는다.

- 자의식이 사라진다.
- 시간관념이 왜곡된다.
- 활동이 자동화된다.

몰입 상태에서 학습자는 시간과 환경을 인식하지 않고 학습할 수 있는 행동을 한다.

컴퓨터게임은 지속적인 자극, 빠른 행동과 반응에 맞게 설계되며 도전과 피드백이 즉각적이다. 몰입 상태는 매력적인 데다 즐겁기까지 해서 학습자가 반복적으로 시도하면서 점차 난이도를 높여가게 한다. 그러나 새로운 정보를 처리하고 기존의 지식과 연관시키기 위한 성찰이 따를 때 비로소 학습이 일어난다.

몰입 학습법에서 교사와 설계자는 어떻게 학습자가 몰입 상태로 들어가고, 효과적으로 학습할 수 있는지 이해해야 한다. 한 가지 방법은 몰입 활동을 15분에서 20분 정도 수행한 다음, 과정을 돌아보고 경험을 기록하는 것이다. 그중 무엇이 효과적이고 개선될 수 있을지 생각해서 다음 활동의 목표를 설정한다.

## 몰입 학습의 실제

몰입 학습은 의학과 건강관리 교육에 효과가 크다. 의대생은 가상현실을 이용해 수술 기술을 연습하거나 가상 환자와 대화할 수 있다. 치대생은 마치 환자의 입을 들여다보듯 화면을 내려다보면서 치아에 구멍을 뚫는 것처럼 진동하는 가상의 드릴링 도구를 사용할 수 있다.

지질학과 학생을 위해서는 현장학습에 몰입적 가상현실을 이용하는 지질학 프로젝트를 진행했다. 학생들은 오래전 빙하로 깎인 계곡 옆 산비탈에 서 있었다. 이들은 한 사람씩 차례로 가상현실 헤드셋을 착용하고 2만 년 전 계곡의 모습을 같은 시각에서 볼 수 있었다. 그런 다음 헤드셋을 벗고 빙하와 계곡을 스케치하고 빙하가 남긴 흔적을 찾았다. 빙하에 남아 있는 흔적을 살펴보고, 시간이 지나면서 풍경이 어떻게 변했는지 이해하는 것이 목적이었다.

영국 밀턴케인스의 그린리 주니어 스쿨에는 바닥과 벽, 천장의 이미지를 바꿀 수 있고, 음향시스템과 스모크머신을 갖춘 몰입형 방이 있다. 이 방에서는 행성을 탐사하거나, 다른 도시로 견학을 가거나, 쌍방향 게임과 퀴즈에 참여할 수 있다.

몰입 학습에는 값비싼 기술이 필요하지 않다. 밀턴케인스의 센리브룩엔드 스쿨에서도 학생들은 실생활 장면에 대처하려고 일 년 내내 몰입 학습 프로젝트를 한다. 이들이 다룬 몰입 학습 프로젝트 주제는 조난사고 후 무인도에서 공동체 만들기, 경찰이 되어 살인 미스터리 해결하기, 올림픽을 주최하는 나라 역할 하기, 이사하기, 모의 아파트에서 친구들과 함께 살기, 청구서 지불하기, 빠듯한 예산으로 방 꾸미기 등이 있다.


## 결론

몰입 학습에서 학생은 분자와 같은 복잡한 물체와 상호작용 하거나, 프렌치 카페 같은 환경을 방문하거나, 치의학과 같은 기술을 배우거나, 모의 비상사태에 참여할 수 있다. 몰입 학습의 좋은 점은 안전한 환경에서 실제 기술을 반복적으로 연습할 기회를 준다는 것이다. 이로써 실제 사람에 대한 잠재적 피해와 장비나 재산의 손상을 피할 수 있다. 다중매체와 다중감각 요소는 학습을 강화하며 더욱 매력적이고 기억에 남게 할 수 있다.

그 반면에 몰입 학습은 약간의 기술적 역량이나 읽고 쓰는 능력이 필요하다. 저렴한 가상현실 헤드셋은 스마트폰을 디스플레이로 사용하지만, 장비와 소프트웨어는 비쌀 수 있다. 가상현실은 학습자를 현실 세계와 단절시키기도 한다. 학생 30명이 가상현실 헤드셋을 쓰고 비틀거리면서 다니는 교실은 모든 교사에게 악몽이 될 것이다. 그러나 책, 체스 게임, 교실의 언어 역할극, 온라인 교육 게임, 증강현실 방문, 응급처치 훈련을 위한 응급 상황 시뮬레이션, 수술을 익힐 수 있는 가상현실 환자 등 다양한 형태로 몰입할 수 있다. 몰입 학습법은 참여와 성찰의 주기로 설계되어 있다. 몰입 활동은 기술을 연마하고, 능동적인 참여를 유도하며, 숙고와 토론을 위한 자료를 제공한다.

# 31

# 메이커 문화
# 학습법

**직접 만들면서 배우게 하라**

메이커 문화는 보석류에서 로봇까지 스스로 물건을 완성하고 그 과정을 공유하는 것을 말한다. 메이커 문화를 교육학에 적용한다면 실험과 혁신적 방법, 시험을 통해 모험적 놀이로 반복 학습하면서 성장할 수 있다. 메이커 문화를 실천하는 공동체는 비공식적 멘토링으로 피드백을 제공하면서 학습한다. 이를 단순히 전통적인 취미 활동을 변경했을 뿐이라고 비판하는 사람도 있다. 그러나 인터넷에 공유된 새로운 3D프린팅 디자인 기술이 세계적으로 소통하는 공동체를 만들었고, 메이커 문화 속에서 학습이 강화되었다.

## 만들기의 재미

메이커 문화의 핵심은 물건을 만드는 재미를 느낀다는 것이다. 예를 들어 가게에서 옷을 사지 않고 직접 만들거나, 컴퓨터로 미지의 세계를 탐험한다거나, 3D프린터로 창작물을 만들면서 즐거움을 느낄 수 있다. 또한 메이커는 보고 만져서 변화시키며 사물을 이해하고 재배열할 수 있다. 아이들은 물건을 잡아당기고, 찌그러뜨리고, 구부리고, 분해하고, 다시 조립하는 능력이 있기에 메이커 문화로 학습하는 데 적격이다.

## 사회적 구성과 실천 공동체

모든 지식은 실험하고 대화하며 세상과 자신에 대해 배우면서 사회적으로 구조화된다. 또한 이는 예술이나 과학에 대한 학문적 지식뿐 아니라 기술과 공예에 대한 실질적인 지식을 포함한다. 사물과 지식을 결합해 사회적으로 구성하는 것이 메이커 문화다.

메이커는 일상생활에서 필요하며 기본적 욕구와 심미적 욕구를 충족하는 물체를 생산한다. 새로운 물체는 또래 대화의 초점이 된다. 설계, 생성, 즉각적인 피드백 받기, 가공품 변경 또는 확장을 반복하며 생산해 낸다. 공동체의 다른 사람들은 비판과 조언을 해준다.

메이커는 비공식적 모임과 연구회 장소, 메이커페어 같은 조직적인 행사, 온라인 커뮤니티 등에서 함께 모인다. 그중 전 세계에서 200개 이상 열리는 메이커페어는 150만 명의 사람이 창작물을 만들어 참여하고 공유한다. 메이커페어에서는 마음 맞는 다른 사람과 연결되어 경쟁하지 않고, 단지 실천하면서 배우는 것을 보여주는 문화가 형성되어 있다. 이런 사례를 살펴볼 때, 함께 실천하고 소통하는 공동체 안에서 점진적으로 학습이 일어난다는 것을 알 수 있다. 교육 이론가인 에티엔 벵거에 따르면 실천 공동체는 새로운 것에 대한 관심이나 열정을 공유하고 정기적으로 상호작용 하면서 더 잘하는 방법을 배우는 사람의 집단이다.

학습자는 질문을 하며 다른 사람의 도움을 받아 기술을 향상시킬 수 있다. 뛰어난 학습자는 전문성을 키우면서 다른 사람을 가르치기 시작한다. 공동체에서 좀 더 중심적이고 가치 있는 구성원이 되는 것은 학습에 대한 강력한 자극이 될 수 있다. 메이커 문화는 평생학습과 세대 간학습에 대한 관심을 일으키며, 노년층부터 청년층까지 반향을 불러왔다.

몇몇 가정과 학교에서는 창조적 결과만큼 과정을 중요하게 여기고, 메이커 문화로 구조화된 학습을 장려한다. 메이커 문화는 가정과 학교를 넘어 실천 공동체로 확장되었다. 3D프린터로 옷을 만들고, 보석을 디자인하고, 라디오를 분해하고, 로봇을 만들고, 복잡한 장신구를 제작하는 등 함께 실천하고 소통한다.

실천 공동체는 아이디어 공유와 실험 정신으로 배움의 사회적 틀을 만든다. 구성원은 공동체 소통의 장에 참여하며, 공동의 사고방식과 행동 방식을 발견하고 아이디어를 교환할 뿐 아니라 창작물을 만들기도 한다. 예를 들어 밋업(meetup)이나 박람회 같은 실천 공동체 행사에 참여해 창작물을 만져보거나 의견을 나누며 발전한다. 실천 공동체 구성원은 일련의 실천적 기술을 개발하고 계획과 제작 방법 등을 공동 작업하여 공유했을 때 다른 사람이 활용하는 것을 보는 데서 보람을 느낀다.

## 학습 도구 제작

3D프린터와 같이 새롭고 손쉬운 도구 덕분에 메이커 문화가 형성되기도 했다. 이전에 상업적 · 학술적 조직만 이용할 수 있었던 생산방식이나 하드웨어 및 소프트웨어를 일반적으로 이용하게 되었다. 디자인을 생산하고 공유하려는 구글 스케치업(Google SketchUp)과 같은 무료 웹 도구, 저렴한 싱글보드 컴퓨터와 센서 덕분에 대기오염 감시 장치나 축구용 로봇, 내장 센서가 있는 의류 등 실제 세계와 상호작용 하는 컴퓨터 프로젝트로 광범위한 실험을 할 수 있다. 또한 설계와 계획을 온라인으로 공유함으로써 보석과 의류 같은 맞춤형 물건을 쉽게 만들 수 있다.

메이커 문화는 첨단기술(전자, 프로그래밍, 컴퓨터 보조 설계)부터 재봉, 목공, 납땜 등 공예 기술에 이르기까지 폭넓은 활동을 포함한다. 새로운 기술의 응용을 장려하면서 뜨개질 가공품을 컴퓨터로 제어해 만들거나 3D프린터로 보석을 제작하는 것과 같이 전통적 제조방식을 디지털 방식과 결합할 수 있다. 단일 인쇄 회로기판의 라즈베리파이 컴퓨터나 아두이노(Arduino, 입출력과 중앙처리장치가 포함돼 다양한 센서나 부품을 연결할 수 있는 기판-옮긴이) 오픈소스(open source) 전자 시제품 제작 장치와 같은 신기술은 실제 실험에 필요한 도구를 제공한다.

학생이 STEM 과목에 흥미를 잃는 것을 우려하는 교육자들은 메이커 문화에 관심을 보였다. 주제와 관련된 생동감 있는 메이커 문화로 새로운 공학의 길을 모색할 수 있기 때문이다. 공학의 본질은 창조적으로 실용적인 물체를 설계하고 실험하는 데 있다. 따라서 공학은 엔진과 교량에 국한하지 않고, 모든 유형의 물체에 공학적인 접근 방식을 적용할 수 있다.

## 온라인 커뮤니티

'핀터레스트'와 같은 온라인 커뮤니티는 시각적 영감과 디자인이나 제조법과 같은 실질적인 지식을 공유한다. '밋업(Meetup)'과 '이벤트브라이트(Eventbrite)' 같은 미팅 사이트에서는 사람들과 협업하고 행사를 구성할 수 있다. 메이커 문화는 재미와 자기만족에 기반하고 비공식적이지만, 네트워크적이고 동료 주도적이며 공유된 학습을 추구한다.

이전에 메이커는 지역 목공예품을 만들거나 바느질을 하는 소규모 친목 모임으로 구성되었다. 하지만 메이커 문화를 만드는 사람들은 자신의 창작 과정과 결과를 공유하고 나눈다는 차이점이 있다고 말한다. 이것은 훨씬 더 큰 소통 영역을 제공한다. 당신이 라즈베리파이 컴퓨터에 대기오염 모니터를 설치하는 데 관심 있는 유일한 사람일지라도 상관없다. 세계의 다른 누군가가 당신의 계획과 디자인을 공유하고 싶어 할 수도 있기 때문이다.

메이커 문화는 학교 프로젝트나 방과 후 동아리, 박물관, 도서관, 마을 공동체와 같은 비공식적인 학습 환경에서도 활용된다.


## 메이커 문화의 실제

인도 푸네에 있는 비그얀 애시럼은 2002년부터 현대 기술을 활용하여 농촌 문제를 해결하기 위해 '팹랩(Fab Lab)'을 운영한다. 팹랩에서는 플라스마 금속 절단기와 3D프린터 같은 도구를 사용하여 계란 인큐베이터와 위생 소각로를 설계하고 구축하는 프로젝트를 진행했다. 초보자를 위한 프로젝트로 디지털 제작 팹 캠프를 운영하고, 현재 팹 아카데미에서 6개월에 걸쳐 디지털 제작 전 과정을 제공한다.

앨버말 카운티 공립학교는 미국 버지니아주에 있는 26개 학교로 구성되어 있다. 전용 제작 공간이 있는 학교, 장비를 갖춘 이동식 카트가 있는 학교, 지역 커뮤니티 공간에서 디자인 엔지니어링 캠프를 운영하는 학교 등 자체적인 방식으로 메이커 학습을 진행한다.

미국 뉴저지의 오션시티 초등학교 8세 반에서는 학교 공동체에 도움이 되는 문제 해결법을 만들기 위해 광범위한 프로젝트를 진행했다. 여러 논의 끝에 한 학생이 메이커 공간을 만들자고 제안했다. 교사의 도움으로 학교 이사회에 제안서를 제출한 뒤 자금을 확보하여 방을 하나 마련했다. 공예 재료와 3D프린터를 활용하는 계획을 수립했지만, 이 프로젝트를 진행하려면 매년 장비를 교체하는 데 비용이 들기에 레고 메이커 공간을 제안했다. 방 안의 모든 가구는 물론 로봇, 경주용 자동차, 랜드마크, 수상 피아노까지 레고 블록 6만 5,000개를 활용해 만들었다.


## 결론

메이커 문화는 특권층 청년이 공장 노동을 패러디해 값비싼 조립 부품으로 물건 만드는 일을 한다고 비판받았다. 그렇지만 메이커 문화는 실천 공동체를 만들어 물건을 생산하고 전시하며, 계획과 디자인을 공유하고 설계 · 제작 · 실험의 과정을 거쳐 학습할 수 있는 장점이 있다. 메이커 문화의 본질은 일상의 사물을 탐험할 놀이터로, 다른 사람을 공동 창조자로 보는 것이다.

| **32** |

# 브리콜라주
# 학습법

**여러 자원을 창의적으로 덧대며 배우게 하라**

브리콜라주(Bricolage)란 기존에 있던 자원에 새로운 자원을 더해가면서 학습하는 방식을 말한다. 새로운 자원을 더하면서 기존에 있던 자원은 자연스럽게 변형된다. 아이가 상자를 쌓아 성을 만드는 놀이에서 배움을 얻는 것과 비슷하다. 창의적이고 혁신적인 기반 위에 여러 이론과 도구를 결합해가면서 새로운 통찰을 얻기도 한다. 또한 지역사회와 협력하며 다양한 맥락 안에서 실제로 적용할 수 있는 학습이 이루어진다.

## 팅커링

브리콜라주라는 용어는 프랑스어인 '브리콜랑(bricolant)'에서 온 말로, 사용할 수 있는 자원을 모두 동원해 창의적으로 작업하는 것을 뜻한다. 처음에는 목공처럼 실제적인 분야에서 사용하다가 점차 다양한 분야에서 쓰게 되었다. 예를 들어 음악 분야에서는 숟가락처럼 일상용품으로 하는 연주의 형태 변이뿐 아니라 다양한 문화의 영향을 받은 펑크 장르처럼 문화 정체성에까지 영향을 주었다.


## 즉흥 수업

교육에서 브리콜라주는 두 가지 의미로 쓰인다. 우선 주변에 있는 도구를 이용해 즉흥적으로 배우는 방식을 뜻한다. 아이는 의자나 시트를 가지고 노는 것처럼 보이지만, 그 안에서 다른 사람과 관계 맺는 법이나 이야기 만드는 법을 배운다. 연기를 전공하는 학생은 자기 몸이나 주변 도구를 이용해 즉흥연기를 하기도 한다. 이러한 과정을 의도적으로 생산적인 방향으로 결합해가는 것이 바로 브리콜라주에서 목표하는 창의성이다. 브리콜라주에서는 학습 자료와 학습자 모두를 변형할 수 있기에 의자 두 개와 방석 하나만 있으면 아이가 그 자리에서 부모가 되어 놀 수 있다.

자유로이 결합하고 변형할 수 있는 환경을 풍부하게 제공하면 아이는 그 안에서 마음껏 상상의 나래를 펼치며 학습할 것이다. 어린아이도 꽤 긴 시간 동안 브리콜라주 방식으로 학습할 수 있다. 성을 짓고 집을 만들어가면서 수많은 이야기를 만들어낸다. 무려 교사의 도움 없이도 말이다. 이러한 가상놀이를 성인의 삶을 미리 경험해보거나 성장하면서 성인이 되어가는 과정으로 볼 수도 있다. 하지만 브리콜라주를 하면서 아이의 뇌가 어떻게 작용하는지를 알게 된다면 오히려 창의적으로 성인을 교육할 새로운 이론의 실마리를 찾을 것이다. 브리콜라주는 요리부터 화학, 건축, 공학 등 우리 삶의 여러 영역에서 흔히 사용되는 재료의 형태나 특성, 용도를 다르게 생각할 수 있는 안목을 길러준다.


## 교육혁신의 실제

브리콜라주의 두 번째 교육적 의미는 익숙한 방법과 기술을 창의적으로 탐구함으로써 교육목표를 혁신적으로 성취해가는 데 있다. 교실에서 바로 동원할 수 있는 자료나 기술을 활용해 교사는 새로운 수업을 준비할 수 있다. 연구자와 기업가 역시 현장에서 찾아낸 자원을 활용해 교육혁신을 이끌어낼 수 있다.

존 드론이 제안한 효과적인 브리콜라주를 위한 10가지 원칙을 살펴보자.


1. 미리 계획하지 말고 자연스레 더해가라.
2. 완성된 조각 가운데 유용해 보이는 것을 선택해서 시작하라.
3. 도구와 재료의 양을 바꾸거나 방법과 관점을 다양하게 하려고 노력하라.
4. 자만하지 말고 계속해서 시도하라.
5. 예측하지 못한 부작용이 나타날 수 있으니 멀리 보되 가까운 곳에서부터 찬찬히 시작하라.
6. 일정과 목표를 섣불리 정하기보다는 충분히 탐색할 시간과 장소를 확보하라. 때론 그저 멍하게 있는 것도 괜찮다.
7. 하던 일을 멈추고 새로 시작하기를 두려워하지 마라.

8. 단단히 결속된 팀을 꾸리기보다는 언제든 활용할 수 있는 네트워크를 형성하라. 단, 목표가 아니라 사람에 초점을 두어야 한다.

9. 자신의 작업물에 귀를 기울이고 대화하라.

10. 계속해서 성찰하고, 다른 사람들과 깨달은 바를 나누라.

## 시도하기

교육혁신 역시 제품 디자인이나 제약, 수학, 기업가 정신 등 다른 분야의 혁신과 마찬가지로 어떻게 될지 지켜보면서 계속해서 시도하는 과정의 반복이다. 월드와이드웹(World Wide Web)의 개발자 팀 버너스 리는 수학자인 시모어 페이퍼트의 교육이론과 당시 애플컴퓨터에서 사용하던 하이퍼카드(HyperCard) 덕분에 하이퍼텍스트 시스템을 고안할 수 있었다.

월드와이드웹은 과학자들이 서로 정보를 공유하면서 학습하는 데서 출발했다. 처음에 버너스 리는 서로 다른 컴퓨터시스템상의 사람과 프로그램을 추적하려고 '인콰이어(Enquire)'라는 비교적 간단한 프로그램을 사용했다. 인콰이어를 개발하고 사용하면서 전 세계에 흩어져 있는 아이디어를 연결하는 시스템을 개발해보고 싶다는 더 큰 비전을 품게되었다. 이때를 떠올리며 버너스 리는 "수많은 아이디어와 깨달음이 사방에서 소용돌이쳤다. 그러다가 어느 순간 잔잔해지더니 새로운 것이 만들어졌다"라고 말했다. 월드와이드웹의 개발은 처음부터 잘 정돈된 문제를 순서대로 해결하면서 이루어진 것이 아니었다. 이러한 과정이 바로 브리콜라주다.

월드와이드웹이나 모바일학습 등은 브리콜라주에서 나온 혁신적인 결과물일 뿐 아니라 그 안에서 계속 새로운 교육과 시도가 이루어지고 있으므로 그 자체가 바로 브리콜라주의 현장이다.

## 교육에서의 브리콜라주

〔그림 32.1〕은 새로운 교육 기술을 위한 브리콜라주 과정을 정리한 것이다. 하나 또는 그 이상의 사람이 교육을 변화시키고 싶다고 생각한 데서 시작해 교육과 관련한 경험과 교육 현장에 대한 지식, 기존 교육 기술과 사회발전에 따른 새로운 기술의 조합 등을 기반으로 새로운 교육 기술이 발전한다. 지난 몇 년간 새롭게 연구한 방법을 교실과 직장에서 수시로 시험하면서 확장해왔다. 이 모든 것이 브리콜라주를 위한 자료가 될 수 있다. 어떤 기술이나 이론은 유망하게 여겨지다가도 어느 순간 사라지기도 하고, 또 새로운 시도를 위해 재조명되기도 한다. 훌륭한 교육혁신은 교사와 학생뿐 아니라 발명가나 기업가에게도 매력적인 탐구 대상이 된다.

예를 들어, 모바일학습은 1970년대 초반 제록스 팰로앨토연구소의 앨런 케이와 동료들이 어린이를 위한 얇은 휴대용 컴퓨터인 다이나북 (Dynabook)을 만들어보자는 데서 시작했다. 학습용 모바일컴퓨터라는 아이디어는 그대로 사라질 듯했지만 2000년대 초반 태블릿PC와 초소형 컴퓨터, 교육용 소프트웨어가 나오면서 다시 등장했다. 애플의 아이패드 덕분에 2010년에는 모바일학습이 대세가 되었다. 아이패드와 1970년대 다이나북의 개념이 유사해 보이는 것은 우연이 아니다. 서로 다른

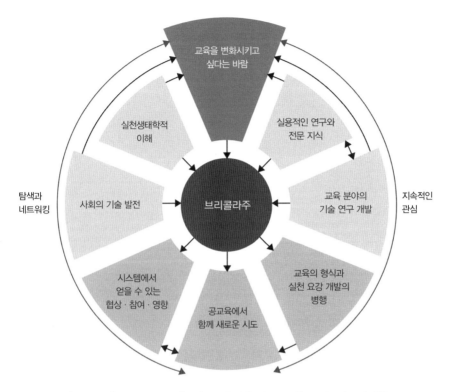

[그림 32.1] 기술 향상 학습(TEA)에서 혁신을 꾀하기 위한 브리콜라주의 역할

(출처: 스캔런 외, 2014, *Beyond Prototypes*)

기술을 가진 개인과 기업의 40여 년에 걸친 브리콜라주로 학습용 모바일컴퓨터를 개발할 수 있었다.

모바일 기기나 가상현실, 인공지능 과외 같은 최신 기술이 그저 새롭고 흥미롭다는 것만으로 관심을 끌 수 있지만, 이 모든 것은 여러 해 동안 연구실과 교실에서 수없이 시도하고 시험했기에 가능한 일이었다.

## 제약을 넘어 실패에서 배우기

좀 더 추상적인 수준에서 브리콜라주를 본다면, 상상 속에서 쌓기와 무너뜨리기를 반복하며 노는 것이라 할 수 있다. 너무 많이 제약하면 창의성을 발휘하기 어렵고, 또 그렇다고 아무런 제약도 없으면 체계나 현실성이 없다. 브리콜라주의 이면에는 '증거'가 있다. 브리콜라주로 의미 있는 결과를 얻으려면 성공의 가능성을 보이는 증거를 따라가며, 이전의 실패에서 얻은 교훈을 바탕으로 새로운 시도를 해야 한다. 실현할 수 있는 것과 그렇지 않은 것을 구분하려 시험하는 과정에서 통찰력을 얻는다. 그리고 이러한 시도는 창의적인 탐색을 할 수 있는 발판이 된다.

## 브리콜라주의 실제

미국 뉴올리언스에 있는 브리콜라주 아카데미는 무료로 등록할 수 있는 개방형 공립학교다. 이곳은 학생에게 디자인과 엔지니어링 능력, 창조성을 키워주어 혁신을 끌어낼 수 있는 창의적 문제해결사로 육성하려고 설립했다. 예를 들어 학교 행사 가운데 하나인 '숍나이트(shop night)'는 학부모와 교사, 학생이 모여 장난감을 만드는데, 이때 당장 쓸 수 있는 재료가 바닥이 나면 다 같이 어떻게 해야 할지 방법을 찾아본다.

요자프로젝트(Yoza Project)는 교육 기술에서 브리콜라주가 어떻게 이루어질 수 있는지 잘 보여준다. 이 프로젝트는 웹소설에서 출발한다. 웹소설이 올라오면 독자는 그 소설을 읽기만 하는 게 아니라 상호작용을 할 수 있다. 청소년들은 줄거리에 관해 이야기를 나누거나 투표에 참여하거나 속편을 써서 올리기도 했다. 이것이 폭발적인 반응을 거두면서 도서가 부족한 남아프리카 청소년의 문해력을 신장하기 위한 프로젝트로 발전했다. 이 프로젝트팀은 휴대전화로 읽을 만한 소설뿐 아니라 실제로 독자가 빠져들 만한 지역의 이야기도 함께 제공했다. 독자는 자신이 읽은 내용에 댓글을 달기도 하고, 다른 사람의 댓글을 살피기도 했다. 요자프로젝트는 펀자(FunDza)라는 대기업에 통합되어 이어지고 있다.

## 결론

브리콜라주의 개념은 어렵지 않다. 그저 물건을 가지고 창의적으로 노는 것이다. 아이들은 흔히 볼 수 있는 상자나 돌멩이를 가지고도 새로운 세상을 상상해 이야기를 만들어내곤 한다. 구체적인 개념을 사용하지 않더라도 다양한 아이디어와 도구를 조합해가면서 추상적인 과정을 표현할 수 있다. 이러한 과정을 놀이에 한정해서 특수한 상황으로 보기보다는 아이들의 브리콜라주가 어떻게 이루어지는지 탐구함으로써 성인에게도 충분히 적용할 수 있게 된다. 그뿐 아니라 어린아이에게서도 의도적으로 끌어내기 위한 방법을 찾을 수 있을 것이다.

# 33

# 디자인 싱킹
# 학습법

문제를 해결하기 위해 디자인 싱킹을 활용해 가르쳐라

디자인 싱킹(Design Thinking)이란 디자이너처럼 사고하는 과정을 활용하여 문제를 해결하는 것이다. 이는 실험적인 생각 끝에 시제품을 만들어보고 피드백과 재설계를 하는 등 창의적인 여러 과정을 포함한다. 디자인 싱킹에서 학습자는 마치 디자이너처럼 사람들의 요구를 충족시킬만한 혁신적인 방법을 찾아간다. 기술적인 문제를 해결하는 동시에 그 방법을 이용하는 사람이 어떻게 생각할지도 고려해야 한다. 디자인 싱킹은 사회적이면서도 정신적인 과정이다. 계속해서 다른 관점으로 생각해야 하며, 그 가운데 갈등을 겪으면서 조율해간다. 예를 들어 교육용 컴퓨터게임을 디자인하는 학생은 교사의 관점과 게임을 하는 학생의 관점을 모두 고려해야 한다. 교육학에서 디자인 싱킹은 전문적인 기술뿐 아니라 대중적인 문식성(literacy)과 문화의식, 비판적·창의적 사고를 모두 포함한다. 교실에서 디자인 싱킹을 새롭게 시도하려면 위험을 감수할 수 있어야 한다.


## 디자이너의 사고방식

'디자인 싱킹'이라는 단어는 1980년대 출간된 두 권의 책에서 출발했다. 디자이너이자 심리학자인 브라이언 로슨은 자신이 쓴 『디자이너의 사고방식(How Designers Think)』에서 디자인 싱킹을 문제 해결에 주력한 모험적인 아이디어의 발생이라고 정리했다. 피터 로는 『디자인 싱킹』에서 건축이나 도시 디자인 작업을 자세히 관찰하여 디자인의 과정을 설명했다.

로는 디자인 싱킹을 앞으로 다가올 문제와 벌이는 실랑이 정도로 소개하면서 형태와 구조, 기술적 문제 사이의 관계를 연구했다. 디자이너는 당면한 문제에 대해 한껏 추측했다가, 이내 냉철하게 반성하며 상황을 파악하려고 오락가락한다. 이런 실랑이 속에서 디자이너는 문제를 해결하기 위한 가능성과 제약을 파악하기에 여념이 없다. 그러다 본격적으로 문제를 해결하려는 과정에 돌입해 디자인을 현실로 만드는 데 필요한 방법을 찾아낸다.

따라서 디자인 싱킹은 단순히 창의적 사고를 하거나 고정관념에서 벗어나는 수준이 아니다. 창의성뿐 아니라 비판적 사고까지 동원해 당면한 문제를 해석하고 분석해야 한다. 디자이너는 주어진 상황에서 제약 조건을 살펴보고 어떻게 하면 근사해 보이면서도 실제로 효과가 있을지 좋은 답을 찾아간다. 더는 길이 보이지 않을 때는 지금까지의 과정을 차근차근 되짚어보거나 전혀 새로운 길을 찾아보기도 한다.

## 디자인 싱킹의 원리

로슨과 로는 디자이너의 작업 모습을 관찰하고 디자이너와 인터뷰한 내용을 정리하여 디자인 싱킹의 원리를 제시했다.

1. 디자인 싱킹을 하려면 다양한 관점을 수용할 수 있어야 한다. 서로 상반되는 대안들을 탐색해서 결정해야 할 때도 있다. 괜찮아 보인다고 해서 서둘러 결정해선 안 된다. 다양한 대안이 있으면 해결해야 하는 문제를 더 잘 이해하고 폭넓게 바라볼 수 있다.

2. 디자인 싱킹에서는 문제를 해결하기 위해 디자이너의 실제 경험을 바탕으로 여러 분야의 지식과 기술을 아우르기도 한다.

3. 디자인 싱킹을 할 때는 해결할 문제에 집중한다. 문제의 속성과 제약 조건을 파악해 경계를 잘 지켜가며 시도해야 한다.

4. 디자인 싱킹을 하는 디자이너는 강력한 시각 판별력을 지녔으며, 시각화해서 발전시키는 데 능하다. 이는 생각하는 바를 더 이해하기 쉽고 설득력 있게 해줄 뿐 아니라 언어로만 표현했을 때는 자칫 놓칠 수 있는 오류나 오개념을 발견하는 데 도움이 된다.

5. 디자인 싱킹은 기술적인 문제 해결 이상의 의미를 지닌다. 디자이너는 자신의 디자인이 인류의 욕구와 흥미를 어떻게 채울 수 있을지 탐구한다.

6. 디자인 싱킹은 당면한 문제를 해결하는 데 그치지 않는다. 디자인 과정을 이해하는 데서 새로운 디자인 도구를 개발하거나 이후 작업에 더 나은 방법을 찾을 수 있다.

7. 디자인 싱킹을 위해서는 숙련된 디자이너가 팀을 이뤄 공동 목표

를 달성해가는 게 효과적이다. 이를 위해 여러 분야에 걸쳐 소통하고 협력하여 문제를 해결하려는 대인관계 기술이 필요하다.

8. 디자인 싱킹은 실제적인 움직임이다. 크든 작든 나름의 방식으로 세상을 변화시켜간다.

개방대학의 디자인 싱킹 장기 과정에서 디자이너가 일하는 방식에 영향을 미치는 몇몇 속성을 알 수 있다.

일반적으로 디자인은 여러 부분으로 구성된 일정한 구조를 이룬다. 구조를 완성했을 때 보이는 반복적인 규칙은 마치 음악 연주를 시각화하는 것과 비슷하다.

대칭을 맞추면 질서가 생기고, 비대칭은 좀 더 복잡하며 파격적인 기회를 제공한다. 고대 그리스의 예술이나 황금비로 거슬러 올라가면 매력적인 비율에 대한 지침을 얻을 수 있다.

대상을 구성할 때는 색상과 크기, 위치를 고려해야 한다. 또한 긍정적인 공간과 부정적인 공간 사이의 균형도 유지해야 한다.

사실 이 모든 원칙은 깨지기 위해 존재한다고 할 수 있다. 창조적 디자인의 핵심이자 본질은 규칙과 제약을 이해한 뒤 그것이 흐트러졌을 때 어떤 일이 일어날지 탐구하는 데 있기 때문이다.


## 디자인 싱킹의 교육적 의미

교육학에서 디자인 싱킹의 핵심은 학습자가 전문 디자이너처럼 생각하고 작업할 환경을 조성하는 데 있다. 디자인 싱킹은 수업에서 다루는 모든 주제, 즉 공학과 건축, 의학, 컴퓨터 프로그래밍과 웹사이트 제작, 창의적 글쓰기 등 혁신이 필요한 영역에 모두 적용할 수 있다. 대학과 직업교육의 산업 및 미디어 디자인 과정에서 디자인 싱킹의 원칙과 실제를 다룬다. 교사가 수업 계획을 세우는 데 도움을 받으려고 디자인 싱킹 연수에 참여하기도 한다.

수업 중에 학생이 모둠이나 짝을 이뤄 활동하는 경우가 많다. 예를 들어 이러한 모둠 활동에 적합한 학교 책상을 디자인해서 전시회를 열 수 있다. 디자인 활동 프로젝트를 마치고 나서 프로젝트에서 학생이 얻는 만족감을 어떻게 제공해야 할지 고민해봐야 한다. 그저 디자인만 해보고 끝난다면 학생은 디자인이 종이에 하는 연습에 불과하다고 생각할수 있다. 그렇기 때문에 학생이 실제로 구성하고 사용하는 데까지 나아가는 것이 필요하다.


## 디자인 싱킹의 실제

스탠퍼드 대학의 디자인연구소인 디스쿨(d.school)이 디자인 싱킹을 선도한다. 디스쿨은 학생이 디자인 싱킹 과정(관찰-브레인스토밍-통합-시제품 제작-아이디어 구현)을 경험할 수 있게 교육과정을 구성했다. 또한 스탠퍼드 대학 혁신의 허브로서 예술과 의학, 교육, 법학, 사회과학 등 다양한 분야의 수업과 프로젝트에 학생이 참여할 수 있다. 가령 디자인 싱킹에 대한 온라인 단기 집중 과정에서는 선물을 주었던 경험을 90분 동안 재설계하도록 하면서 필요한 자원을 모두 제공한다. 그리고 교사의 전문성을 개발하기 위해 K12 연구소도 함께 운영하고 있다.

디자인 싱킹을 가르치는 전 세계의 학교와 각 프로그램 정보를 웹사이트에서 쉽게 확인할 수 있다. 그중에는 학생이 사업체나 사회적기업을 설계하고 운영하도록 돕는 아프리카 리더십 아카데미도 있다. 인도 벵갈루루에 있는 에키아 학교에서는 사회문제 해결을 위해 6~8주간의 프로젝트를 운영하고 있다. 그리고 카자흐스탄에 있는 나자르바예프 지식학교는 카자흐스탄 전역의 학생을 대상으로 디자인 싱킹 캠프를 운영한다.

## 결론

그 밖의 다른 새로운 교수법과 마찬가지로 디자인 싱킹을 구현하려면 교육과정과 평가 방식을 얼마나 조정할 수 있는지가 핵심이다. 학생이 주제에 익숙해지는 것보다 지속적으로 문제를 해결해갈 역량과 자질을 갖추는 게 중요하다. 디자인의 관점에서 일상 세계의 각 요소가 어떻게 연동되어가는지, 또 그 안에서 마주치는 장애물을 해결하려면 어떻게 디자인할 수 있을지 생각해봐야 한다. 이론적으로든 실제적으로든 막상 디자인 작업을 하려면 학생과 교사 모두 상당히 부담스럽다. 학생에게는 교사의 모델링과 지원이 필요하다. 이를 위해 교사는 능숙하게 진행할 수 있을 때까지 반복해서 연습해야 한다. 학생과 교사 모두 디자인이 지닌 개방성과 불확실성을 인정하고, 수용할 수 있는 수준의 위험과 실패는 긍정적으로 받아들여야 한다.

# 6부

# 집단역동

| **34** |

# 온라인 소셜
# 학습법

**사회적 학습에 기반한 무료 온라인 과정을 활용하라**

온라인 소셜 학습은 무크를 수강하는 사람에게 협력 학습과 사회적 연결망을 제공한다. 이는 참여하는 학습자가 많을수록 연결의 가치가 높아지는 '네트워크 효과'를 활용한다. 수많은 사람이 서로 연결되어 유익한 담론을 나누고 공유 프로젝트를 만들 수 있다. 이들은 기존의 지식과 경험을 서로 공유하고 소통하며 학습 콘텐츠와 연결하게 된다. 또한 현재 온라인에 접속한 학습자끼리 단기간 토론 그룹을 만들고 서로 과제를 검토하기도 한다. 소셜미디어나 게임에 기반한 또 다른 기술로는 학습자가 다른 학습자를 팔로우하고 토론 게시글에 달린 댓글을 평가하며 다른 학습자와 경쟁하면서 퀴즈에 답하고 학습 과제를 수행하는 것도 있다.

## 무크

　무크는 수많은 사람을 개방형 강좌에 온라인으로 접속하게 한다. 초기 무크의 실험 가운데 일부는 온라인 연결망에서 여러 사람과 그들의 아이디어를 연결하는 '연결주의 교육'에 근거를 두었다. 이런 방식은 음성과 기술의 힘을 많이 활용하지만, 대규모로 관리하기 어렵고 학습자 스스로 웹에 있는 자료를 찾으며 동료와 협력하는 방법을 익혀야 했다.

　최근에 무크는 '교육주의적' 접근 방식을 취하고 있다. 대학은 교재를 만들고 그것을 동영상과 텍스트로 제공한다. 학습자는 동영상과 텍스트를 보고 퀴즈를 풀어 자신의 지식을 테스트한다. 이를 통해 학습 장소와 시기를 스스로 조절하고 학습을 멈추며 반성하게 된다. 또한 강좌에 대해 토론하는 포럼과 예정된 회의에 참여할 수 있다. 더 능동적인 학습자라면 온라인으로 학습하면서 사람들을 참여시키고 아이디어를 공유하며 서로 다른 관점에 대해 토론할 수 있다.


## 소셜 학습 효과

　여기서 중요한 질문은 "집단 크기에 맞는 적합한 교수법은 무엇인가?"이다. 스포츠 코칭이나 개인 과외 같은 교육 방법은 많은 학습자에게 제공하려면 막대한 비용이 든다(인공지능 연구자는 컴퓨터 기반의 개인 과외 교사를 개발하려고 여러 해 동안 시도해왔다). 이와 대조적으로 직접 교수법은 확장성이 높고 수많은 사람에게 제공할 수 있다. 하지만 교육방송은 활동적이고 성찰적인 학습에는 효과적이지 못하다는 단점이 있다.

　집단 규모의 일반론을 교육에 적용해볼 수 있다. '네트워크 효과'는 제품이나 서비스의 가치가 이를 사용하는 사람 수에 따라 증가하는 것을 말한다. 예를 들어 전화 시스템은 전 세계 수백만 또는 수십억 명의 전화 사용자를 연결할 때 더 가치가 있다. 월드와이드웹은 서로 연결된 수백만 명의 사람과 컴퓨터에 혜택을 준다. 더 중요한 지점은 연결이 아니라 우리의 지식과 관점을 공유할 수 있다는 점이다. 따라서 '소셜 학습 효과'는 "더 많은 사람이 쉽고 성공적으로 학습을 할 수 있게 해 연결된 학습 시스템의 가치가 높아진다"라고 할 수 있다. 소셜 학습에 참여하는 사람이 많을수록 더 크고 다양한 도움을 받게 된다.

## 온라인 소셜 학습의 실제

온라인 소셜 학습 시스템의 예로 500만 명 이상의 사용자를 둔 스택익스체인지(Stack Exchange)가 있다. 스택익스체인지에서 궁금한 점을 질문하면 다른 사용자가 이를 보고 답변해준다. 사람들이 답을 하고, 도움이 되었는지 추천하면 가장 인기 있는 질문과 답변이 제일 먼저 표시되므로 모든 사용자가 쉽게 볼 수 있다. 참여자가 늘어날수록 질문의 범위가 더 넓어지고, 답변이 더 다양해지며, 추천도 더 큰 영향력이 있다.

온라인 소셜 학습 시스템의 또 다른 예는 수많은 커뮤니케이션 라인을 지원하는 것이다. 퓨처런(FutureLearn) 무크 플랫폼에는 800만 명이 넘는 사용자가 있다. 퓨처런의 각 강좌 옆에는 자유로운 토론란이 있다. 학습자는 동영상이나 첨부한 텍스트에 있는 강좌 개발자의 질문으로 토론한다. 학습자 누구나 주제에 대한 토론을 보고 원하는 시간에 토론에 참여할 수 있다. 강좌에 참여하는 사람이 많을수록 토론의 흐름이 빨라지고 다양한 관점이 생겨나 내용이 더 풍부해진다.

만약 온라인 학습 환경이 사회적 상호작용의 힘을 활용할 수 있다면, 학습자의 참여가 많을수록 더 좋은 학습을 할 수 있다. 학습자는 주제나 문제의 관점을 공유하면서 교육 내용을 풍부하게 한다. 이것이 잘 이루어지려면 학습자가 콘텐츠에 참여하고 자신의 관점을 나눌 의지가 있어야 한다. 어떻게 하면 참가자가 가치를 가지고 편안하게 참여하도록 할까? 많은 사람을 효과적으로 학습하게 하는 데는 다음과 같은 몇 가지 방법이 있다.

- 학습자가 강압적이지 않고 기분 좋게 참여하는 것이 중요하다. 만약 학습자가 수행한 도움의 양이나 질로 평가받는다면 성의 없는 답변을 게시하거나 교사의 기분을 맞추려고 행동할지도 모른다.
- 교육자 또는 플랫폼은 참가자가 다른 사람의 의견을 존중하고 적극적으로 응답하는 문화를 조성하도록 관행을 만든다.
- 학습자의 개인적인 경험을 묻는 간단한 질문부터 시작하는 것이 좋다. 예를 들어 퓨처런 강좌의 '영양학'은 학습자에게 "어제 몇 시에 점심을 먹으러 갔나요?"라는 질문부터 시작한다. 그런 다음 식사와 식습관으로 넘어간다.
- 토론의 흐름이 계속된다면 부정적이고 도움이 되지 않는 논평은 흐름에서 밀려나는 경향이 있다. 반대로 유용하고 도움이 되는 코멘트는 호감과 응답을 얻는다. '가장 좋아하는' 논평을 검색하는 학습자는 이를 보고 더 많이 답해준다.
- 교육자와 멘토는 가장 인기 있거나 특별히 다양한 견해를 보여주

는 논평에 답을 해준다. 그러면 교육자를 따라 학습자가 보고 이 댓글에 응답할 수 있다. 교육자는 목록 상단에 좋은 논평을 표시하거나 고정할 수 있다.

- 스택익스체인지나 쿼라(Quora) 같은 질문 응답 사이트는 가장 인기 있는 논평을 학습자가 먼저 보게 한다.

스택익스체인지와 퓨처런 같은 대규모 온라인 소셜 학습 환경에 비추어볼 때, 토론이 특정한 주제와 질문에 집중할수록 신뢰성과 타당성이 높아진다.

## 과부하와 방향감각 상실

전화 네트워크가 혼잡해지고 결함이 생기거나 성가신 전화를 받을 수 있는 것처럼 온라인 소셜 학습에도 문제가 있다. 그중 가장 핵심은 과부하다. 퓨처런의 한 동영상에는 1만 5,000개가 넘는 댓글 논평을 달 수 있다. 이것이 자연스러운 담화라고 여기면 문제없지만 만일 혼란스럽다거나 중요한 논평을 놓쳤다고 생각하면, 학습자는 대규모 소셜 학습에 불안을 느끼게 된다. 이 때문에 퓨처런의 댓글 논평은 숨겨져 있고 활용 버튼을 눌러야만 나타난다.

이런 과부하를 관리하는 방법은 '소셜 네트워킹'을 활용하는 것이다. 학습자가 댓글 논평에 '좋아요'라는 추천을 할 수 있도록 하고, '좋아요'를 가장 많이 받은 논평을 찾을 수 있게 하며, 인기 있는 논평을 교육자가 목록 맨 위에 고정해둘 수 있도록 한다.

또 다른 어려움은 연결형 무크에 참여한 사람이 많이 경험하는 것으로, 지나치게 많은 선택지와 가능성 때문에 마치 '인터넷 공간에서 길을 잃은 것'처럼 느끼게 되고 학습활동 중 어디에 있는지, 누구와 함께해야 하는지, 다음에 어디로 가야 하는지 혼란스러워한다는 점이다. 그래서 이러한 개방형 소셜 환경 개발자의 과제는 처음 가입하는 사람의 혼란을 줄여주고 명확한 가이드라인과 경로를 제공하는 것이다.

## 결론

많은 소비자 기술이 소규모로 시작해 확장되고 나서 사람들을 서로 연결된 사회적 상호작용에 참여시켰다. 텔레비전, 전화, 컴퓨터, 비디오 게임이 이런 발전 형태다. 이와 유사하게 혁신적 교육 방법도 보통 소규모로 시작해서 점점 규모와 사회성이 증가했다. 무크, 무경계 학습, 게임 학습, 개인 연구, 지리 학습은 모두 대규모 사회 활동으로 변화하고 있다. 이것은 그들이 "어떻게 하면 학습자가 정체나 과부하, 방향감각을 잃지 않으면서 '네트워크 효과'를 얻을 수 있을까?"라는 문제와 마주하고 있다는 뜻이다.

# | **35** |

# 집단
# 학습법

**현지인의 지식을 활용하라**

 

대중과 소통하면 귀중한 지식과 의견의 본질에 접근할 수 있다. 아마추어와 전문가들은 아이디어를 교환하고 콘텐츠를 만들고 토론하고 문제를 해결하고 최선의 해결책을 제안하며 기금을 모금한다. 대중과 함께 만들고 지속적으로 업데이트하는 온라인 백과사전 '위키피디아 (Wikipedia)'가 그 대표적 사례다. 또 다른 예로는 조류 식별과 은하 분류 같은 시민 과학 활동이 있다. 하지만 우리는 아직 대중의 지혜를 교육과 학습의 자원으로 최대한 활용하지 못한다. 인터넷을 통한 대중의 참여로 정보나 도움을 모으는 '크라우드소싱'을 교육에 적용하는 방법에는 교육자원을 수집·선별하고 가치 부여하기, 온라인에서 작업을 공유하고 토론하기, 프로젝트와 조사 연구에 필요한 의견과 데이터 제공하기 등이 있다. 집단 학습법은 대중이 만드는 지혜의 우수성과 타당성을 고려하고 공감대 형성뿐 아니라 다양성도 놓치지 말아야 한다.

## 크라우드소싱

크라우드소싱은 대중이 문제를 해결하고, 콘텐츠를 만들고, 최선의 해결책을 찾거나, 기금을 모으려고 정보를 주고받는 것을 말한다. 위키백과, 레딧(Reddit), 아이디어스케일(IdeaScale) 같은 온라인 크라우드소싱 플랫폼은 아마추어가 전문가와 아이디어를 교환할 수 있고 대중의 지혜를 전문가의 이론과 연결해준다.

위키백과는 세계에서 가장 큰 백과사전으로 대중이 콘텐츠를 만들고 수정·보완하기 위해 어떻게 협력하는지 보여주는 대표적인 사례다. 위키백과가 이전의 백과사전과 다른 점은 누구나 내용을 추가하거나 편집할 수 있다는 것이다. 이렇게 보면, 위키백과는 뒤죽박죽이고 거짓 정보로 가득 찬 것처럼 보인다.

그러나 위키백과가 성장하면서 위키백과 작가 커뮤니티는 자료의 고의적인 훼손 행위를 찾아내고, 욕설을 금지하고, 분쟁을 해결하기 위한 정책을 시행했다. 다음은 위키백과 운영의 기본 원칙이다. 만약 크라우드소싱을 하고 싶다면 이 원칙이 운영에 도움이 될 것이다.

- 누구든지 대부분의 내용을 편집할 수 있다.
- 사이트에 등록하고 기고하는 사람은 더 많은 권리(기사 이동, 투표와 변경 취소 포함)가 있다.
- 기여도가 높은 사람은 관리자에 지원할 수 있고, 커뮤니티의 투표로 승인을 받으면 관리자가 될 수 있다. 관리자는 기사를 삭제하고, 추가 변경되지 않게 보호하며, 보호된 기사를 편집할 수 있다.
- 커뮤니티에서 선출한 중재위원회는 주요 분쟁 해결에 노력한다.

- 커뮤니티는 편견 없는 글쓰기, 검증된 내용과 신뢰할 수 있는 출처 요구 등 몇 가지 적절한 행동 규칙을 정한다.

위키백과의 각 콘텐츠에서는 무엇을 포함하고 어떻게 작성해야 하는 지에 대한 논의를 볼 수 있다. 또한 위키백과 변화의 역사도 엿볼 수 있다. 이러한 원칙과 실천이 완벽하지는 않지만, 위키백과가 거대한 정보 저장 공간이 되도록 도왔다.

가장 중요한 점은 위키백과 또는 대중이 모은 지식이 유용한 학습 도구가 될 수 있다는 것이다. 학습자는 위키백과의 콘텐츠와 참고서적의 내용을 비교하며 학습할 수 있다. 또한 위키백과 콘텐츠를 비평하고 편집하며, 이미 기고한 사람들과 변경된 부분을 논의하여 콘텐츠를 함께 완성해간다. 마지막으로 학습자는 크라우드소싱에 대해 배우고, 그것이 전통적인 출판보다 지식을 창출하는 더 좋은 방법인지 토론할 수 있다.

## 시민 과학

시민 과학은 과학이나 연구 프로젝트를 위한 크라우드소싱의 한 형태다. 과학자는 새나 식물, 곤충을 발견해 종의 숫자를 세는 것과 같은 프로젝트를 제안하고, 대중이 이 프로젝트에 참여할 수 있도록 웹사이트를 만든다. 오랫동안 지속되고 있는 시민 과학 프로젝트는 미국의 크리스마스버드카운트(Christmas Bird Count)다. 이 프로젝트는 1900년에 시작된 뒤 현재도 계속되고 있는데, 수천 명의 자원봉사자는 24km(약 15마일)의 원 안에서 보이는 새의 종을 센다. 이와 유사한 영국의 연간 프로젝트인 빅가든버드워치(Big Garden Birdwatch)는 정원에서 새의 종을 세는 것으로, 매년 50만 명에 이르는 사람이 참여한다.

온라인 시민 과학은 과학 활동에 대규모로 참여할 수 있는 웹사이트를 개설한다. 주니버스는 과학과 인문, 예술을 아우르는 온라인 시민 프로젝트 사이트다. 대표적인 프로젝트로 와일드워치케냐(Wildwatch Kenya)가 있다. 케냐의 한 과학자 팀은 100개의 활성화된 카메라를 설치해 동물이 지나갈 때 자동으로 사진을 찍게 만들었다. 자원봉사자들이 웹사이트로 이 사진늘을 보고 농물을 식별해 그 수를 센다. 그다음 과학자들은 이 기록을 해석하여 동물의 이동을 이해한다.

시민 과학 활동에 참여하는 학생은 데이터를 수집하고 자세하게 기록하며, 수천 개의 표와 차트를 해석해 시간과 장소에 따른 변화를 학습할 수 있다.

## 집단 학습법의 실제

집단 학습법은 학교교육과 연결할 수 있다. 어스에코워터챌린지(EarthEcho Water Challenge)와 같은 연구는 전 세계 시민 과학의 한 부분이 될 수 있다. 이 연구는 수천 개의 학교와 개개인이 자신들이 살고 있는 지역에서 물의 산도, 산소, 온도, 구름 여부를 테스트하는 것이다. 그들은 그 결과를 세계지도에 공유하고, 지역의 해변이나 강을 청소한 이야기를 게시한다.

에티오피아와 탄자니아의 한 프로젝트는 "왜 많은 여학생이 중학교를 마치지 못하는가?"에 대한 해결책을 제안하는 데 실제로 여학생들을 참여시켰다. 이 프로젝트는 여학생과 그 가족, 지역사회 지도자, 교육 담당자를 모집하고 그들의 문제를 경청했다. 그 결과 학교에 여학생을 위한 안전한 장소를 마련하는 것과 같은 변화를 이끌어냈다.

학교를 위한 고전적인 집단 학습 프로젝트로는 BBC둠즈데이(BBC Domesday)가 있다. 1980년대 중반, BBC는 영국인의 삶을 디지털 스냅사진으로 기록하는 프로젝트를 진행했다. 이 프로젝트를 위해 전국에서 100만 명이 넘는 학생과 교사, 학부모를 모집하여 지역의 삶을 사진으로 찍고 묘사했다. 당시 14만 7,819페이지가 넘는 텍스트와 2만 3,225장의 아마추어 사진을 얻었고 이를 비디오디스크라는 최신 기술에 적용했다. 2011년 BBC는 원본 콘텐츠의 많은 부분을 온라인에 올려놓고 원래 프로젝트에 참여한 아이와 부모들에게 2011년 현재 생활을 녹화해달라고 요청했다. 이 프로젝트는 아이의 눈으로 본 지역을 두 시점에서 비교했다는 점에서 대단히 흥미로운 연구가 되었다.


## 결론

집단 학습법은 대중을 교육하고, 아이를 연구자가 되게 하지만 몇 가지 문제도 있다. 믿을 수 있는 연구와 사이비 과학을 구별하려면 전문가가 필요하다. 또한 학교 크라우드소싱을 할 때 교사가 수많은 학생과 동료의 데이터를 수집하고 해석해야 한다는 점이 어려울 수 있다. 게다가 다른 사람들을 프로젝트에 참여하도록 하는 것도 만만치 않다. 집단 학습법은 아직 초기 단계에 있으며, 좋은 아이디어와 성공적인 온라인 환경을 개발하려면 더 많은 노력이 필요하다.

# 시민
# 연구법

**연구 기반 학습과 시민 활동을 융합하라**

시민 연구란 대규모 참여 조사를 계획하고 운영하는 데 대중이 직접 참여하는 것이다. 이는 과학적인 발견의 소비자였던 사람을 활동적인 생산자로 변화시킨다. 각각의 연구에 대해 유사한 프로젝트의 성공 사례를 수집하고, 실행 계획을 세우고, 다른 많은 사람과 함께 연구한다. 또한 컴퓨터와 모바일 기술로 데이터를 수집하고 결과를 검증하며 공유한다. 이런 과정을 거쳐 주제를 연구하고 과학자가 되는 방법과 협력하는 방법을 배운다.

## 시민 과학에서 시민 연구로

시민 과학은 과학자의 연구를 돕기 위해 수천 명의 사람이 자료를 수집하거나 문제를 해결하는 것을 말한다. 시민 연구는 시민 과학과 다르다. 시민 연구에서 시민은 연구를 직접 계획하고, 과학자는 도움을 준다.

현재 갤럭시동물원(Galaxy Zoo), 폴드잇(Foldit), 아이스폿 등 시민 과학 프로젝트는 시민이 사물을 분류하고 퍼즐을 풀거나 야생동물을 관찰하는 데 참여하지만, 과학자가 연구 질문과 방법을 정한다. 킥스타터(Kickstarter), 고펀드미(GoFundMe) 등 몇몇 플랫폼은 일반인이 창의적인 프로젝트를 후원하고 조직할 수 있도록 지원하지만, 과학적인 연구 모델은 아니다.

시민 연구의 목적은 탐구 기반 학습을 통한 창의적 지식의 구축, 과학적 발견의 흥분, 자원봉사 활동이라는 집단 참여를 결합하는 것이다. 시민 연구에서는 모든 연령대의 시민이 전 과정에 참여할 수 있다.

## 시민 연구를 통한 학습

과학적인 훈련을 받지 않은 사람을 실제 과학 연구에 참여시키고 싶은 욕구가 커지고 있다. 〈사이언스(Science)〉는 한 사설에서 '세심하게 디자인되고 실제적인 탐구 기반의 세계 탐사'에 대한 폭넓은 개인적 참여가 공개 토론에 영향을 미치고 놀라운 과학적 발전을 가져올 수도 있다고 주장한다.

연구 기반 학습은 정해진 연구로 자연과 사회를 이해하는 강력한 방법이다. 이는 경험을 연구하고 반성하는 과정으로, 학습자는 과학을 읽거나 관찰하는 것보다 실험할 수 있는 문제를 제안하고 신뢰할 만한 결과를 모으며 과학을 행하는 것이 더 낫다는 걸 배운다. 또한 발견의 놀라움을 경험하고 이것을 발표하는 일도 하게 된다. 연구 기반 학습의 과정은 물리과학을 넘어 우리 자신, 우리 공동체 그리고 우리 세계를 발견하는 방법이 될 수 있다.

그다음은 "이 시민 연구 과정을 어떻게 협력하고 공유할 것인가?"다. 그 혁신적인 아이디어는 모든 연령의 시민에게 탐구 과학 프로젝트를 제안, 위임, 수행, 보고하는 과정을 공개하는 것이다. 어떤 시민 연구 프로젝트에서든 주제와 관련된 다양한 전문 지식과 좋은 연구를 어떻게 진행하는지에 대한 지식이 있을 것이다. 시작 단계에서는 이전 프로젝트의 데이터를 본다. 그다음 프로젝트에서 저마다 어떤 역할을 할 것인지 선택한다. 어떤 사람은 다른 사람의 공헌을 보고, 어떤 사람은 데이터를 분석하고, 어떤 사람은 자신의 데이터를 제공하고, 어떤 사람은 새로운 조사를 시작하고, 과학 훈련을 받은 몇몇 사람은 안내자와 멘토 역할을 할 것이다.

프로젝트는 대부분 소규모로, 상호 이익을 위해 다양한 전문 지식을 자유롭게 공유하는 사람이 참여한다. 일부는 플라스틱 폐기물 감소와 같은 지역사회 문제를 다루기 위해 큰 규모의 관찰과 실험을 할 수 있다. 관련된 모든 사람의 과제는 어떻게 하면 연구를 신중하게 설계하고 윤리적이며 견고하게 진행할 수 있을까 하는 것이다.

가장 오랜 기간 진행된 시민 연구 프로젝트는 '여론조사'다. 여론조사는 1937년 세 젊은이가 '인류학'을 창안하기 위해 시작했다. 그 후 제2차 세계대전 동안 여론조사는 평범한 영국인의 일상생활에 대한 시민 연구로 꽃을 피웠다. 자원봉사자들은 술집부터 교회까지 공공장소에 들어가 사람들의 행동과 대화를 기록했다. 그들이 제작한 자료는 전쟁 중의 삶을 다룬 다양하고 풍부한 다큐멘터리였다. 시민 패널의 여론조사는 커피 음료가 어떻게 변화하는지('진짜 커피'는 영국에서 1986년 크리스마스 때 등장한다고 밝혔다), 사람들이 돈과 신용카드를 몸 어디에 가지고 다니는지와 같은 주제를 연구하는 등 여전히 계속되고 있다. 때론 여론조사가 다른 사람의 삶을 캐묻고 참견하는 일로 비치기도 했다. 그래서 시민 연구는 "어떻게 하면 사생활 침해 없이 우리 자신과 지역사회를 조사할 수 있을까?"에 도전한다.

2013년 4월 보스턴 폭탄 테러는 잔인무도한 일이었다. 그 사건은 시민 연구의 위험에 대한 교훈이기도 했다. 당시 비전문적인 연구자들은 공공 사이트에 올라온 사진과 동영상을 분석한 뒤 용의자를 고발하는 글을 올렸다. 이 글은 대중매체에 반복해서 노출되었고 그 결과 무고한 사람들이 거짓 비난으로 자신의 삶을 방해받았다. 시민 연구는 과학 실천에서 시민 협력을 통한 강력한 학습 형태가 될 수 있지만, 거짓과 착각의 집결지가 될 수도 있다.


## 시민 연구의 발전

시민 연구는 현 시민 과학 프로젝트의 연장선상에서 개발되어 개인과 단체가 새로운 연구를 고안할 기회를 추가로 제공한다. 또한 연구를 만들고 운영하는 과정을 거쳐 사람들을 안내할 수 있다. 그러나 관심 영역은 대중이 고안할 수 있어야 한다.

지역 야생동물과 자연은 시민 연구의 한 출발점이 될 수 있다. 예를 들어 학교는 어떤 식물이 가장 많은 나비를 유인하는지 알아내고 자체 연구를 디자인하며 결과를 전달할 수 있다. 초기의 연구 동기는 주제에 대한 개인적 호기심에서 시작하고, 그 후 비슷한 관심사와 다양한 맥락을 가진 연구자끼리 팀을 구성하거나 참여하면서 유지한다.

같은 생각을 하는 사람들이 과학적인 가치에 대한 구체적인 연구를 함께하도록 돕는 일은 간단해 보이지만, 성공까지는 상당히 높은 장벽이 있다. 과학적인 질문을 고안하는 것은 어려운 일이다. 의학의 진보나 획기적인 발전 같은 '거창한 과학'은 아닐지라도 개인적으로 참여자와 관련이 있고, 과학계가 인정하는 방법을 채택하면서 더 넓은 의미와 타당성이 있어야 한다. 그러려면 프로젝트 제안자가 관련 주제를 선정하고, 집단 연구로 답변할 수 있는 질문을 설정하며, 엄격하고 공유 가능한 방법으로 데이터를 수집하고 분석하는 지도가 필요하다. 임시로 구성된 비과학자들이 전문 과학의 타당한 방법을 따라 연구 과정을 계획하거나 받아들일지는 분명하지 않다.

## 시민 연구의 실제

가족 및 지역사회 역사연구회(Family and Community Historical Research Society, FACHRS)는 지역사회 내 특정한 삶에 대한 집단 연구를 수행한다. FACHRS 연구 프로젝트에서는 한 그룹이 핵심 주제를 중심으로 지역 및 지역적 차이를 연구한다. 예를 들어 지역사회에서 계절이 결혼에 어떤 영향을 미치는지, 지역사회가 범죄에 어떻게 대처하는지, 지역신문이 지역사회에 어떤 영향을 미치는지 연구하는 것이다. FACHRS는 학계와 연구회 회원들의 다양한 저널을 발행한다.

주니버스와 엔콰이어는 일반인과 학교 또는 커뮤니티가 시민 연구 프로젝트를 할 때 관리해주는 사이트다. 주니버스 프로젝트는 일반적으로 데이터(보통 이미지)를 해석할 수 있는 사람을 모집한다. 등록된 사용자라면 누구나 프로젝트를 만들고 자원봉사자가 할 일을 정할 수 있다. 주니버스 프로젝트에서 제작자는 대개 이미지나 다른 데이터를 제공하고, 자원봉사자는 이미지나 자료의 특징에 관한 질문에 답한다. 예를 들어 이 프로젝트 제작자는 학교 운동장에서 자동 웹카메라가 찍은 수많은 사진을 제공하고, 자원봉사자는 사진으로 야생동물 식별하는 일을 한다.

또한 엔콰이어 플랫폼은 사람들이 미션이라고 부르는 프로젝트를 시작하게 해준다. 엔콰이어 참가자는 미션 제작자가 제공한 데이터를 분류하는 대신 이미지나 소리, 숫자 또는 텍스트가 될 수 있는 자신의 데이터를 업로드할 수 있다. 예를 들어 서로 다른 장소에서 소음 수준을 기록함으로써 현지 지역의 '소음 지도'를 만드는 것이다. 엔콰이어와 연동되는 것은 안드로이드폰에서 실행되는 센스잇(Sense-it) 소프트웨어 애플리케이션으로, 사람들이 자신의 휴대전화에서 소음 수준 등 데이터를 수집해 엔콰이어에 업로드할 수 있다.


## 결론

시민 연구를 위한 온라인 커뮤니티를 만드는 일은 쉽지 않다. 한 가지 해결책은 공개 연구 기회를 주는 의미 있는 관심거리를 던지는 것이다. 예를 들어 크리스마스버드카운트는 수천 명의 사람이 자신들의 지역에서 새들에 대한 데이터를 수집하도록 한다. 이 데이터와 또 다른 비슷한 연구 데이터는 위협받는 종이나 서식지의 변화에 대한 현지 연구의 기초를 형성할 수 있다. 또한 팀을 만들고, 관심을 유지하고, 성공에 대한 보상을 지원할 수 있게 한다.

시민 연구는 과학적 사례를 모든 사람에게 공개한다. 이는 매력적이고 흥미로운 교육이 될 수 있다. 하지만 좋은 소프트웨어 플랫폼을 설계하고, 타당하고 지속 가능한 대규모 연구를 실행할 수 있도록 사람들과 그룹을 지원하는 데는 아직 해야 할 일이 많다.

# 37

# 리좀형
# 학습법

상황에 적응하면서 스스로 배워나가는 학습 커뮤니티를 만들어라

리좀(Rhizome)이란 엉킨 뿌리 덩어리로 뻗어 나가 양분을 축적해 식물이 잘 자랄 수 있게 돕는 뿌리줄기를 뜻한다. 리좀에서 유추하면, 리좀형 학습(줄기가 뿌리처럼 땅속으로 뻗어서 새로운 식물로 자라나는 리좀처럼, 리좀형 교육을 추구하는 교육자는 학습 구성원에게 커리큘럼과 교과목에 담긴 지식을 형성하도록 한다. 또한 지식은 변화하는 환경에 따라 역동적인 방법으로 재구성되고 재형성되는 것임을 의미한다-옮긴이)이란 학습자가 협력해 다양한 방법으로 탐구하고, 탐구한 지식을 서로 연결하여 확장해나가는 학습 방법을 말한다. 소규모나 더 많은 사람이 함께 학습에 참여한다. 또는 교사가 학습을 위한 맥락을 제공하며 시작할 수도 있는데, 교사의 역할은 학습자가 다양하고 역동적인 방식으로 학습하도록 도와주는 것이다. 리좀형 학습은 공식적 · 비공식적 매체를 통합하는 학습 네트워크 속에서 학습자가 개별적으로 지식을 구성할 뿐 아니라 대화와 소통으로 상호작용 하며 함께

지식을 만들어가는 과정을 기본으로 한다.

## 민주주의 교육

교육이 온전히 민주주의 방식으로 진행된다면 어떻게 될까? 학생이 자신이 배울 교육과정을 선택하고 어떻게 공부할 것인지 선택할 기회가 주어진다면 어떻게 될까? 만약 학습자가 생각이 비슷한 사람과 상호작용 하고 협력하며 지식을 축적하고 공유하면서 새로운 지식 체계를 만들어간다면 어떨까? 이러한 질문에 리좀형 학습의 중요한 원리가 포함되어 있다.

리좀은 조직화된 구조를 지양하며 뚜렷한 시작과 끝이 없다. 이들은 주변 서식지에 있는 식물의 성장을 방해하지 않는 선에서 여러 방향으로 새싹을 피운다. 이러한 뿌리줄기의 특성을 교육에서 지식을 구성하는 방식과 연결 지으면, 리좀형 학습의 과정은 아이디어를 서로 연결해 주고 저마다 달리 시작하는 제한 없는 탐구를 매우 중요하게 생각한다. 데이브 코미어가 이것을 이론으로 정립해 '리좀형 학습'이라고 칭했다. 그는 리좀형 학습이란 학습자가 복잡한 영역에서 문제 해결 방법을 향상시킬 수 있는 학습법이라고 제안했다.

리좀형 학습은 이전의 민주주의 교육 접근법에 근거를 둔다. 존 듀이의 자유주의 교육, 이반 일리치의 탈학교 사회와 자유를 위한 투쟁을 집대성한 파울루 프레이리의 비판적 교육학이 그 예다. 1971년 일리치는 같은 주제에 관심을 둔 사람이 함께 공부할 동료를 찾을 수 있는 '학습망(학습을 위한 네트워크)'을 구축할 필요가 있다고 강조했다.

리좀형 학습은 학습자가 교사가 될 수 있고, 교사도 학습자가 될 수 있다는 점을 시사한다. 정치적으로 반대 입장에 있는 양 진영 사람들은 함께 국가의 정책 변화를 배울 수 있고, 시민 과학자들은 공동으로 실험을 할 수 있다. 코미어는 "공동체가 교육과정이다"라고 말했다. 참여하는 모든 사람이 자유롭게 결정하여 공개된 커리큘럼을 만들어간다. 이때 참가자들은 무엇을 배울지, 또 어떤 도구를 활용하여 배울지 정한다.

학습자는 개별적으로, 그리고 여러 사람과 상호작용 하고 의사소통하면서 학습하는 경험을 한다. 이렇게 함으로써 공식·비공식 소셜 매체를 통합할 수 있는 대규모의 무한한 학습 네트워크를 형성한다.


## 학습 공동체

재정지원을 받아 여러 나라 사람이 참여하는 대규모 연구 프로젝트를 운영하는 학자는 종종 리좀형 학습을 활용한다. 비대면으로 세계 여러 나라 동료와 함께 연구한다. 연구 주제에 대한 배경지식을 어떤 도구를 활용하여 모을 것인지, 그리고 재정지원을 위한 공동 계획서를 어떻게 쓸 것인지 협력하여 결정해야 한다(가끔은 기한에 맞춰 서둘러 진행하기도 한다). 그러고 나서 공동 연구를 진행하며 나타나는 결과에 따라 프로젝트를 수정하기도 한다.

레딧은 매우 큰 규모의 온라인 커뮤니티 웹사이트다. 사람들이 글이나 그림, 다른 웹사이트 등의 콘텐츠를 게시하면 회원들이 업(up) 또는 다운(down) 투표를 한다. 이 사이트는 '서브레딧(subreddit)'이라 부르는 수천 개의 카테고리로 분류되어 있고 그 주제는 게임과 영화, 스포츠,

생활방식 등 아주 다양하다. 레딧은 리좀형 학습이 잘 구현된 사이트이며, 사이버폭력에 대처하는 방법을 포함해 온라인 커뮤니티로 배우는 것에 대한 장점과 단점을 다룬 사례 연구로 볼 수 있다.

좀 더 작은 규모로 보자면, 대학에서 학생은 그룹 프로젝트를 진행할 때 무엇을 배우고 어떻게 해나갈지 결정하기도 한다. 리좀형 학습이 동료 학습과 구별되는 특징은 모든 것을 학습자끼리 협의한다는 점이다. 학습자는 특정한 주제에 대한 맥락과 내용을 함께 정한다. 공동 작업과 의사소통을 거쳐 새로운 지식을 알아가는 데 어떤 도구를 쓸지 결정한다. 그리고 무엇을 공부할지, 어디까지 공부할지 교육 내용을 정한다. 더 많은 사람이 추가로 참여하거나 공동체를 떠나기도 하고, 새로운 아이디어나 중요한 뉴스 등이 강조되면서 변화하는 환경에 재빠르게 대처하며 계속해서 수정하고 발전시켜나간다.

## 리좀형 학습 지원하기

리좀형 학습에서 교사는 학습자가 교육과정과 지식을 구성할 수 있게 적절한 도움을 준다. 코미어는 리좀형 학습에서 "구글은 친구다"라고 말한다. 즉, 교사의 또 다른 역할은 학습자가 비판적으로 사고하는 능력을 키워주는 것이다. 교사는 학습자가 구글의 첫 화면에 담겨진 것 너머로 볼 수 있게 하며, 어떤 자료가 학습에 도움이 되는지 판단하도록 도와준다.

자발적으로 학습을 계획하고 실행하게 하는 것은 학습자에게 도전이며 때로는 어려운 일이다. 코미어는 이런 학습 방식을 도입했을 때 학생이 반대했던 경험이 있다. 학생은 교사가 지식을 전달하거나 강의하는 걸 기대했는데, 리좀형 학습 방식을 도입하면 무척 당황하게 된다.

리좀형 학습은 이해력을 증진시키는 데 조금 덜 강력할지는 몰라도, 어떻게 공부해야 하는지 깊이 이해할 기회를 준다. 또한 교사가 없는 상황이거나, 작업하는 방식이 정해져 있지 않거나, 여러 공동체와 상호작용 할 때 매우 강력한 도구가 된다.

## 리좀형 학습의 실제

리좀형 학습은 주로 고등교육, 특히 대학원생이 온라인에서 다른 나라 학생과 연계하거나 자료를 찾을 때 활용된다. 학부생이었던 타니아는 작문 수업 첫 번째 해에 다른 학생들이 쓴 글을 자료로 하여 창의적 글쓰기 워크숍에 참여했다. 타니아는 동료 평가와 전문가 평가 사이에서 균형을 맞추는 것, 그리고 등급이 매겨지는 공식적인 글쓰기 평가가 걱정과 불안으로 이어지는 것을 어떻게 관리할지에 관해 글을 썼다.

그러면 나아가 어린 학습자에게 리좀형 학습은 성공적일까? 청소년 게이머를 대상으로 삼은 연구는 이들이 커뮤니티에서 어떻게 게임을 완성하고 수정하고 발전시켜나가는지 보고했다. 이 과정에는 상당히 복잡한 학습 시스템이 관여한다. 이런 커뮤니티에서 진행된 게임에는 정해진 내용이 없고, 특히 개발자와 소비자, 교사와 학습자, 개인과 집단의 경계가 무너지는 것을 경험할 수 있었다. 참여자는 커뮤니티 활동을 장려하는 월드오브워크래프트(World of Warcraft) 같은 특정한 게임 사이트에 모인다. 이 커뮤니티는 게임 회사의 후원을 받지만 자발적으로 만들어진 리좀형 커뮤니티라는 점에 주목해야 한다.


## 결론

리좀형 학습은 복잡하고, 경계가 없으며, 많은 것을 해야 한다. 학교 정규교육에 적절하지 않은 부분도 있다. 리좀형 학습을 하기 전에 교사는 교사의 역할, 평가, 교육과정을 다시 생각해볼 필요가 있다. 학습자는 자유롭게 탐구하고, 새로운 커뮤니티를 만들고, 새로운 뉴스에 재빠르게 반응하고, 기존에 받아온 교육에 대한 생각을 버리게 될 것이다. 이는 기존에 교사가 주도한 수업과 대조되는 부분이다. 하지만 이미 여러 회사에서 이런 방법을 채택하고 있다. 어린 학습자가 도전하고 격려받으며 함께 참여하게 할 수 있는 다양한 방법이 있으리라 기대한다.

# | 38 |

# 평판
# 관리하기

**평가하고 평판을 향상시키는 집단의 힘을 사용하라**

평판은 성취를 디지털 재화로 환산하는 것이다. 우리는 다른 사람에게 좋은 평가를 받음으로써 평판을 쌓는다. 에어비엔비(Airbnb)와 우버(Uber) 등 온라인 공유 서비스가 성장하면서 평판은 단체나 사람들한테서 받은 좋은 평가와 홍보가 모여 만들어낸 평가 결과이기도 하다. 이를 '평판 관리'라고 한다. 고등교육에서 학자들에겐 이미 출판된 글에 대한 인용을 통해 잘 발달한 평판 관리 시스템이 있다. 학교에서 학생은 시험에 통과하거나, 글이나 그림같이 가치 있는 결과물을 만들어내거나, 봉사활동을 함으로써 평판을 얻는다. 평판 관리의 핵심은 학생이 하는 모든 활동을 온라인 평판 재화로 통합하는 것이다. 사람들은 시험에 합격하거나 다른 사람의 창의적인 일을 검토하는 등 지적인 작업을 하며 신뢰를 얻는다. 또한 다른 사람의 지적 산출물이나 아이디어를 격려하려고 자기 평판 신용의 일부분을 기부하기로 결정할 수 있다. 이러한 흐름은 교육적 평판을 거래하는 새로운 가능성을 보여준다. 하지만 학습을 사고파는 상품으로 인식할 우려도 있다.


## 교육적 평판과 보상

수업에서 이루어지는 활동은 학생이 배운 것을 글이나 그림 등의 산출물로 만들면 교사가 그것을 평가하는 방식으로, 혹은 학생이 시험에 통과함으로써 학생의 배움을 확인하는 것이다. 대부분의 학교는 학생이 올바르게 행동하도록 격려하고, 학생에게 보상을 주기 위한 평판·보상 시스템이 있다. 이때 별점이나 칭찬 통장, 보상 스티커 등을 활용한다.

어떤 회사는 학생이 학교에서 성취를 기록하고 방과 후 활동에 참여하는 것, 건강한 식습관을 기르는 것 등 학생의 올바른 행동을 기록할 수 있는 정교한 소프트웨어를 판매한다. 학생은 점수를 얻고 디지털 배지를 받게 되는데, 이것은 모든 학생이 볼 수 있다.

대학에서 연구 학자들은 'h-인덱스(h-index)'라는 전 세계적으로 신뢰할 만한 평판 측정도구를 사용한다. 이 도구는 학자가 발표한 논문이 얼마나 많이 인용되었는지 그 횟수를 측정한다. 만약 h-인덱스가 10이라면 발표한 논문 10편이 10번 이상 인용되었음을 의미한다. h-인덱스는 세계적으로 사용되는 학술연구 평판 시스템이기 때문에 교수는 승진하거나 새로운 곳에 지원할 때 h-인덱스의 도움을 받는다. 이것은 결코 학문적 평판을 결정하는 유일한 방법은 아니다. 그저 측정 가능한 방법 가운데 하나일 뿐이다.

교육 사이트에서도 평판을 측정하고 보상하는 곳이 있다. 예를 들어 아이스폿은 사람들이 자연의 어떤 모습이든 관찰한 것을 기록하는 사이트다. 누구나 식물과 동물 사진을 업로드해 식별할 수 있다. 이 사이트는 정교한 방법으로 평판과 보상을 관리한다. 유명한 야생 전문가는 높은 점수와 함께 평판을 시작한다. 새로운 가입자는 많은 관찰 결과를 올림으로써 평판을 얻어야 한다. 이 사이트 사용자는 올라온 사진을 식별하고 확인하는 일을 돕는다. 더 많은 성공적인 식별을 만들면, 특히 더 높은 평판을 얻은 사람들에게 인정받으면 그 사람의 평판이 높아진다. 아이스폿에서 높은 평판을 얻은 사람은 온라인 배지를 획득하고 새나 균류, 식물 등의 전문가로 인정받는다.

## 평판 교육

이제 아이스폿의 평판 시스템을 더 많은 영역에서 활용한다고 상상해 보자. 학생은 시험에 통과하거나, 훌륭한 글을 쓰거나, 지역 봉사활동에 참여하거나 해 평판을 얻는다. 학문적인 성취와 평판을 얻는 행동은 모두가 볼 수 있도록 기록된다.

한 단계 더 나아가 화폐 지급과 유사한 거래를 돈보다는 교육적 명성으로 허용한다. 한 가지 방법은 초기와 현재의 평판을 참고하여 기관과 개인에게 평판을 주는 것이다. 이것은 국제 리그에서 순위나 더 높은 학위를 얻는 것과 같은 중요한 성과와 관련이 있다. 그리고 평판 자산의 일부를 졸업생이나 자신이 하는 일을 소중히 여기는 동료에게 양도할 수도 있다. 기관과 개인은 공개강좌를 열거나 연구자금 등의 교육 서비스를 제공함으로써 더 높은 평판을 얻을 수 있다.

평판 교환은 이미 이베이(eBay)나 에어비엔비 같은 온라인 개인 서비스에서 이루어지고 있다. 판매자와 구매자는 이베이에서 상대방의 평판을 체크한다. 방문자는 높은 평판을 받은 에어비엔비 호스트의 집에 머물 확률이 높다. 에어비엔비는 이제 사진 강좌나 가이드 투어 등의 경험도 제공한다. 누구나 이러한 경험을 만들고 제공할 수 있지만, 인기를 얻으려면 방문자에게 높은 평점을 많이 받아 좋은 평판을 얻어야 한다. 마찬가지로, 대학에서도 교수가 다른 학자의 논문을 인용하며 평판을 교환하고, 그 대가로 자신의 연구를 인용할 수 있게 허용한다.

## 평판 관리의 실제

신기술인 블록체인(blockchain)은 많은 교육용 아이템을 안정적으로 저장할 수 있는 디지털 시스템이다. 블록체인은 비트코인(Bitcoin) 통화의 데이터베이스가 되지만 기술은 좀 더 일반적이다. 블록체인 시스템은 여러 종류의 기록 저장과 디지털 기록 처리를 하기에 매우 안정적이고 효율적이며 저렴한 방식이다.

시험 성적, 학위 증명서, 학생 에세이, 예술 작품 사본, 춤 동영상은 교육적 블록체인에 저장할 수 있으며, 이때 열람 권한 대상에 대한 정보도 포함한다. 블록체인이 다른 컴퓨터 데이터베이스와 다른 점은 그저 한 기관에서만 사용하는 게 아니라 여러 컴퓨터로 복사되는 일반적인 기록이라는 것이다. 블록체인은 사람들에게 수많은 창의적인 작품과 아이디어를 전 세계로 보여줄 수 있도록 하며, 발명을 위한 권리를 쌓으면서 인지도를 높인다.

교육의 관점에서 중요한 점은 블록체인이 안전하고 접근 가능하며 분산되어 있어 교육적 아이템이나 컴퓨터 메모리를 저장하기 위한 해당 항목에 대한 링크가 많다는 것이다. 그중 하나의 용도는 시험 성적, 학위증명서 등의 날짜와 기관까지 저장하는 것이다. 고용주가 채용을 하려고 할 때 대학에 연락해 졸업을 확인하는 대신 블록체인에 있는 사본을 확인하면 된다. 니코시아 대학은 최초로 비트코인 블록체인에 성적증명서를 저장했다.

이런 방법은 성취의 작은 부분으로 확장될 수 있다. 온라인 강좌를 수료하거나 저녁 수업을 수강하는 학습부터 몇 년이 걸리는 대학 학위까지 여러 수준으로 인정되고 보상된다. 어떤 단체는 이미 학습을 승인한다는 의미의 디지털 배지를 사용한다. 이 배지는 블록체인에 기록되어 신뢰성을 높이고, 세계적 접근성이 강해졌다. 개개인은 미술작품, 문학 창작, 학술논문, 발명 기록 등을 블록체인에 추가할 수 있다. 이는 결과물과 날짜에 대한 안정적인 기록을 제공하기 위한 것이다.

이 기록은 공개적이다. 따라서 누구나 어떤 사람이 어떻게 교육적 평판을 받았는지 확인할 수 있다. 또한 새로운 가치가 추가되는 규칙은 합의를 거쳐 결정한다.

지적 평판을 발굴하고 교환하는 아이디어는 어쩌면 특이하게 들릴지 모르지만, 우버나 에어비엔비 같은 성공을 거둔 조직의 기초, 구조와 비슷하다. 개방대학은 기존의 블록체인에 새로운 교육 서비스를 접목하는 것을 실험 중이다. 교사와 학생을 평가하고, 기부금을 모으고, 지식에 대한 기여를 추적하고, 학점을 부여하는 기술이 이미 적재적소에서 활용되고 있다. 블록체인은 이러한 과정을 좀 더 투명하게 보여준다.

# 결론

자동화된 평판 관리는 디지털화를 희망하는 기관에 매력적으로 다가온다. 다른 공개 온라인 접근 방식과 마찬가지로 지금까지 해온 작업 방식을 방해할 수 있다. 디지털 방식으로 신뢰를 얻는다는 건 관련된 증거가 모두 공개된다는 것을 의미한다. 또한 권력이 한 사람에게 집중되는 중앙집권에 대한 필요성이 낮아진다. 블록체인 기술은 혁신적인 교육에 날개를 달아줄 수 있다.

비트코인에 대한 이론은 완벽하지 않다. 비트코인이 화폐로 성공할 수 있었던 부분의 하나는 새로운 동전을 만드는 데 비용이 많이 들고, 채굴하는 과정이 시간이 지날수록 더 어려워지는 시스템에 있다. 비용의 통합은 상업과 운영·분배 시스템에서 이윤 동기를 만드는 데 유용하다.

신뢰와 교육적 평판에 기초를 둔 시스템은 다른 방식으로 운영되어야 한다. 예를 들어 블록체인에 새로운 아이템을 추가하거나 자신만의 새로운 평판을 추가하기 전에 개인 레벨을 올리는 것에 대한 인식이 먼저 이루어져야 한다. 이러한 도전은 기존의 엘리트 기관이나 학자들의 작은 커뮤니티에서 이루어지는 보상뿐 아니라 누구나 좋은 아이디어를 공유하는 교육에 쉽게 접근할 수 있도록 하는 것을 목표로 한다.

평판 관리는 학생에게 동기를 부여하고 훌륭한 성취에 대한 보상을 가능하게 하는 새로운 방법이다. 이는 누구든지 즐기고 칭찬할 수 있는 전문가 서비스와 전문 기술, 예술 작품을 제공할 수 있는 공개된 능력주의 교육이다. 자존감이 낮은 학생의 활동이 교사가 아닌 동료와 다른 사람들에게 평가받는 좋은 기회가 될 것이다. 물론 최악의 경우에는 학생들이 서로 맹목적으로 평판을 주고받으며 장학금이나 지적 가치에 대한 공감 없이 교육 제품을 검색하고, 구입하고, 소비하면서 교육적 효과가 퇴색될 수 있다.

블록체인과 평판 통화는 교육을 지식 시장으로 축소시킬지도 모른다. 혹은 공유할 좋은 아이디어를 가진 누구에게나 연구자와 발명가의 커뮤니티를 확장할 수도 있다.

# 공개 교과서
# 활용 학습법

**학생과 교사가 함께 교과서를 만들고 공유하며 배우게 하라**

공개 교과서는 저작권 제한 없이 출판된다. 공개 교과서 활용 학습은 학생과 교사가 함께 저작권이 없는 교과서와 영상, 사진 등의 자료를 재조합하고 수정하는 것을 전제로 한다. 학생은 학습 자료를 편집하고, 만들어진 결과물을 다른 사람들에게 공개하는 방식으로 재창조하는 것을 목표로 학습한다. 이들은 점차 세계 시사와 새로운 지식을 반영하는 자료를 만들어간다. 학생이 만든 자료는 상상력과 호기심을 불러일으키는데, 예를 들어 저작권이 없는 영화에 요즘 사용하는 대화를 추가한 것이 있다. 교사는 학생에게 공개교육자원 운동에 참여하게 함으로써 교육자료 개방에 대한 의미 있는 가치를 발견한다.

## 공개교육자원

1990년대 후반부터 공개교육자원 운동은 저작권이 없는 교육자료를 방출하고 있다. 누구나 접근할 수 있는 교육 서적, 학습지, 음원 자료, 사진, 영상 등을 제공한다. 공개교육자원은 다음과 같은 5가지 요소로 구성된다.

- 보유: 자료의 사본을 만든다.
- 재사용: 자료를 여러 영역에서 사용한다.
- 수정: 자료를 수정한다.
- 재구성: 원본 자료나 개정된 자료를 다른 자료와 결합해 새로운 자료로 만든다.
- 재배포: 원본 자료, 수정본, 재구성한 자료의 사본을 배포한다.

공개 교과서는 개방형 교육자료의 한 형태로, 교사와 학생이 수정하고 고치는 것을 허락한다. 또한 디지털 형식에서는 대개 무료이며, 인쇄물도 아주 낮은 가격에 팔린다.

공개 교과서를 시작하게 된 동기는 기존에 있던 출판사들이 펴낸 책값이 비싸다는 문제의식이었다. 오픈스탁스(OpenStax)와 BC캠퍼스(BCcampus) 같은 여러 프로젝트를 거쳐 『통계학 입문(Introductory Statistics)』 등의 교재가 만들어지면서 많은 학생이 이 교재를 활용하기 시작했다. 이러한 프로젝트는 교재를 만든 저자에게 비용을 지급하고 공개 저작권을 부여했다.

기존의 교과서와 공개 교과서를 사용했을 때 성적을 비교한 연구에서 둘의 차이가 없음을 증명했다. 그 이후에 이루어진 연구들은 교과서의 가격과 학생의 성적에 어떤 관련성이 없다는 것을 보여주었다. 학생이 공개 교과서를 이용하며 절감한 비용의 수치자료는 공개교육자원의 성공을 판단할 수 있는 지표를 제시했다. 이런 믿을 만한 수치는 과거의 연구에서는 종종 소홀히 다루었던 부분이다.

이러한 연구는 공개 교과서가 채택되고 교과서의 질에 의문을 품는 반대 의견을 불식하는 데 중요한 역할을 한다. 처음에 대부분의 공개 교과서는 기존에 있던 교과서와 거의 같은 방식으로 만들었다. 학생이 교과서를 사는 데 드는 비용은 절감했지만, 교육에는 어떤 변화도 없었다. 시간이 흐르면서 교수 학습 부분에서 변화가 뚜렷해졌다. 공개 교과서를 사용해 교육과정을 유지하고 교육의 질을 향상시켰다는 증거로, 관련 교과서를 사지 못했던 학생의 예를 들 수 있다. 교과서를 사지 못한 학생의 자신감에 영향을 주었으며, 관련된 과목을 공부하는 능력에도 영향이 있었다. 공개 교과서를 사용하는 교사는 강좌를 시작할 때 이제는 당연히 모든 학생이 교과서를 가지고 있을 것이라고 예상한다.

한 예로 Z-디그리(Z-Degree) 프로그램의 일환으로 버지니아주 타이드워터 CC(Community College)에서 공개 교과서를 소개한 일이 있다. 이 프로젝트 덕분에 학생은 교과서를 구입하지 않고서도 학위를 얻을 수 있었다. 이러한 접근 방식은 학습 자료가 완전히 제공되는 원격교육과정과 비슷하지만, 캠퍼스의 지원을 받는다는 점이 다르다. 예전에는 대학생이 사용할 학습 자료를 만드는 비용이 매우 비쌌지만, 공개 교과서를 사용함으로써 가능해졌다. 대학은 학생의 모집, 유지, 이수율을 높이는 데 효과를 보고 있다.

## 공개 교과서 활용 학습법

한 단계 더 나아가서는 공개적으로 허가된 자원의 교육학적 기회를 탐구한다. 교육에 대한 좀 더 개방적인 접근과 더불어 학생이 교육 자원을 비판하고 재분배하는 작업이 더해진다. 개방형 교육 자원 전문가인 데이비드 와일리는 공개 교과서 활용 학습은 교육자가 5R, 즉 보유(retain), 재사용(reuse), 수정(revise), 재구성(remix), 재배포(redistribute)를 활용할 때 생겨난다고 주장한다. 그는 이러한 교육을 '5R 활용 맥락에서 가능하거나 실용적인 교육 및 학습 연습의 집합'으로 정의한다. 다른 이들은 더 넓은 정의를 선호할 수 있지만, 이것은 공개 교과서 활용 학습과 공개교육자원 사이에 직접적인 연결을 만든다.

공개 교과서는 자유롭게 수정할 수 있다. 학생은 공부의 일종으로 전자저작물을 편집하고 수정한다. 그룹 프로젝트를 하면서 교과서 내용을 평가하고, 어떤 부분이 구식이거나 관련성이 떨어지는지 교사와 토론하고, 새로운 자료를 만든다. 이렇게 수정된 교과서는 개정판으로 자유롭게 사용할 수 있다. 교과서는 살아 있는 문서가 되며, 변화하는 세계와 학생의 요구에 맞게 업데이트된다.

대부분의 교과서가 기득권자나 정복자의 관점에 맞춰져 있지만, 공개 교과서를 활용하면 교육과정의 독립과 자치의 기회를 얻을 수 있다. 따라서 여러 저자와 편집자가 더 다양한 관점을 제시할 수 있다. 이는 학습자에게 교육과정의 주인의식을 지니게 할 뿐 아니라 그들의 태도도 바꾼다. 지식은 고정적이거나 정적이지 않으며, 학습자가 참여하는 진행 중인 과정이다. 공개 교과서 활용 학습은 교과서 편집을 위해 협력하는 것처럼 누구나 참여하고 서로 힘을 모으는 활동일 뿐 아니라 열린 교육 내용을 강조한다.

## 공개 교과서 활용 학습을 위한 기술

학생이 쓰거나 편집하는 교과서는 다른 사람이 주제를 이해할 수 있
는 자료로 세심하게 설계해야 한다. 교과서를 쓰는 기술은 주제의 본질
을 명료한 문체로 제시하는 것이다. 단순히 목소리만 더 추가한다면 읽
지 못하는 난장판이 될 수 있다. 교사의 역할은 학생이 지식을 구성하도
록 돕는 것이다. 학생은 어디에서 정보를 찾고, 어떤 자료가 믿을 만한
지에 대한 사전 지식이 있어야 한다. 자신의 커리큘럼을 고안해낼 수 있
을지라도 학생에게는 여러 지식을 어떻게 평가하고 통합하는지에 대한
지침과 예시가 필요하다.

## 공개 교과서 활용 학습의 실제

공개 교과서는 독자가 내용을 수정하고 확장하며 누구나 온라인에서
읽을 수 있다. 따라서 공개 교과서는 여러 버전이 있을 수 있다. 오픈스
탁스와 같은 개방형 교과서의 출판업자는 그들의 책을 다양한 대학의
수석 저자와 동료들의 검토를 포함해 광범위한 편집 과정을 거치게 했
다. 공개 교과서는 기존 출판사와 유사한 방식도 있지만, 자선 기부로
자금을 지원받아 책을 무료로 제공한다는 점에서 차이가 있다. 오픈스
탁스는 다양한 원본 교과서와 각색 교과서를 위한 플랫폼인 CNX(CNX.
org)도 운영한다. 이곳에서 누구든지 자신이 가진 것을 나눌 수 있다. 오

픈스탁스에서는 자료를 팔거나 수정하거나 검토하지 않는다.

데이비드 와일리는 공개 교과서 활용 학습의 선구자이자 실천가다. 그는 브리검영 대학에서 학생들과 함께 『교수 설계자를 위한 프로젝트 관리(Project Management for Instructional Designers)』라는 공개 교과서 개정판을 만들었다. 이 교과서는 비디오 사례 연구와 같은 새로운 사례를 포함할 뿐 아니라 전문 시험과의 연계성을 확보하고, 용어를 더 풍부하게 정리하여 다양한 온라인 형식으로 구현했다.

영문학 교수인 로빈 데로사는 100달러 값어치에 해당하는 교과서를 워드프레스(WordPress) 사이트에 공개했다. 이 사이트에서 학생은 수정 권한을 가지고 텍스트를 고치거나, 긴 글을 찾아 발췌하거나, 챕터마다 전문을 추가하거나, 토론 주제를 올리거나, 쌍방향 비디오를 활용하기도 했다. 이런 방식을 거꾸로 적용한 사례가 있다. 온라인강의를 오랫동안 해온 로라 기브스는 공개된 자료를 가지고 학생이 만드는 '언텍스트북(UnTextbook)'을 개발하고 적용했다.


## 결론

공개 교과서 활용 학습은 이론이면서 실천 운동이기도 하다. 이론으로서 공개 교과서 활용 학습은 질 높은 교육자료를 필요한 사람이나 배우고 싶은 사람에게 누구나 사용할 수 있게 공유하는 공개교육자원 운동으로 확장된다. 학습자는 등급이 매겨지고 버려지는 과제를 작성하는 대신에 교사와 함께 세상에서 좀 더 가치 있는 일을 한다. 실천으로서 공개 교과서 활용 학습은 핵심 주제를 파악하고, 그것을 명료하고 간결한 글로 다른 사람에게 알려준다. 이론과 실천으로서의 공개 교과서 활용 학습은 학생과 교과서의 관계를 지식 소비자에서 후원자의 관계로 바꿀 수 있음을 시사한다.

# | **40** |

# 인문학적
# 지식공동체

**다른 사람들과 함께 공부하면서 자신에 대해 배우게 하라**

인문학 교육의 목표는 사람들이 새로운 경험에 대해 개방적이고 창의적이며 자기 주도적인 태도를 형성하게 돕는 것으로, 사람 중심의 접근 방식을 취한다. 한편 지식공동체의 목표는 대화로 집단 지식을 발전시키는 것으로, 아이디어 중심의 접근 방식을 취한다. 이러한 두 가지 접근 방식이 결합되면 '인문학적 지식공동체 구축하기'라는 새로운 접근법이 탄생한다. 인문학적 지식공동체 구축에 참여하는 학생은 통합적이고 변형적인 방법으로 자신의 지식과 자아를 개발할 수 있다.

## 자기 자신을 발전시키기

사람 중심으로 접근하는 인문학(휴머니즘) 운동은 1960년대 미국의 문화혁명 운동 시기에 본격적으로 시작되었다. 칼 로저스는 『학습의 자유』에서 핵심적인 교육 아이디어와 시사점을 명확하게 제시했다. 사람 중심이란 '충분히 기능하는 사람(fully functioning person)'('완전히 기능하는 인간'으로 번역하기도 하지만 여기서는 이 책의 국내 번역서[연문희 역]에서 인용함-옮긴이)을 의미한다. 충분히 기능하는 사람은 경험에 대한 개방성과 창의성이 높고, 자기 주도적으로 행동한다. 이러한 사람은 당연히 세상에 호기심을 품지만, 성장하기 위해서는 실천적인 행동으로 자신과 관련 있는 문제를 탐구하도록 지지받을 수 있는 환경이 필요하다. 사람들이 평생 개인적 성장을 향한 길을 기도록 돕기 위해 로저스는 교사가 학생의 배움을 촉진해 학생 개개인의 호기심을 충족할 수 있게 해야 한다고 제안한다. 그는 학생의 학습을 촉진하기 위해 다음과 같은 10가지 원칙을 제시한다.

1. 교사는 교실과 수업 분위기를 조성한다.
2. 교사는 개인과 모둠, 학급의 목표를 이끌어내고 분명하게 제시한다.
3. 교사는 학생 개개인이 자신만의 학습 목적과 의미를 갖도록 학습 동기를 유발한다.
4. 교사는 다양하고 폭넓은 자료를 제공한다.
5. 교사는 모든 사람이 활용할 수 있는 유연한 자료다.
6. 교사는 학생의 지적 내용과 정서적 태도를 모두 수용한다.
7. 교사는 학습자가 될 수 있다.
8. 교사는 주도적으로 감정과 생각을 공유하며, 요구하거나 강요하지 않는다.
9. 교사는 깊은 감정을 표현하는 데 주의를 기울이고 다른 사람의 처

지에서 이해한다.

10. 촉진자로서 교사는 개인의 한계를 파악하고 받아들인다.

인본주의 교육의 중요한 원칙 가운데 하나는 참만남 집단(encounter group)이다. 참만남 집단에 속한 사람은 종종 숙련된 지도자를 만나 자의식을 높이고 행동을 변화시킨다. 이 개념의 일반적인 변형은 아이스 브레이킹(ice breaking, 새로운 사람을 만났을 때 어색하고 서먹한 분위기를 깨뜨리는 일-옮긴이)과 팀 빌딩(team building, 능력이 뛰어난 개인이 모인 집단이 그만한 힘을 발휘하지 못할 때 원인을 찾아 해결 방안을 모색하는 일-옮긴이) 같은 활동에서 확인할 수 있다. 최근에는 많은 조직에서 사람 중심 접근법의 요소를 통합해 자신의 재능을 발견하고 발휘할 수 있게 지원한다.

## 아이디어 발전시키기

아이디어 중심 접근법은 좀 더 최근에 나타나고 있는 혁신 방법이다. 1990년대 초반, 캐나다의 교육 연구자인 칼 베라이터와 마를레네 스카르다말리아는 진정한 학습을 지원하기 위한 시도로 '지식 구축 공동체'라는 이론을 제시했다. 이들은 종종 학교의 문화가 실제로 교육 전문가가 하는 일과 거리가 멀다는 사실을 발견하고, 실제 정보 취급자가 수행하는 여러 활동과 실습을 시뮬레이션하여 교실 안 지식 구축 공동체를 개발했다.

예를 들어 과학적 발견을 하려는 연구자는 연구 주제를 해결하기 위해 기존의 아이디어를 넘어서야 한다. 따라서 교실에서도 아이디어를 만들어내려고 공동 노력을 기울인다. 학생은 흥미로운 주제를 연구할 때 그룹 활동을 위한 지식포럼(Knowledge Forum) 같은 혁신 기술을 사용하여 다른 학생의 자료를 읽고 자신의 생각을 덧붙여가며 지식을 확장할 수 있다. 지식 구축 공동체 이론과 설계는 전 세계적으로 널리 퍼졌으며, 싱가포르에서는 교육개혁을 추진하는 원동력이 되었다.

## 자기개발과 공유 지식의 결합

참가자가 사람 중심 또는 아이디어 중심 그룹에 참여할 때, 자기 자신이나 지식에 중점을 두도록 요구된다. 사람 중심 접근법은 참가자가 자신이 누구인지 되돌아보고 경험을 살펴보도록 하여 자기 자신에게 집중하도록 이끈다. 물론 지식도 중요하지만, 여기에서 지식은 부차적인 문제일 뿐이다. 반면에 아이디어 중심 접근법은 참가자가 함께 일하는 경험을 하면서 지역사회 지식을 만들어가는 데 초점을 둔다. 참가자 개개인이 중요하지만, 아이디어 중심 활동에서는 개개인을 중점에 두지 않는다.

인문학적 지식공동체는 이 두 가지 접근 방식을 하나로 집약한다. 인문학적 지식공동체는 개인의 성장과 공유된 아이디어의 발전이 공존할 수 있으며, 매우 흥미로운 방법으로 실현될 수 있다고 강조한다. 학생은 다른 사람과 함께 지식을 발전시키면서 자신의 흥미와 학습자로서의 실천을 고려한다. 학생이 자기 자신에 대해 생각할 때, 그들은 새로운 공동 지식에 따라 인도된다.

앞서 언급한 두 가지 핵심 접근 방식을 지향하는 인문학적 지식공동체 이론은 실제로 이 이론이 어떻게 적용되는지 보여준다. 이는 대면 수업이 이루어지는 교실과 온라인수업 상황, 심지어 두 가지가 혼합된 형태의 교실에서도 찾아볼 수 있다. 예를 들어 교실 수업에서 학생이 하는 활동은 만남을 중요시하는 활동(사람 중심 관점)과 특정한 주제를 함께 토론하거나 개별적으로 연구하는 지식 탐구활동(아이디어 중심 관점)으로 크게 구분할 수 있다. 학생이 자기 자신을 잘 이해할수록 흥미를 일으키는 주제에 대한 지식 기반 질문을 좀 더 잘 탐구하게 된다.

## 인문학적 지식공동체의 실제

기술 향상 학습 및 교수 대학원 과정(Challenges and Approaches to Technology-Enhanced Learning and Teaching, CATELT)은 2000년대 중반부터 이스라엘의 하이파 대학에서 운영되었다. 지식에 아이디어 중심 활동(예를 들어 학술 논문 공동 비평 쓰기)을 결합하여 사람 중심 경험(예를 들어 집단 성찰 세션)으로 확장시킨다. 이 과정의 목적은 학생에게 사람 중심 활동(관리, 상 주기, 공감하기)이 지식의 축적에 기여하는 학습 방식을 이해시키고 실천하도록 하는 데 있다. 자기 자신과 동료를 긍정적으로 생각하는 학습자는 자신의 생각과 아이디어를 다른 사람과 나누고 확장하는 활동을 더 잘할 가능성이 크다.

지식포럼은 베라이터와 스카르다말리아의 아이디어에 기반을 둔 웹 기반 협업 학습 플랫폼이다. 이 플랫폼에는 학생이 지식을 축적할 수 있게 해주는 기능이 있다. 다른 학생들이 쓴 글을 읽었는지 여부를 보여주기 위한 색을 사용한 메모 기능과 아이디어들의 연결 관계를 만들어가는 방향화살표 기능이다.


## 결론

사람 중심 접근법은 교실과 온라인 수업에서 지식을 축적해나가는 데 새로운 관점을 제시한다. 이는 학생에게 그들의 지식과 한계, 강점을 성찰하도록 요구한다. 또한 새로운 경험에 열려 있는 태도를 취하고 다른 사람의 공헌을 소중히 여기도록 장려한다. 공동체 공간에서 학생은 그들이 마주친 도전과 해결 방법 그리고 무엇이 긍정적인 기여를 하는지 토론한다. 사람 중심 접근법과 아이디어 중심 접근법을 통합한 교육학을 이해함으로써 학생과 교사는 새로운 학습 방법과 교육 방법을 창조해낼 수 있다. 칼 로저스는 다음과 같이 말했다.

현대사회에 사회적으로 가장 유용한 학습은 학습의 과정을 아는 것, 경험에 지속적으로 열려 있는 태도를 취하는 것과 변화의 과정에 자신을 통합시키는 것이다.

# 교육 현장에서 교육학 실천하기

  새로운 교육학이 수없이 등장하면서 교사와 교육정책 입안자들은 어느 것을 채택해야 할지 고민이 클 것이다. 맞춤형 교수법을 도입할지, 임곗값 개념으로 과학을 가르칠지, 아니면 역동적인 평가를 받아들일지를 결정하는 데 도움이 되는 증거는 무엇인가? 다행히 이러한 혁신적인 교육학과 함께 신경과학, 인지과학, 교육학, 사회과학의 연구 결과를 통합해 우리가 어떻게 배우는지에 대해 깊이 이해하게 해주는 새로운 학습과학이 생겨났다. 이는 학습이론과 경험적 증거를 통합하여 새로운 교육학을 평가한다. 최근에는 지식을 습득하고, 시험 점수를 향상시키며, 학습자가 지속적으로 몰입하게 하는 방법을 밝히려고 교실과 온라인에서 서로 다른 교수법을 비교하는 연구도 이루어지고 있다.

  교육 연구자는 새로운 약을 투여하는 실험처럼 학생에게 새로운 교육학을 적용해보는 접근법에 강하게 저항하기도 한다. 학습은 알약을 삼키는 것과는 다르다. 학습은 정신적인 과정, 그리고 교사와 다른 학생들과 복잡하게 상호작용 하는 사회적 과정이 연속해서 일어난다. 교육에는 의료적 효과가 없는 가짜 약인 플라세보효과 같은 건 있을 수 없다. 학교나 대학에서 배운 지식과 기술이 직장에서 적용되어 좋은 교육법의 효과가 분명해지려면 몇 개월 또는 몇 년이 걸릴 수도 있기 때문이다.

새로운 교육학을 평가하는 데 통제된 실험에만 의존하기보다는, 교수 학습과 평가의 효과적인 방법을 큰 그림으로 만들고자 마치 직소 퍼즐을 맞추는 것처럼 다양한 교육학의 증거를 종합하는 연구도 진행되고 있다. 연구자는 교육혁신을 위해 디자인 기반 연구 방법을 많이 활용한다. 이 방법을 사용해 새로운 교수법의 디자인 실험을 하면서 교수 학습 그리고 실천에 대한 방법과 통찰력을 향상시키고 있다.


## 협동학습

이런 연구는 협동학습에서 성공적으로 이루어졌다. 4~8명의 학생이 소규모 그룹으로 함께 공부하면서 다른 학생과 생각을 나누고 소통할 때 더욱 깊이 이해할 수 있었다. 지난 40여 년 동안 연구실과 교실, 온라인에서 수백 건의 연구를 거쳐 협동학습의 성공 조건을 밝혀냈다. 협동학습 집단이 제대로 학습하려면 다음과 같은 조건이 필요하다.

- 모든 학생이 주제를 충분히 알아야 기여할 수 있다.
- 학생은 공동 목표를 세워야 한다.
- 각 개인이 집단에 기여하는 방법과 시기를 알아야 한다.
- 모든 사람이 적절한 기여를 해야 한다.

- 학생은 공정한 방법으로 집단 점수 등의 보상을 받아야 한다.
- 집단의 구성원은 진행 과정을 반성하고 기여에 관해 토의할 기회가 있어야 한다.

많은 학생이 집단으로 배우는 것은 자연스러운 과정이 아니다. 생산적으로 논쟁하고 갈등을 해결함으로써 협동하는 방법을 배워야 한다. '긍정적 상호 의존', 즉 모든 사람이 함께 배울 때의 이로움을 알고 집단의 공동 목표를 이루려고 노력하는 것이 핵심이다. 전 세계의 여러 학교에서 긍정적 상호 의존의 원리를 바탕으로 집단학습 활동을 실시하고 있다. 이 책에서 소개하는 여러 교육학도 학습자 사이의 협력을 적극적으로 활용한다.

## 협력적이고 사회적인 온라인 학습

최근에는 긍정적 상호 의존성을 바탕으로 하는 학습이 협력적이고 사회적인 온라인 학습으로 확대되었다. 이 집단은 공동의 목표가 없이 더 느슨하고 일관적이지 않을 것이다. 예들 들어 학습자는 단기 온라인 과정에 참여하려고 전 세계에서 모였을 수 있다. 토론과 생산적인 논쟁을 하면서 생각과 관점을 공유할 때 학습에 큰 도움이 되기 때문이다.

이러한 온라인 컴퓨터 활용 협력 학습은 교실에서 이루어지는 협력 학습에 비해 효과를 측정하기가 훨씬 어렵다. 개방대학에서는 157개 원격 학습 과정의 효과를 비교하는 기발한 연구를 진행하고, 각 과정을 개별 학습과 협력 학습을 통합하는 교육학적 원리에 따라 정교하게 설계했다. 온라인강의를 수강하는 모든 학생의 시험 점수를 수집하고, 강의에 대한 학생 만족도를 조사하며, 각 과목에서 탈락하는 학생 수가 얼마나 되는지에 대한 자료도 수집했다. 연구원들은 이 자료에서 어떤 방식의 과정이 가장 성공적인 결과를 냈는지 분석했다.

그들은 과정 설계가 학생의 만족도와 성적에 상당한 영향을 미친다는 사실을 발견했다. 학생은 개별 독서와 동영상 시청이 많이 이루어지는 강의를 더 좋아했다. 하지만 좀 더 협력적인 학습이 이루어지는 과정을 이수할 가능성이 더 컸다. 게다가 개인적인 독서와 동영상 시청으로 이루어진 과목의 시험 점수는 평균적으로 낮았다. 이런 연구 결과는 학생이 협력적이고 사회적인 학습에 참여하는 것을 별로 좋아하지 않지만, 지식을 습득하고 다양한 견해를 공유하면서 함께 학습할 때 학습효과가 가장 높다는 다른 연구와도 일치한다.


## 학습을 위한 피드백

학습에 대한 피드백의 가치는 교육에 적용된 심리학 연구 중에서도 매우 중요하다. 교사와 전문가, 다른 학습자나 컴퓨터가 피드백을 할 수 있다. 이는 학습자가 잘못 알고 있는 것을 고치거나 목표에 도달하는 데 필요한 새로운 지식을 습득하는 방법을 알아내고 개선하는 데 도움을 줄 때 가장 성공적이다. 생산적인 피드백을 활용하는 교육 방법에는 상호교수 학습법과 역동적 평가, 메이커 문화 학습법, 구현 학습법이 있다.

피드백 효과에 대한 연구는 다른 교육 방법에 대한 연구보다 쉬워서 피드백을 즉각적으로 또는 지연해서 주어야 할지, 긍정적 또는 부정적이어야 할지, 칭찬이나 처벌이 결합되어야 할지 등 많은 연구가 이루어졌다. 간단히 정리하면 즉각적인 피드백은 쉬운 학습 과제와 지식을 습득할 때 가장 효과적이다. 긍정적 피드백과 부정적 피드백 모두 학습에 효과가 있다. 부정적 피드백은 단점과 극복하는 방법을 알려줄 때, 긍정적 피드백은 계속하도록 격려할 때 좀 더 효과가 있다. 칭찬으로만 학습이 이루어지지는 않는다는 좋은 증거도 있다. 피드백은 과제와 관련이 있어야 하고 구체적인 행동으로 이어져야 한다.

## 능동적이고 생산적인 학습

능동적이고 생산적인 학습은 학생이 활동의 목표를 생각하면서 글을 쓰고 비평하고 구성하는 것처럼 학습을 지원하는 활동으로 이루어진다. 이런 교수 학습법은 주로 듣고 보는 것으로 이루어지는 지시적인 학습, 즉 강의와 대비된다. 구성주의적 접근법과 학문 중심 접근법의 과정을 비교하는 연구가 있다. 어떤 주제를 능동적으로 탐구한 다음에 강의를 듣는 학생이 강의를 먼저 듣고 탐구활동을 한 학생보다 시험에서 더 좋은 성과를 얻음을 발견했다. 연구 결과는 명확하지만 이런 결과의 이유는 여전히 명확하게 밝혀지지 않았다. 연구자들은 먼저 강의를 듣고 탐구한 학생은 강의로 전달되는 특정한 항목에 고정되는 반면, 먼저 능동적으로 탐구한 학생은 주제의 가능성과 여러 차원에 대해 폭넓게 이해하게 되어 이어지는 강의를 이해하는 틀을 만들어낸다고 설명한다. 그럴듯하다.

## 인간의 기억과 학습

능동적이고 생산적이며 협력적인 학습의 성공은 어린아이가 어떻게 배우는지에 대한 의문을 제기한다. 8세 정도의 일반적인 아이는 탐구하고 토론하고 비평하는 정신적 노력 없이 일주일에 약 15개의 새로운 단어를 말하는 법을 배운다. 아이는 그것을 어떻게 해내는 걸까? 성인이 되었을 때 그런 학습 능력을 어떻게 다시 활용할 수 있을까?

'안녕 – 헬로'처럼 연관성을 만드는 것은 학습의 기본 과정이다. 학습에서 연관성에 대한 연구는 100여 년 전부터 시작되었다. 연구 결과 많은 것을 연결하고 기억하려 해도 효과가 별로 없음을 알게 되었다. 그 대신 시간이 지남에 따라 학습한 것이 기억에서 사라져갈 때 5초, 25초, 2분, 10분, 1시간, 5일, 25일, 4개월, 2년처럼 간격을 두고 반복해서 연습해야 한다. 이런 간격으로 반복연습을 할 때 학습한 내용을 다시 보기만 하는 것보다는 기억을 떠올리려고 노력하는 것이 더 효과적이다. 예를 들어 앞면에 영어 단어와 뒷면에 한국어 단어가 적힌 플래시 카드를 사용해서 "'안녕'을 영어로 무엇이라고 하는가?"라는 질문을 받고 단어를 떠올리기 위해 노력할 수 있다. 많은 언어 학습법은 이러한 간격의 반복 학습을 활용하며, 이는 멤라이즈와 듀오링고(Duolingo) 같은 성공적인 언어 학습 플랫폼의 핵심이다.

플래시 카드의 간격을 둔 반복연습은 어휘나 곱셈표 같은 기억 연관성을 만드는 데 효과적이다. '간격 학습법'은 인간이 장기기억을 어떻게 형성하는지 설명하는 신경과학 연구를 바탕으로 한다. 단기기억에서 기억하는 것은 바로 사라지지만, 그것을 장기기억으로 옮긴다면 평생 기억할 수 있다. 신경과학 연구에서 뇌세포가 지속적으로 자극받을 때보다 적당한 간격을 두고 자극받을 때 신경회로의 연결이 더 오랫동안 유지된다는 것을 밝혀냈다. 간격 학습법에서는 10분 실습과 20분 학습 활동을 병행한다. 간격을 두고 반복할 때 학습효과가 좋다는 증거는 상당히 많으며, 이미 교육과정의 다양한 교과목에 적용하고 있고 효과적인 학습 방법으로 주목받았다. 인간의 기억과 학문에 대해 벌써 100년 넘게 연구가 진행되었지만 이 연구는 여전히 진행 중이다.

## 새로운 학습과학

생물학의 기초 학습과 관련된 인지 및 사회적 과정은 온라인 학습 환경에서는 매우 다를 수 있다. 학습에 대한 관찰, 통제된 심리학 실험, 인간의 뇌에 대한 탐구, 머신 러닝의 컴퓨팅 모델을 결합한 연구가 진행되고 있다. 이런 연구를 통합해 새로운 학습과학을 만들었다. 연구자들은 다양한 문화의 다양한 연령대의 학습자가 개인적으로 또는 협력해서 배우는 방법, 교사의 지원이 있을 때 또는 지원이 없을 때 배우는 방법에 대한 증거를 종합해 복합적인 체계를 만들었다. 새로운 학습과학은 혁신적인 교육학이 어떤 맥락에서 작용할지 예측하는 데 도움이 된다. 협동학습 원리에 기초한 새로운 교육학은 학생이 목표와 학습 동기, 성찰할 시간과 능력을 공유할 때 성공할 수 있다. 이 같은 조건은 직장에서 전문적인 업무를 해내는 데도 적용할 수 있다. 협력적이고 사회적인 학습에 대한 연구에서 다양한 관점은 대규모 학습 교육과정을 설계할 때 활발한 토론의 '소셜네트워크 효과'를 만들어내지만, 토론을 관리할 필요가 있다.

학습을 위한 피드백에 대한 연구는 맞춤형 교수법을 위한 컴퓨터 기반 시스템에서 역동적 평가나 잠재적 평가와 같은 새로운 형태의 평가에 사용된다. 능동적이고 생산적인 학습의 가치는 시민 연구법과 몰입 학습법, 컴퓨팅 사고 등 혁신적인 교육학을 뒷받침한다. 인간 기억에 대한 신경과학은 가속화되고 최적화된 학습의 새로운 교육학을 위한 기초를 제공할 수 있다.

## 새로운 학습과학의 요소

교수 학습과 평가의 모든 혁신 가운데 어떤 원칙은 오랫동안 지속될 것이다. 교사는 여전히 중심적인 기능을 수행하겠지만, 교육 내용의 전달에서 토론과 반성을 촉진하는 것으로 역할이 변하고 있다. 수업을 시작하고 전개하고 확장하는 효과적인 방법을 발견해야 하므로 수업 구조는 이전보다 훨씬 더 중요해졌다. 학습자는 여전히 적절한 목표와 지원이 필요하다. 앞으로도 대학 교육과정을 가장 중요하게 여길 것이다. 사람들이 배우고 즐기고 서로 지지하고 싶어 할 때 가장 잘 학습할 수 있다. 혁신적인 교육학의 다음 10년은 학문의 개별적 요소보다는 새로운 교육학을 평생학습의 효과적인 과정으로 통합하는 데 더욱 집중할 것이다.

# 참고 자료

## 들어가는 말

Interview with Thomas Edison: Smith, F. J. (1913). The evolution of the motion picture: VI - Looking into the future with Thomas A. Edison. New York Dramatic Mirror, July 9, 1913. New York, p. 24.
☞ http://bit.ly/1MysBpR)
Contemporary comment on the article: Oregonian (1913). Section Four: The Sunday Oregonian, Photo-Play Notes, p. 2, column 5. Portland Oregon. Quoted in Quote investigator.
☞ https://quoteinvestigator.com/2012/02/15/books-obsolete/
Conditions for effective group work: Johnson, D. W., & Johnson, R. T. (2009). An educational psychology success story: Social interdependence theory and cooperative learning. Educational Researcher, 38(5), 365-379.
☞ https://bit.ly/2PDsiz6
For a review of research on feedback, with advice on how to design effective feedback see: Shute, V. J. (2008). Focus on formative feedback. Review of Educational Research, 78(1), 153-189.
☞ https://fla.st/2KVx9ZC
New science of learning: Meltzoff, A. N., Kuhl, P. K., Movellan, J., & Sejnowski, T. J. (2009). Foundations for a new science of learning. Science, 325(5938), 284-288.
☞ www.ncbi.nlm.nih.gov/pmc/articles/PMC2776823/
Introduction to deep learning, with a reading list: ☞ http://deeplearning.net/
Research into whether children can learn vocabulary from watching television: Krcmar, M., Grela, B., & Lin, K. (2007). Can toddlers learn vocabulary from television? An experimental approach. Media Psychology, 10, 41-63.
Estimate of the number of neurons in the human brain: Azevedo, F. A., Carvalho, L. R., Grinberg, L. T., Farfel, J. M., Ferretti, R. E., Leite, R. E., ⋯ & Herculano-Houzel, S. (2009). Equal numbers of neuronal and nonneuronal cells make the human brain an isometrically scaled-up primate brain. Journal of Comparative Neurology, 513(5), 32-541.
☞ https://bit.ly/2P7pwEZ
Research into adults' informal learning activities: Livingstone, D. W. (2001). Adults' Informal Learning: Definitions, Findings, Gaps and Future Research (Working paper 21). Toronto: NALL (New Approaches to Lifelong Learning).
☞ https://bit.ly/2AiKLvE
Research into adults' informal learning projects: Tough, A. (1971). The Adult's Learning Projects: A Fresh Approach to Theory and Practice in Adult Learning. Toronto, Canada: Ontario Institute for Studies in Education.
☞ https://eric.ed.gov/?id=ED054428
Report written in 1993 by David Wood on a day in school, 2015: Wood, D. (1993). The classroom of 2015. National Commission on Education Briefing No. 20, October 1993. London: National Commission on Education.

## 1장

Knewton system for teachers to create adaptive learning content: ☞ www.knewton.com | www.knewton.com/wp-content/uploads/knewton-adaptive-learning-whitepaper.pdf
CogBooks: adaptive learning books: ☞ pub.cogbooks.com/~cogbooks/product/
Adaptive flashcards: ☞ https://www.brainscape.com/

Pearson MyLab & Mastering adaptive tutoring products: ☞ www.pearsonmylabandmastering.com
Smart Sparrow adaptive e-learning platform: ☞ www.smartsparrow.com
MathSpring adaptive mathematics practice software: ☞ mathspring.org/
Global Freshman Academy of Arizona State University: ☞ https://gfa.asu.edu/courses
Article on the BioBeyond adaptive courseware: ☞ SmartSparrow (2017, September 28). New Research Finds Digital Courseware Increases Student Success in Critical Introductory Science College Courses. San Francisco: CISION PR newswire. ☞ https://prn.to/2ysmba2
158 schools across Ireland have used the Build Up adaptive teaching system for mathematics: https://www.irishexaminer.com/business/irish-tech-teaches-world-a-lesson-458260.html
The Cognitive Tutor® system and its successor MATHia have been adopted in schools across the United States: ☞ https://www.carnegielearning.com/login/index.html
Introduction to adaptive web-based systems for education: Brusilovsky, P., & Peylo, C. (2003). Adaptive and intelligent web-based educational systems. International Journal of Artificial Intelligence in Education (IJAIED), 13, 159-172. ☞ telearn.archives-ouvertes.fr/hal-00197315/document
Meta-study of research into the effectiveness of intelligent tutoring systems: Kulik, J. A., & Fletcher, J. D. (2016). Effectiveness of intelligent tutoring systems: A metaanalytic review. Review of Educational Research, 86(1), 42-78.
Systematic review of Cognitive Tutors® in secondary schools: What Works Clearinghouse™ (2016). WWC Intervention Report: Cognitive Tutor®. US Department of Education.
☞ https://ies.ed.gov/ncee/wwc/Docs/InterventionReports/wwc_cognitivetutor_062116.pdf
Paper proposing teacher-led adaptive teaching: Allen, M., Webb, A. W., & Matthews, C. E. (2016). Adaptive teaching in STEM: Characteristics for effectiveness. Theory Into Practice, 55(3), 217-224.
☞ https://bit.ly/2R2DuWl
Crowdsourced adaptive social learning, where learners contribute mini-lessons: Karataev, E., & Zadorozhny, V. (2017). Adaptive social learning based on crowdsourcing. IEEE Transactions on Learning Technologies, 10(2), 128-139.
☞ https://ieeexplore.ieee.org/abstract/document/7373654
This chapter draws on material from Innovating Pedagogy 2015, published under a Creative Commons Attribution Licence: Sharples, M., Adams, A., Alozie, N., Ferguson, R., FitzGerald, E., Gaved, M., McAndrew, P., Means, B., Remold, J., Rienties, B., Roschelle, J., Vogt, K., Whitelock, D., & Yarnall, L. (2015). Innovating Pedagogy 2015: Open University Innovation Report 4. Milton Keynes: The Open University.


2장
Report by the Education Endowment Foundation on a pilot evaluation in schools of a sequence of lessons based on spaced learning: ☞ https://educationendowmentfoundation.org.uk/our-work/projects/spaced-learning
Review of research literature on spaced repetition: ☞https://www.gwern.net/Spaced-repetition
Anki spaced repetition flashcard software: ☞ https://apps.ankiweb.net/
Cerego adaptive learning using spaced repetition: ☞ https://www.cerego.com/
Memrise language learning using spaced repetition: ☞ https://www.memrise.com/
Report of study to stimulate rat brain cells: Fields, R. D. (2005). Making memories stick. Scientific American, 292(2), 74-81. ☞ http://bit.ly/2heDemH
The main study of spaced learning by Kelley and Whatson. It covers the neuroscience that informs the method and describes three classroom studies and their results: Kelley, P., & Whatson, T. (2013). Making long-term memories in minutes: A spaced learning pattern from memory research in education. Frontiers in Human Neuroscience, 7, 589. ☞ http://bit.ly/2yv6kYB

Study in which adults memorized 120 novel faces through massed or spaced learning. Brain activity was recorded using functional MRI scans: Xue, G., Mei, L., Chen, C., Lu, Z.-L., Poldrack, R., & Dong, Q. (2011). Spaced learning enhances subsequent recognition memory by reducing neural repetition suppression. Journal of Cognitive Neuroscience, 23(7), 1624-1633. ☞ http://bit.ly/2PPK5TA
This chapter draws on material from Innovating Pedagogy 2017, published under a Creative Commons Attribution Licence: Ferguson, R., Barzilai, S., Ben-Zvi, D., Chinn, C. A., Herodotou, C., Hod, Y., Kali, Y., Kukulska-Hulme, A., Kupermintz, H., McAndrew, P., Rienties, B., Sagy, O., Scanlon, | E., Sharples, M., Weller, M., & Whitelock, D. (2017). Innovating Pedagogy 2017: Open University Innovation Report 6. Milton Keynes: The Open University.


## 3장

WISE Web-based inquiry science environment, a free online science learning environment for students in grades 4-12 created by a large team around Marcia Linn at the University of California, Berkeley: ☞ http://wise.berkeley.edu
Overview of the Personal Inquiry Project: Sharples, M., Scanlon, E., Ainsworth, S., Anastopoulou, S., Collins, T., Crook, C., Jones, A., Kerawalla, L., Littleton, K., Mulholland, P., & O'Malley, C. (2015). Personal inquiry: Orchestrating science investigations within and beyond the classroom. Journal of the Learning Sciences, 24(2), 308-341. ☞ http://oro.open.ac.uk/41623/
Edited book on how to support inquiry learning within and beyond the classroom. Littleton, K., Scanlon, E., & Sharples, M. (Eds.) (2012). Orchestrating Inquiry Learning. Abingdon, Oxon and New York: Routledge ☞ https://bit.ly/2J7Fjyk
John Dewey on 'felt difficulty' in practical thinking and reasoning: Dewey, J. (1910). The analysis of a complete act of thought. How We Think, pp. 68-78. Lexington, Mass.: D.C. Heath. ☞ https://bit.ly/2PMqLH4
Study of teachers guiding inquiry learning: Furtak, E. M. (2006). The problem with answers: An exploration of guided scientific inquiry teaching. Science Education, 90(3), 453-467. ☞ https://bit.ly/2CwwWez
This chapter draws on material from Innovating Pedagogy 2012, published under a Creative Commons Attribution Licence: Sharples, M., McAndrew, P., Weller, M., Ferguson, R., FitzGerald, E., Hirst, T., Mor, Y., Gaved, M., & Whitelock, D. (2012). Innovating Pedagogy 2012: Open University Innovation Report 1. Milton Keynes: The Open University.


## 4장

Classic paper on the Zone of Proximal Development: Vygotsky, L. S. (1978). Interaction between learning and development. In M. Cole, V. John-Steiner, S. Scribner, & E. Souberman (Eds.), Mind in Society: The Development of Higher Psychological Processes, pp. 79-91. Cambridge, MA: Harvard University Press. ☞ http://www.psy.cmu.edu/~siegler/vygotsky78.pdf
Three studies of dynamic assessment in practice: Lantolf, J. P., & Poehner, M. E. (2004). Dynamic assessment of L2 development: Bringing the past into the future. Journal of Applied Linguistics, 1(1) 49-72. ☞ https://bit.ly/2S5QifS
Overview of Dynamic Assessment, including the school science example: Haywood, H., & Lidz, C. S. (2006). Dynamic Assessment in Practice: Clinical and Educational Applications. New York, NY: Cambridge University Press. ☞ https://bit.ly/2yUUFSi
Ways to measure the height of a tall building: ☞ https://bit.ly/2S5tpJi
This chapter draws on material from Innovating Pedagogy 2014, published under a Creative Commons Attribution Licence: Sharples, M., Adams, A., Ferguson, R., Gaved, M., McAndrew, P.,

Rienties, B., Weller, M., & Whitelock, D. (2014). Innovating Pedagogy 2014: Open University Innovation Report 3. Milton Keynes: The Open University.


## 5장

Portal 2 game: ☞ www.thinkwithportals.com

Study of TAALES for essay assessment: Allen, L. K. & McNamara, D. S. (2015). You are your words: Modeling students' vocabulary knowledge with natural language processing tools. In Proceedings of the 8th International Conference on Educational Data Mining, 26-29 June 2015, pp. 258-265. Madrid, Spain. ☞ https://bit.ly/2EDiaVT

Evidence-centred design: Messick, S. (1994). The interplay of evidence and consequences in the validation of performance assessments. Educational Researcher, 23(2), 13-23. ☞ https://bit.ly/2q4n6c4

Introduction to stealth assessment: Shute, V. J. (2011). Stealth assessment in computer-based games to support learning. In S. Tobias & J. D. Fletcher (Eds.), Computer Games and Instruction, pp. 503-524. Charlotte: Information Age Publishing. ☞ https://fla.st/2SbaEo2

Study of problem-solving skills with stealth assessment for Use Your Brainz: Shute, V. J., Wang, L., Greiff, S., Zhao, W., & Moore, G. (2016). Measuring problem solving skills via stealth assessment in an engaging video game. Computers in Human Behavior, 63, 106-117. ☞ https://bit.ly/2ysxT4N

This chapter draws on material from Innovating Pedagogy 2015, published under a Creative Commons Attribution Licence: Sharples, M., Adams, A., Alozie, N., Ferguson, R., FitzGerald, E., Gaved, M., McAndrew, P., Means, B., Remold, J., Rienties, B., Roschelle, J., Vogt, K., Whitelock, D., & Yarnall, L. (2015). Innovating Pedagogy 2015: Open University Innovation Report 4. Milton Keynes: The Open University.


## 6장

Example of the teacher in a classroom in India, part of the TESS-India project: ☞ http://bit.ly/2dYA86g

Examples of translanguaging in Welsh classrooms: Lewis, G., Jones, B., & Baker, C. (2013). 100 bilingual lessons: Distributing two languages in classrooms. In C. Abello-Contesse, P. M. Chandler, M. D. Lopez-Jimenez, R. Chacon-Beltran (Eds.), Bilingual and Multilingual Education in the 21st Century. Multilingual Matters. ☞ http://bit.ly/2v3eg3M

Educator's viewpoint on translanguaging: Jimenez, R. (2015). Translanguaging to bridge the gap with English learners. Literacy Daily, October 29, 2015. ☞ https://bit.ly/2CV028l

Systematic review of research literature on bilingualism: Adesope, O. O., Lavin, T., Thompson, T., & Ungerleider, C. (2010). A systematic review and meta-analysis of the cognitive correlates of bilingualism. Review of Educational Research, 80(2), 207-245. ☞ https://bit.ly/2AljGI3

Evidence of intercultural learning in comments on YouTube videos: Benson, P. (2015). Commenting to learn: Evidence of language and intercultural learning in comments on YouTube videos. Language Learning and Technology, 19(3), 88-105. ☞ https://bit.ly/2nfD7uB

Translanguaging as a pedagogy: Creese, A., & Blackledge, A. (2010). Translanguaging in the bilingual classroom: A pedagogy for learning and teaching? The Modern Language Journal, 94(1), 103-115. ☞ https://bit.ly/2S38EhD

Introduction to a special issue on digital literacies and language learning: Hafner, C. A., Chik, A., & Jones, R. H. (2015). Digital literacies and language learning. Language Learning and Technology, 19(3), 1-7. https://bit.ly/2Akbyro

Analysis of a Serbian student's multilingual practices on Facebook: Schreiber, B. R. (2015). "I am what

I am": Multilingual identity and digital translanguaging. Language Learning and Technology, 19(3), 69-87.
☞ https://bit.ly/2q2CqGc
This chapter draws on material from Innovating Pedagogy 2016, published under a Creative Commons Attribution Licence: Sharples, M., de Roock, R., Ferguson, R., Gaved, M., Herodotou, C., Koh, E., Kukulska-Hulme, A., Looi, C.-K., McAndrew, P., Rienties, B., Weller, M., Wong, L. H. (2016). Innovating Pedagogy 2016: Open University Innovation Report 5. Milton Keynes: The Open University.

## 7장

Partnerships between art museums and schools: ☞ https://bit.ly/2AlHyvk
The Exploratorium Teacher Institute, San Francisco: exploratorium.edu/education/teacher-institute
Example of crossover learning between an elementary school and local museums: Amos, D. S. (2015). Museum magnet creates little 'curators' and 'docents' with cross-over learning. The Florida Times Union, May 10, 2015. ☞ https://bit.ly/2CW4x2h
Report exploring the relationships between science education in formal and informal settings: Bevan, B., Dillon, J., Hein, G. E., Macdonald, M., Michalchik, V., Miller, D., ··· & Yoon, S. (2010). Making Science Matter: Collaborations Between Informal Science Education Organizations and Schools. Washington DC: Center for Advancement of Informal Science Education. ☞ https://bit.ly/2ymXJXG
Report on after-school, summer and informal STEM programs: National Research Council (2015). Identifying and Supporting Productive STEM Programs in Out-of-School Settings. Washington, DC: National Academies Press. ☞ https://bit.ly/1dHNU9m
An article by a former student at Da Vinci Schools on Real World Learning: Sierra, R., & Avallone, A. (2018). Practitioner's Guide to Next Gen Learning. Next Generation Learning Challenges, January 29, 2018. EDUCAUSE. ☞ https://bit.ly/2CvPCuP
Paper on the MyArtSpace project: Vavoula, G., Sharples, M., Rudman, P., Meek, J., & Lonsdale, P. (2009). Myartspace: Design and evaluation of support for learning with multimedia phones between classrooms and museums. Computers & Education, 53(2), 286-299. ☞ https://bit.ly/2yp9zAE
This chapter draws on material from Innovating Pedagogy 2015, published under a Creative Commons Attribution Licence: Sharples, M., Adams, A., Alozie, N., Ferguson, R., FitzGerald, E., Gaved, M., McAndrew, P., Means, B., Remold, J., Rienties, B., Roschelle, J., Vogt, K., Whitelock, D., & Yarnall, L. (2015). Innovating Pedagogy 2015: Open University Innovation Report 4. Milton Keynes: The Open University.

## 8장

Lake Constance seamless learning project: ☞ http://www.seamless-learning.eu/en/hintergrund/
Historical overview of mobile seamless learning: Wong, L.-H. (2015). A brief history of mobile seamless learning. In L.-H. Wong, M. Milrad, & M. Specht (Eds.), Seamless Learning in the Age of Mobile Connectivity, pp. 3-40. London: Springer. ☞ https://bit.ly/2QZAtpw
Description of seamless learning projects in Singapore schools: Wong, L.-H., & Looi, C.-K. (2012). Enculturing self-directed seamless learners: Towards a facilitated seamless learning process framework mediated by mobile technology. In 58 Connectivity Proceedings of IEEE Seventh International Conference on Wireless, Mobile and Ubiquitous Technology in Education (WMUTE), 2012, pp. 1-8. Takamatsu, Japan: IEEE Computer Society. ☞ https://bit.ly/2qRa3vG
Lifelogging for people with impaired memory: Lee, M. L., & Dey, A. K. (2008). Wearable experience capture for episodic memory support. In Proceedings of Wearable Computers, 2008. ISWC 2008. 12th IEEE International Symposium on Wearable Computers, pp. 107-108. Los Alamitos, CA: IEEE Computer Society. ☞ https://bit.ly/2CwlQGn

Benefits and risks of sharing data from life-logs: Rawassizadeh, R. (2012). Towards sharing life-log information with society. Behaviour and Information Technology, 31(11), 1057-1067. ☞ https://bit. ly/2PQD31a

This chapter draws on material from Innovating Pedagogy 2013, published under a Creative Commons Attribution Licence: Sharples, M., McAndrew, P., Weller, M., Ferguson, R., FitzGerald, E., Hirst, T., & Gaved, M. (2013). Innovating Pedagogy 2013: Open University Innovation Report 2. Milton Keynes: The Open University.


## 9장

The iSpot community to identify wildlife and share nature: ☞ www.ispotnature.org/

Short article on incidental teaching for autistic children: ☞ https://www.special-learning.com/article/incidental_teaching

A brief overview of serious games and incidental learning: Gamelearn (2017). Eight Examples that Explain All You Need to Know about Serious Games and Game-Based Learning. ☞ https://bit. ly/2S3yCRX

Study of how pre-school children can solve addition and subtraction problems through approximate arithmetic: Gilmore, C. K., McCarthy, S. E., & Spelke, E. S. (2007). Symbolic arithmetic knowledge without instruction. Nature, 447(7144), 589-591. ☞ https://bit.ly/2qb1wDb

Short overview of research into incidental learning for the workplace: Kerka, S. (2000). Incidental Learning. Trends and Issues Alert No. 18: Center on Education and Training for Employment. ☞ https://bit.ly/2J88Vf3

MASELTOV project using smartphones to support incidental learning by immigrants: Jones, A., Gaved, M., Kukulska-Hulme, A., Scanlon, E., Pearson, C., Lameras, P., Dunwell, I., & Jones, J. (2014). Creating coherent incidental learning journeys on smartphones 64 Connectivity using feedback and progress indicators. International Journal of Mobile and Blended Learning, 6(4), 75-92. ☞ https://bit.ly/2OD2oyI

Diary study by Giasemi Vavoula of incidental learning: Vavoula, G. (2005). A Study of Mobile Learning Practices, Internal Report, Deliverable 4.4 for the MOBIlearn project (IST-2001-37440). ☞ https://bit. ly/2NOVp0A

This chapter draws on material from Innovating Pedagogy 2015, published under a Creative Commons Attribution Licence: Sharples, M., Adams, A., Alozie, N., Ferguson, R., FitzGerald, E., Gaved, M., McAndrew, P., Means, B., Remold, J., Rienties, B., Roschelle, J., Vogt, K., Whitelock, D., & Yarnall, L. (2015). nnovating Pedagogy 2015: Open University Innovation Report 4. Milton Keynes: The Open University.


## 10장

Lifelong Kindergarten at MIT whose "ultimate goal is a world full of playfully creative people who are constantly inventing new opportunities for themselves and their communities": ☞ http://llk.media.mit. edu/

A lesson for Minecraft Education Edition on Shakespeare's Verona, to teach project work, communication and critical thinking: ☞ https://education.minecraft.net/lessons/verona-adventure/

The Quest to Learn School: ☞ http://www.q2l.org/about/

James Paul Gee on the benefits of video games for education: Gee, J. P. (2008). What Video Games Have to Teach Us about Learning and Literacy (2nd edition). New York: Palgrave Macmillan.

Intrinsic integration in educational games: Habgood, M. P. J., & Ainsworth, S. E. (2011). Motivating children to learn effectively: Exploring the value of intrinsic integration in educational games. Journal of the Learning Sciences, 20(2), 169-206. ☞ http://shura.shu.ac.uk/3556/

Impact of flow (heightened challenge and skill), engagement and immersion on learning in game-based learning environments: Hamari, J., Shernoff, D. J., Rowe, E., Coller, B., Asbell-Clarke, J., & Edwards, T. (2016). Challenging games help students learn: An empirical study on engagement, flow and immersion in game-based learning. Computers in Human Behavior, 54, 170-179. ☞ https://bit.ly/2J9FF7A

This chapter draws on material from Innovating Pedagogy 2013, published under a Creative Commons Attribution Licence: Sharples, M., McAndrew, P., Weller, M., Ferguson, R., FitzGerald, E., Hirst, T., & Gaved, M. (2013). Innovating Pedagogy 2013: Open University Innovation Report 2. Milton Keynes: The Open University.


## 11장

Roundup of research on the impact of school gardens on academic success: ☞ https://bit.ly/2AkwNcm

Augmented reality application from Ordnance Survey to overlay labels on camera images from mobile phones for outdoor locations in the UK: ☞ https://bit.ly/2Paulbo

Guidelines for place-based education with mobile devices: Zimmerman, H. T., & Land, S. M. (2014). Facilitating place-based learning in outdoor informal environments with mobile computers. TechTrends, 58(1), 77-83. ☞ https://bit.ly/2runNg8

A review of methods for place-based education in geoscience: Semken, S., Ward, E. G., Moosavi, S., & Chinn, P. W. (2017). Place-based education in geoscience: Theory, research, practice, and assessment. Journal of Geoscience Education, 65(4), 542-562. ☞ https://bit.ly/2ytpXjB

A paper on the 'Riot! 1831' soundscape: Reid, J., Hull, R., Cater, K., & Clayton, B. (2005). Riot! 1831: The design of a location based audio drama. In Proceedings of the 3rd UK-UbiNet Workshop, pp. 1-2. Bath, UK: University of Bath. ☞ https://bit.ly/2J7MPJy

Location-based literature and the textopia mobile application to give recordings of literary texts about nearby places: Lovlie, A. S. (2009). Textopia: Designing a locative literary reader. Journal of Location Based Services, 3(4), 249-276. ☞ https://bit.ly/2I96p71

Users' reactions to the CAERUS guide for learning about a botanic garden: Naismith, L., Sharples, M., & Ting, J. (2005). Evaluation of CAERUS: A context aware mobile guide. In H. van der Merwe & T. Brown (Eds.), Mobile Technology: The Future of Learning in Your Hands, mLearn 2005, 4th World Conference on mLearning, Cape Town, 25-28 October 2005. Cape Town: mLearn 2005. ☞ https://bit.ly/2R49adL

'Out There, In Here' project to connect learning in the field and lab: Coughlan, T., Collins, T. D., Adams, A., Rogers, Y., Haya, P. A., & Martin, E. (2012). The conceptual framing, design and evaluation of device ecologies for collaborative activities. International Journal of Human-Computer Studies, 70(10), 765-779. ☞ https://bit.ly/2PJAuxB

Field trips by University of Nottingham students to use and evaluate technologies to learn about the landscape: Priestnall, G., Brown, E., Sharples, M., & Polmear, G. (2009). A student-led comparison of techniques for augmenting the field experience. In D. Metcalf, A. Hamilton & C. Graffeo (Eds.), Proceedings of 8th World Conference on Mobile and Contextual Learning (mLearn 2009), 28-30 October, 2009, pp. 195-198. Orlando, Florida: University of Central Florida. ☞ https://bit.ly/2J8tnMN

Classic paper on how to read cultural landscapes: Lewis, P. B. (1979). Axioms for reading the landscape: Some guides to the American scene. In D.W. Meinig (Ed.), The Interpretation of Ordinary Landscapes: Geographical Essays, pp. 11-32. New York, NY: Oxford University Press. ☞ https://bit.ly/2K8BMiE

This chapter draws on material from Innovating Pedagogy 2013, published under a Creative Commons Attribution Licence: Sharples, M., McAndrew, P., Weller, M., Ferguson, R., FitzGerald, E.,

Hirst, T., & Gaved, M. (2013). Innovating Pedagogy 2013: Open University Innovation Report 2. Milton Keynes: The Open University.

## 12장

Tweets in real time from the Second World War: ☞ twitter.com/RealTimeWWII
Pepys' diary in blog form: ☞ www.pepysdiary.com
The associated Twitter account: ☞ twitter.com/samuelpepys
'Geoffrey Chaucer' tweets: ☞ https://twitter.com/levostregc
NASA social media: ☞ www.nasa.gov/socialmedia
Collected posts from the Chaucer blog, along with essays about the blog and medieval scholarship: Bryant, B. L. (2010). Geoffrey Chaucer Hath a Blog: Medieval Studies and New Media. New York: Palgrave Macmillan.
Case studies of using virtual media to enhance learning about the real world: Sheehy, K., Ferguson, R., & Clough, G. (2014). Augmented Education: Bringing Real and Virtual Learning Together. New York: Palgrave Macmillan.
New York Times article on RealTimeWWII twitter feed: Schuessler, J. (2011). The tweets of war, what's past is postable. The New York Times, November 27, 2011. ☞ https://nyti.ms/2S7Hg1W
Social media for learning and Personal Learning Environments for students to construct their own learning spaces: Dabbagh, N., & Kitsantas, A. (2012). Personal Learning Environments, social media and self-regulated learning: A natural formula for connecting formal and informal learning. The Internet and Higher Education, 15(1), 3-8. ☞ http://www.anitacrawley.net/Resources/Articles/DabbaughPLE.pdf
This chapter draws on material from Innovating Pedagogy 2016, published under a Creative Commons Attribution Licence: Sharples, M., de Roock, R., Ferguson, R., Gaved, M., Herodotou, C., Koh, E., Kukulska-Hulme, A., Looi, C.-K., McAndrew, P., Rienties, B., Weller, M., Wong, L. H. (2016). Innovating Pedagogy 2016: Open University Innovation Report 5. Milton Keynes: The Open University.

## 13장

Practical guide for evaluating information on social media: Caulfield, M. A. (2017). Web Literacy for Student Fact Checkers. Pressbooks. ☞ https://webliteracy.pressbooks.com/
Newsela takes news from trusted sources and publishes digests at different reading levels: ☞ https://newsela.com/
Guidelines from FactCheck.org on how to spot fake news: ☞ https://www.factcheck.org/2016/11/how-to-spot-fake-news/
Poster on how to spot fake news from the International Federation of Library Associations and Institutions, based on the FactCheck.org article: ☞ https://www.ifla.org/publications/node/11174
Website from University of West Florida on spotting fake news: ☞ https://bit.ly/2J9GcXk
List of fake news sites from Snopes.com: ☞ https://www.snopes.com/news/2016/01/14/fake-news-sites/
Washington Post Fact Checker: ☞ https://www.washingtonpost.com/news/fact-checker/
The Reading Like a Historian curriculum by the Stanford History Education Group offers resources and lesson plans for developing critical reading and thinking skills: ☞ https://sheg.stanford.edu/rlh
Poster on some trends in healthy eating from 1880 to the present day (an exercise could be to check the reported eating fads, such as arsenic pills, tapeworm eggs and cabbage soup for accuracy and whether they are still considered healthy): ☞ https://theculturetrip.com/north-america/usa/articles/the-ultimate-history-of-healthy-eating/
Article by Scott Bedley on how he taught fifth—grade students to spot fake news: Bedley, S. (2017).

I taught my 5th-graders how to spot fake news. Now they won't stop factchecking me. Vox, March 29, 2017. ☞ https://bit.ly/2p7nX9v

Project in Italy to teach high school students to spot fake news: Troop, W. (2017). The Italian politician wants kids to become 'fake news hunters'. PRI's The World, October 31, 2017. ☞ https://bit.ly/2EBW2LJ

Urban dictionary: https://www.urbandictionary.com/

This chapter draws on material from Innovating Pedagogy 2017, published under a Creative Commons Attribution Licence: Ferguson, R., Barzilai, S., Ben-Zvi, D., Chinn, C. A., Herodotou, C., Hod, Y., Kali, Y., Kukulska-Hulme, A., Kupermintz, H., McAndrew, P., Rienties, B., Sagy, O., Scanlon, E., Sharples, M., Weller, M., & Whitelock, D. (2017). Innovating Pedagogy 2017: Open University Innovation Report 6. Milton Keynes: The Open University.


## 14장

Paper on impasse–driven learning and repair theory: VanLehn, K. (1987). Towards a theory of impasse-driven learning. Technical Report PCG-1. Departments of Psychology and Computer Science, Carnegie-Mellon University. ☞ bit.ly/2dlGUCZ

Kapur's original paper on productive failure: Kapur, M. (2008). Productive failure. Cognition and Instruction, 26(3), 379-424. ☞ https://bit.ly/1RwcTvM

Website describing the pedagogy of productive failure: ☞ www.manukapur.com/research/productive-failure/

Study comparing 'explore first' with 'instruct first': Schneider, B., & Blikstein, P. (2016). Flipping the flipped classroom: A study of the effectiveness of video lectures versus constructivist exploration using tangible user interfaces. IEEE Transactions on Learning Technologies, 9(1), 5-17. ☞ https://bit.ly/2J9GBci

Paper comparing teaching by productive failure and teaching by direct instruction: Kapur, M. (2012). Productive failure in learning the concept of variance. Instructional Science, 40(4), 651-672. ☞ https://bit.ly/2wTyIVA

This chapter draws on material from Innovating Pedagogy 2016, published under a Creative Commons Attribution Licence: Sharples, M., de Roock, R., Ferguson, R., Gaved, M., Herodotou, C., Koh, E., Kukulska-Hulme, A., Looi, C.-K., McAndrew, P., Rienties, B., Weller, M., & Wong, L. H. (2016). Innovating Pedagogy 2016: Open University Innovation Report 5. Milton Keynes: The Open University.


## 15장

Introduction to teachback in healthcare from the Scottish Health Council, with a video of the technique being used for a patient interview: ☞ bit.ly/2aY7bFu

Toolkit to help health professionals learn to use teachback: ☞ www.teachbacktraining.org

Original formulation of teachback from Gordon Pask. The book is a fascinating exploration of how to formalize the learning process but is a challenging read: Pask, G. (1976). Conversation Theory, Applications in Education and Epistemology. Amsterdam, The Netherlands: Elsevier. | A photocopy of the book is available online at: ☞ bit.ly/2aY5Y1c

Review of 12 published articles on teachback for patients. The methods showed positive effects on a variety of outcome measures, though not always statistically significant: Dinh, T. T. H., Bonner, A., Clark, R., Ramsbotham, J., & Hines, S. (2016). The effectiveness of the teach-back method on adherence and self-management in health education for people with chronic disease: A systematic review. JBI Database of Systematic Reviews and Implementation Reports, 14(1), 210-247.

The use of teachback for science learning: Gutierrez, R. (2003). Conversation theory and self-learning. In D. Psillos, P. Kariotoglou, V. Tselfes, E. Hatzikraniotis, G. Fassoulopoulos, & M. Kallery (Eds.), Science

Education Research in the Knowledge-Based Society, pp. 43-49. Heidelberg: Springer Netherlands. | An extract with the section on teachback is available at: ☞ bit.ly/2bjO6QA

Study of the use of teachback with diabetes patients: Negarandeh, R., Mahmoodi, H., Noktehdan, H., Heshmat, R., & Shakibazadeh, E. (2013). Teach back and pictorial image educational strategies on knowledge about diabetes and medication/dietary adherence among low health literate patients with type 2 diabetes. Primary Care Diabetes, 7(2), 111-118. ☞ bit.ly/2aWak5y

The method of reciprocal teaching: Palincsar, A. S., & Brown, A. (1984). Reciprocal teaching of comprehension-fostering and comprehension monitoring activities. Cognition and Instruction, 1(2), pp. 117-175. ☞ bit.ly/1mBKkT8

Teachback by phone: Rudman, P. (2002). Investigating domain information as dynamic support for the learner during spoken conversations. Unpublished PhD thesis, University of Birmingham.

Websites on Teachable Agents, from Stanford University and Vanderbilt University: aaalab.stanford.edu/research/social-foundations-of-learning/teachable-agents/ ☞ www.teachableagents.org/

This chapter draws on material from Innovating Pedagogy 2016, published under a Creative Commons Attribution Licence: Sharples, M., de Roock, R., Ferguson, R., Gaved, M., Herodotou, C., Koh, E., Kukulska-Hulme, A., Looi, C.-K., McAndrew, P., Rienties, B., Weller, M., & Wong, L. H. (2016). Innovating Pedagogy 2016: Open University Innovation Report 5. Milton Keynes: The Open University.


16장

Set of lesson plans from Northwest Association for Biomedical Research on the social nature of scientific research, including scientific argumentation: ☞ https://bit.ly/2Rbb3ph

Teacher resources from Nuffield Foundation for scientific argumentation: ☞ http://www.nuffieldfoundation.org/practical-work-learning/argumentation-quick-startguide

How to develop a written argument: ☞ https://owl.excelsior.edu/argument-and-critical-thinking/

Introduction to Rogerian arguments from Excelsior Online Writing Lab: ☞ https://owl.excelsior.edu/argument-and-critical-thinking/organizing-your-argument/organizing-your-argument-rogerian/

20 big questions in science: Birch, H., Stuart, C., & Looi, M. K. (2013). The 20 big questions in science. The Guardian, September 1, 2013. ☞ www.theguardian.com/science/2013/sep/01/20-big-questions-in-science

WISE platform for science inquiry and argumentation: ☞ wise.berkeley.edu

Kialo site for community—generated arguments: ☞ www.kialo.com

Carleton College argument and inquiry resources: ☞ https://apps.carleton.edu/curricular/aiseminars/cedi/

Comprehensive survey of research into using 'clicker' technology in large classrooms: Caldwell, J. E. (2007). Clickers in the large classroom: Current research and best-practice tips. CBE-Life Sciences Education, 6(1), 9-20. ☞ www.lifescied.org/content/6/1/9.full

Study of classroom conditions that promote, nurture and sustain argumentation practices among students: Duschl, R. A., & Osborne, J. (2002). Supporting and promoting argumentation discourse in science education. Studies in Science Education, 38(1), 39-72. ☞ https://bit.ly/2yRLoKx

To provoke argument among teachers and policy makers, see: Kirschner, P. A., & van Merrienboer, J. J. G. (2013). Do learners really know best? Urban legends in education. Educational Psychologist, 48(3), 169-183. ☞ https://bit.ly/1Kz3aPn

This chapter draws on material from Innovating Pedagogy 2016, published under a Creative Commons Attribution Licence: Sharples, M., de Roock, R., Ferguson, R., Gaved, M., Herodotou, C., Koh, E., Kukulska-Hulme, A., Looi, C.-K., McAndrew, P., Rienties, B., Weller, M., & Wong, L. H. (2016). Innovating Pedagogy 2016: Open University Innovation Report 5. Milton Keynes: The Open University.

## 17장

Lessons and projects in computational thinking from Green Dot Schools: ☞ http://ct.excelwa.org/

Google's Computational Thinking for Educators: ☞ https://computationalthinkingcourse.withgoogle.com/unit

National Curriculum in England for computing education, including computational thinking: ☞ https://bit.ly/1f7PIFU

The importance of computational thinking and how it can be incorporated into the curriculum for children aged 5 – 11: Berry, M. (2013). Computing in the National Curriculum: A Guide for Primary Teachers. Bedford, UK: Computing at School. ☞ https://bit.ly/1J417r

Computational Thinking resources from The International Society for Technology in Education (ISTE) and the Computer Science Teachers Association (CSTA): ☞ https://bit.ly/2FVuK28

Google for Educators offers a curated collection of resources related to computational thinking: ☞ http://bit.ly/2NW751q

What is Computational Thinking? A framework developed by Harvard based on studies in the context of the Scratch programming environment: ☞ scratched.gse.harvard.edu/ct/defining.html

Scratch programming environment for children: ☞ scratch.mit.edu

Framework that includes lesson planning, classroom techniques and assessment methods: Curzon, P., Dorling, M., Ng, T., Selby, C., & Woollard, J. (2014). Developing Computational Thinking in the Classroom: A Framework. Computing at School. ☞ http://bit.ly/2PU35QM

Detailed review of publications on computational thinking: ☞ Grover, S., & Pea, R. (2013). Computational thinking in K-12: A review of the state of the field. Educational Researcher, 42(1), 38-43. ☞ http://bit.ly/2NSNXBr

This chapter draws on material from Innovating Pedagogy 2015, published under a Creative Commons Attribution Licence: ☞ Sharples, M., Adams, A., Alozie, N., Ferguson, R., FitzGerald, E., Gaved, M., McAndrew, P., Means, B., Remold, J., Rienties, B., Roschelle, J., Vogt, K., Whitelock, D., & Yarnall, L. (2015). Innovating Pedagogy 2015: Open University Innovation Report 4. Milton Keynes: The Open University.


## 18장

PCCL is a website with animations for mechanics, electricity, optics, chemistry and matter. Examples include how waves move, electrical short circuits and phases of the moon: http://www.physics-chemistry-interactive-flash-animation.com/

Beauty of Science has some photo–realistic animations to show complex molecules: http://www.beautyofscience.com/molecular-animations/

The Literacy Shed has collected short videos and animations to prompt creative writing: ☞ www.literacyshed.com

PowToon is a tool for creating simple animations for education or training: ☞ www.powtoon.com

Example of a longer animation to explain a complex topic (cryptocurrencies) to a general audience: ☞ http://bit.ly/2Cwt11a

Introduction to explainer videos and animations in marketing, with some good examples: ☞ http://bit.ly/2PaNPCc

BBC animated video that explains how to create educational explainers: ☞ https://vimeo.com/53710994

Khan Academy for learning through instructional animations. ☞ www.khanacademy.org

Survey and meta–analysis of the educational benefits of instructional animation and static pictures: Hoffler, T. N., & Leutner, D. (2007). Instructional animation versus static pictures: A metaanalysis. Learning and Instruction, 17(6), 722-738. ☞ http://bit.ly/2EDQK2i

People learn best about dynamic systems from a combination of video and static pictures: Arguel, A., & Jamet, E. (2009). Using video and static pictures to improve learning of procedural contents. Computers in Human Behavior, 25(2), 354-359.


## 19장

Free course from The Open University on learning to learn: ☞ http://bit.ly/2Cagoule

SUNY Empire State College policy for student learning contracts: ☞ http://bit.ly/2R8jnWN

Overview of education in Finland: ☞ http://bit.ly/2S8OeUu

Introduction to heutagogy (self–determined learning): Blaschke, L. M. (2012). Heutagogy and lifelong learning: A review of heutagogical practice and self-determined learning. The International Review of Research in Open and Distance Learning, 13(1), 56-71. ☞ http://bit.ly/2OEq1qF

Idea of double–loop learning, based on a model of how feedback loops should help organizations work: Argyris, C. (1976). Single-loop and double-loop models in research on decision-making. Administrative Science, 21(3), 363-375. ☞ bit.ly/2JQBZKN

Overview of concept mapping and its underlying theory: Novak, J. D., & Canas, A. J. (2008). The theory underlying concept maps and how to construct and use them. Technical Report IHMC CmapTools 2006-01 Rev 01-2008. Florida: Florida Institute for Human and Machine Cognition. ☞ cmap.ihmc.us/docs/theory-of-concept-maps

Pebblepad e–portfolio and personal learning environment: ☞ www.pebblepad.co.uk

Mahara e–portfolio platform: ☞ mahara.org

LinkedIn: ☞ www.linkedin.com

Trello: ☞ trello.com

Pinterest: ☞ www.pinterest.com

This chapter draws on material from Innovating Pedagogy 2014, published under a Creative Commons Attribution Licence: Sharples, M., Adams, A., Ferguson, R., Gaved, M., McAndrew, P., Rienties, B., Weller, M., & Whitelock, D. (2014). Innovating Pedagogy 2014: Open University Innovation Report 3. Milton Keynes: The Open University.


## 20장

Presentation by David Wees on 56 methods of formative assessment: ☞ http://bit.ly/2EzgtZq

Report from the OECD/CERI on formative assessment: ☞ http://bit.ly/2R6cOUu

Assessment for learning in vocational education, with a case study: Jones, C. A. (2005). Assessment for Learning. London: Learning and Skills Development Agency. ☞ http://bit.ly/2yrQYDQ

JISC report on technology–enhanced assessment and feedback for higher education: JISC (2010). Effective Assessment in a Digital Age: A Guide to Technology-Enhanced Assessment and Feedback. Higher Education Funding Council for England. ☞ http://bit.ly/2S76H3B

Overview of certainty–based marking: ☞ http://www.ucl.ac.uk/lapt/lpcfhelp.htm

Re–engineering Assessment Practices in Higher Education (REAP) project: ☞ https://www.reap.ac.uk/reap/index.html

Thought–provoking article on why formative assessment hasn't worked (yet) in schools: Booth, N. (2017). What is formative assessment, why hasn't it worked in schools, and how can we make it better in the classroom? Impact: Journal of the Chartered College of Teaching, September 2017. ☞ http://bit.ly/2CYC0t5

OpenMentor approach to support tutors in providing more effective feedback to students: ☞ http://bit.ly/2D1pDwm

Literature review of technology–enabled assessment: Oldfield, A., Broadfoot, P., Sutherland, R., & Timmis,

S. (2012). Assessment in a Digital Age: A Research Review. Bristol: University of Bristol. ☞ http://bit.ly/2EDosou

Classic paper by the pioneers of assessment for learning, and a follow-up project: Black, P., & Wiliam, D. (1998). Assessment and classroom learning. Assessment in Education: Principles, Policy & Practice, 5(1), 7-74. ☞ http://bit.ly/2OGBiH0

Black, P., Harrison, C., Lee, C., Marshall, B., & Wiliam, D. (2004). Working inside the black box: Assessment for learning in the classroom. Phi Delta Kappan, 86(1), 8-21. ☞ http://bit.ly/2CAudAu

Study on the benefits of receiving feedback and grades: Butler, R. (1988). Enhancing and undermining intrinsic motivation: The effects of taskinvolving and ego-evolving evaluation on interest and performance. British Journal of Educational Psychology, 58(1), 1-14. ☞ http://bit.ly/2yT4S1p

This chapter draws on material from Innovating Pedagogy 2012, published under a Creative Commons Attribution Licence: Sharples, M., McAndrew, P., Weller, M., Ferguson, R., FitzGerald, E., Hirst, T., Mor, Y., Gaved, M., & Whitelock, D. (2012). Innovating Pedagogy 2012: Open University Innovation Report 1. Milton Keynes: The Open University.


## 21장

The ALEKS system, marketed by McGraw–Hill Education, assesses each student in relation to a topic and gives advice on what to study next: ☞ www.aleks.com

Report on the value of analytics to higher education, including formative analytics: Higher Education Commission. (2016). From Bricks to Clicks: The Potential of Data and Analytics in Higher Education. London: Higher Education Commission. ☞ http://bit.ly/2D1q7ma

Overview of OU Analyse: ☞ https://analyse.kmi.open.ac.uk/

Tracking eye gaze to understand the relation between students' attention and their performance: Sharma, K., Jermann, P., & Dillenbourg, P. (2014). How students learn using MOOCs: An eye-tracking insight. In Proceedings of EMOOCs 2014, pp. 80-87. Lausanne, Switzerland: European MOOCs Stakeholders Summit. ☞ http://bit.ly/2J95R2h

Study of the effectiveness of two learning analytics tools (the Concept Trail and Progress Statistics) to give information about students' cognitive activities: van Leeuwen, A., Janssen, J., Erkens, G., & Brekelmans, M. (2015). Teacher regulation of cognitive activities during student collaboration: Effects of learning analytics. Computers & Education, 90, 80-94. ☞ http://bit.ly/2EzTUny

This chapter draws on material from Innovating Pedagogy 2016, published under a Creative Commons Attribution Licence: Sharples, M., de Roock , R., Ferguson, R., Gaved, M., Herodotou, C., Koh, E., Kukulska-Hulme, A., Looi, C.-K., McAndrew, P., Rienties, B., Weller, M., & Wong, L. H. (2016). Innovating Pedagogy 2016: Open University Innovation Report 5. Milton Keynes: The Open University.


## 22장

A short introduction to threshold concepts and a bibliography: ☞ http://bit.ly/2q4tmRr

Short introductory article: Cousin, G. (2006). An introduction to threshold concepts. Planet, 17. ☞ http://bit.ly/2OF3cTV

Key paper by inventors of the term 'threshold concepts': Meyer, E., & Land, R. (2003). Threshold concepts and troublesome knowledge: Linkages to ways of thinking and practising within the disciplines. Occasional Report, 4, May 2003, Enhancing Teaching-Learning Environments in Undergraduate Courses. University of Edinburgh. ☞ http://bit.ly/2yT6ZCn

Edited book on threshold concepts, with a free online copy of the preface, foreword and first two chapters: Meyer, J. H. F., Land, R., & Baillie C. (Eds.) (2010). Threshold Concepts and Transformational Learning. Rotterdam: Sense Publishers. ☞ http://bit.ly/2ytt3UV

Article on a project in Portugal to teach tricky topics in mathematics through the Juxtalearn process: Cruz, S. M. A., Lencastre, J. A., & Coutinho, C. P. (2018). The VideoM@T project: Engaging students on learning tricky topics in mathematics through creative skills. In Proceedings of the 10th International Conference on Computer Supported Education (CSEDU 2018), 1, pp. 342-349. Funchal, Madeira: SCITEPRESS. ☞ http://bit.ly/2yv1J8w

Article on redesign of the 'Working with Children, Young People and Families' course at Newman University College: Monk, C., Cleaver, E., Hyland, C., Brotherton, G. (2012). Nurturing the independentthinking practitioner: Using threshold concepts to transform undergraduate learning. Journal of Pedagogic Development, 2(3), 10-15. ☞ http://bit.ly/2R5YCux

This chapter draws on material from Innovating Pedagogy 2014, published under a Creative Commons Attribution Licence: Sharples, M., Adams, A., Ferguson, R., Gaved, M., McAndrew, P., Rienties, B., Weller, M., & Whitelock, D. (2014). Innovating Pedagogy 2014: Open University Innovation Report 3. Milton Keynes: The Open University.

## 23장

Minecraft Education Edition, Project Storytelling: ☞ https://education.minecraft.net/worlds/project-storytelling/

FutureLearn Introduction to Forensic Science course based on weekly videos to investigate a murder: ☞ https://www.futurelearn.com/courses/introduction-to-forensic-science

L'il stories: ☞ https://kck.st/2AlW1qZ

Website for educational uses of digital storytelling, with example stories: ☞ http://digitalstorytelling.coe.uh.edu

StoryMap is a free tool to see and tell stories linked to map locations: ☞ http://storymap.knightlab.com

Practice-led research project to make the transition from story listeners to storytellers: Reason, M., & Heinemeyer, C. (2016). Storytelling, storyretelling, storyknowing: Towards a participatory practice of storytelling. Research in Drama Education: The Journal of Applied Theatre and Performance, 21(4), 558-573. ☞ http://bit.ly/2S7Jnmc

Narrative pedagogy for nursing education: Ironside, P. M. (2003). New pedagogies for teaching thinking: The lived experiences of students and teachers enacting narrative pedagogy. Journal of Nursing Education, 42, 509-516. ☞ http://bit.ly/2PgkfuW

Benefits of narrative-centred learning environments and the Crystal Island guided exploratory environment: Mott, B., McQuiggan, S., Lee, S., Lee, S. Y., & Lester, J. (2006). Narrative-centered environments for guided discovery learning. In Proceedings of the AAMAS Workshop on Agent-Based Systems for Human Learning, pp. 22-28. Hakodate, Japan: Association for Computing Machinery. ☞ http://bit.ly/2q49kq0

Storytelling in the classroom: Heinemeyer, C. (2018). The dying art of storytelling in the classroom. The Conversation, April 11, 2018. ☞ http://bit.ly/2S7Zlgk

This chapter draws on material from Innovating Pedagogy 2014, published under a Creative Commons Attribution Licence: Sharples, M., Adams, A., Ferguson, R., Gaved, M., McAndrew, P., Rienties, B., Weller, M., & Whitelock, D. (2014). Innovating Pedagogy 2014: Open University Innovation Report 3. Milton Keynes: The Open University.

## 24장

Wonderopolis ℂ ç(??) is an educational software platform to provoke learning through curiosity and wonder: ☞ https://wonderopolis.org/

John Spencer has developed 'Wonder Day' and 'Wonder Week' projects for schools, based on design thinking and inquiry learning: ☞ http://www.spencerauthor.com/wonder-week/

The book Wonder by R. J. Palacio (also made into a film) has been the basis for school projects on wonder and kindness: ☞ https://wonderthebook.com/for-teachers | http://bit.ly/2yUoOkr

Article on wonder in Steiner education: Puckeridge, T. (2014). Imagination, wonder and reverence: The primary years in Steiner/Waldorf education. Nurture Magazine, Winter 2014, pp. 20-22. ☞ http://bit.ly/2OCVSIk

Article in The Guardian newspaper about the 'Wonder Room' created by Matthew McFall in a school in Nottingham, UK: Arnott, C. (2011). A wonder room - every school should have one. The Guardian, May 31, 2018. ☞ http://bit.ly/2Cv4BFo

A book on the centrality of wonder in education: Egan, K., Cant, A. I., & Judson, G. (Eds.) (2013). Wonder-Full Education: The Centrality of Wonder in Teaching and Learning Across the Curriculum. New York: Routledge.

PhD thesis and a pocket 'Cabinet of Curiosities' from Matthew McFall: McFall, M. (2014). Using heritages and practices of wonder to design a primary-school-based intervention. Unpublished PhD thesis, University of Nottingham. | McFall, M. (2013). The Little Book of Awe and Wonder: A Cabinet of Curiosities. Carmarthen: Independent Thinking Press.


## 25장

Go—Lab portal to remote labs for schools: ☞ www.golabz.eu/labs

Remote Experimentation Laboratory (RExLab) provided by the Federal University of Santa Catarina, Brazil: ☞ relle.ufsc.br

OpenScience Laboratory, bringing practical science to students: ☞ learn5.open.ac.uk

Review of remote labs in education: Cooper, M., & Ferreira, J. M. M. (2009). Remote laboratories extending access to science and engineering curricula. IEEE Transactions on Learning Technologies, 2(4), 342-353. ☞ http://bit.ly/2q6F1z7

Study of remote lab use by undergraduate students, indicating a need for realism, such as live video of the lab: Sauter, M., Uttal, D. H., Rapp, D. N., Downing, M., & Jona, K. (2013). Getting real: The authenticity of remote labs and simulations for science learning. Distance Education, 34(1), 37-47. ☞ http://bit.ly/2ODKxbh

Study of introduction of remote lab use in a Brazilian school, indicating importance of access on mobile devices and teacher development: Simao, J. P. S., de Lima, J. P. C., Rochadel, W., da Silva, J. B. (2014). Remote labs in developing countries: An experience in Brazilian public education. In Proceedings of IEEE 2014 Global Humanitarian Technology Conference, 1-13 October 2014, pp. 99-105. San Jose, CA: IEEE Computer Society. ☞ http://bit.ly/2S7OXoD

Review of guidance for supporting student use of online and remote labs: Zacharia, Z. C., Manolis, C., Xenofontos, N., de Jong, T., Pedaste, M., van Riesen, S. A. N., Kamp, E. T., Maeots, M., Siiman, L., & Tsourlidaki, E. (2015). Identifying potential types of guidance for supporting student inquiry when using virtual and remote labs in science: A literature review. Educational Technology Research and Development, 63(2), 257-302. ☞ https://bit.ly/2Nud7rh

Evaluation of use of remote labs with schools, indicating a need to focus on active manipulation of control devices and to teach key skills, such as experimental design and control of variables: Lowe, D., Newcomb, P., & Stumpers, B. (2013). Evaluation of the use of remote laboratories for secondary school science education. Research in Science Education, 43(3), 1197-1219. ☞ http://bit.ly/2yTYtDe

This chapter draws on material from Innovating Pedagogy 2015, published under a Creative Commons Attribution Licence: Sharples, M., Adams, A., Alozie, N., Ferguson, R., FitzGerald, E., Gaved, M., McAndrew, P., Means, B., Remold, J., Rienties, B., Roschelle, J., Vogt, K., Whitelock, D., & Yarnall,

L. (2015). Innovating Pedagogy 2015: Open University Innovation Report 4. Milton Keynes: The Open University.


26장
Aris web-based system for creating and playing context-based mobile games: ☞ arisgames.org/
Virtual Microscope with rock samples from locations on the Earth and Moon: ☞ https://www.virtualmicroscope.org
Journey North website that engages students and citizen scientists in tracking wildlife migration and seasonal change: ☞ www.learner.org/jnorth/
Rose Luckin's Ecology of Resources design framework for learning, context and technology: ☞ http://bit.ly/2Sa3f8a
Discussion of the 'Salters' courses for context-based science education, focusing on development of the Salters Advanced Chemistry course: Bennett, J., & Lubben, F. (2006). Context-based chemistry: The Salters approach. International Journal of Science Education, 28(9), 999-1015. ☞ http://bit.ly/2NVQpY8
Context-based adult learning: ☞ Hansman, C. A. (2001). Context-based adult learning. New Directions for Adult and Continuing Education, 2001(89), 43-52. ☞ http://bit.ly/2CuBodH
This chapter draws on material from Innovating Pedagogy 2015, published under a Creative Commons Attribution Licence: Sharples, M., Adams, A., Alozie, N., Ferguson, R., FitzGerald, E., Gaved, M., McAndrew, P., Means, B., Remold, J., Rienties, B., Roschelle, J., Vogt, K., Whitelock, D., & Yarnall, L. (2015). Innovating Pedagogy 2015: Open University Innovation Report 4. Milton Keynes: The Open University.


27장
Scratch Day annual event run worldwide in association with the Scratch programming language: ☞ http://day.scratch.mit.edu
Raspberry Jam, a global network of groups and events associated with the Raspberry Pi computer: ☞ http://raspberryjam.org.uk/raspberry-pi-jams/
Bristol Natural History Consortium organizes BioBlitz events across the UK: ☞ http://www.bnhc.org.uk/bioblitz/
Make Your School Hack Day project: ☞ http://www.makeyourschool.de/ueber-hys/
Autumnwatch BBC website with links to resources and activities: ☞ https://bbc.in/2yQYCqZ
Zooniverse and Stargazing Live: McMaster, A. (2017). Stargazing Live 2017 recap. Zooniverse, May 10, 2017. ☞ https://blog.zooniverse.org/tag/stargazing-live/
Midsummer Night's Dreaming – a digital theatre event by the Royal Shakespeare Company:vThe Guardian (2013). Shakespeare's Midsummer Night's Dreaming: What did you think?. The Guardian, June 24, 2013. ☞ http://bit.ly/2NZa09E
D-Day as it happens – television and social media coverage of some of the events of 6 June 1944: Mount, H. (2013). D-Day: How technology can bring history to life. The Telegraph, June 5, 2013. ☞ http://bit.ly/2Pb2T2I
This chapter draws on material from Innovating Pedagogy 2014, published under a Creative Commons Attribution Licence: Sharples, M., Adams, A., Ferguson, R., Gaved, M., McAndrew, P., Rienties, B., Weller, M., & Whitelock, D. (2014). Innovating Pedagogy 2014: Open University Innovation Report 3. Milton Keynes: The Open University.

28장
The College and Career Readiness and Success Organizer is an overview of elements that affect a student's ability to succeed in college and careers: ☞ www.ccrscenter.org/ccrs-landscape/ccrs-organizer
Framework for understanding 21st-century learning from the P21 Partnership for 21st Century Learning: ☞ www.p21.org/our-work/p21-framework
Finnish core curriculum for basic education: ☞ http://bit.ly/2D0ONuU
Indeed career advice: ☞ https://www.indeed.com/forum/gen/Career-Advice.html
Quora site for careers choices: ☞ https://www.quora.com/topic/Career-Choices
Some sites offering free online courses that provide a taster for future careers: ☞ https://www.coursera.org/ | https://www.edx.org/ | https://www.futurelearn.com/
Report on educating for the future, with a Worldwide Educating for the Future Index: Economist Intelligence Unit (2017). Worldwide Educating for the Future Index: A Benchmark for the Skills of Tomorrow. The Economist Intelligence Education Unit Limited. ☞ https://bit.ly/2L1SHaB
A guide to the educational system in Finland: Niemi, H., Multisilta, J., Lipponen, L., & Vivitsou, M. (Eds.) (2014). Finnish Innovations and Technologies in Schools: A Guide towards New Ecosystems of Learning. Rotterdam: Sense Publishers. ☞ http://bit.ly/2R7K2TE
Report on future-ready education from the US Department of Education: Office of Educational Technology (2016). Future Ready Education: Reimagining the Role of Technology in Education. US Department of Education. ☞ tech.ed.gov/files/2015/12/NETP16.pdf
A paper on leadership in future-ready schools: Sheninger, E. (2015). Leading Future-Ready Schools. Rexford, USA: International Center for Leadership in Education. ☞ www.leadered.com/FutureReadySchools.pdf
Tool for thinking about educational futures: Facer, K., Craft, A., Jewitt, C., Mauger, S., Sandford, R., & Sharples, M. (2011). Building Agency in the Face of Uncertainty: A Thinking Tool for Educators and Education Leaders. Economic and Social Research Council. ☞ http://bit.ly/2EBcADC
This chapter draws on material from Innovating Pedagogy 2016, published under a Creative Commons Attribution Licence: Sharples, M., de Roock, R., Ferguson, R., Gaved, M., Herodotou, C., Koh, E., Kukulska-Hulme, A., Looi, C.-K., McAndrew, P., Rienties, B., Weller, M., & Wong, L. H. (2016). Innovating Pedagogy 2016: Open University Innovation Report 5. Milton Keynes: The Open University.


29장
Khan Academy videos showing teaching by worked example: ☞ www.khanacademy.org
SMALLab Learning advancing embodied learning in schools and museums: ☞ www.smallablearning.com
Study of school students wearing fitness trackers: Kerner, C., & Goodyear, V. A. (2017). The motivational impact of wearable healthy lifestyle technologies: A self-determination perspective on Fitbits with adolescents. American Journal of Health Education, 48(5), 287-297. ☞ http://bit.ly/2EOsmev
Paper on learning about distance and velocity graphs through hand gestures: Anastopoulou, S., Sharples, M., & Baber, C. (2011). An evaluation of multimodal interactions while learning science concepts. British Journal of Educational Technology, 42(2), 266-290. ☞ http://bit.ly/2CwSwzl
Article on embodied cognition, that understanding comes from embodiment: McNerney, S. (2011). A brief guide to embodied cognition: Why you are not your brain. Scientific American Blog Network, November 4, 2011. ☞ http://bit.ly/2R3lkn6
Evidence from gestures by teachers and learners that mathematical knowledge is embodied: Alibali, M. W., & Nathan, M. J. (2012). Embodiment in mathematics teaching and learning: Evidence from learners' and teachers' gestures. Journal of the Learning Sciences, 21(2), 47-286. ☞ http://bit.ly/2Ao36HH

Survey of interactive surfaces and physical environments for learning: Evans, M. A., Rick, J., Horn, M., Shen, C., Mercier, E., McNaughton, J., ··· & Slotta, J. D. (2012). Interactive surfaces and spaces: A learning sciences agenda. In Proceedings of 10th International Conference of the Learning Sciences: The Future of Learning, ICLS 2012, Volume 2: Symposia, pp. 78-85. Sydney, Australia: International Society of the Learning Sciences. ☞ https://b.gatech.edu/2R4vvHY

This chapter draws on material from Innovating Pedagogy 2015, published under a Creative Commons Attribution Licence: Sharples, M., Adams, A., Alozie, N., Ferguson, R., FitzGerald, E., Gaved, M., McAndrew, P., Means, B., Remold, J., Rienties, B., Roschelle, J., Vogt, K., Whitelock, D., & Yarnall, L. (2015). Innovating Pedagogy 2015: Open University Innovation Report 4. Milton Keynes: The Open niversity.


## 30장

Blog post that provides an introduction to virtual reality and learning: Jagannathan, S. (2017). Virtual Reality: The Future of Immersive Learning for Development. World Bank, July 3, 2017. ☞ http://bit.ly/2yv15Ib

Overview of Immersive Learning for teachers: Burns, M. (2012). Immersive Learning for teacher professional development. eLearn, 2012(4), 1. ☞ http://bit.ly/2Pi1Spq

Introduction to Mihaly Csikszentmihalyi and flow: ☞ http://bit.ly/2AmnIzV

Immersive room at Greenleys Junior School: ☞ https://www.greenleysjunior.org/curriculum/immersive-room/

Immersive learning at Shenley Brook End School: ☞ http://www.sbeschool.org.uk/Immersive-Learning

Learning dentistry with haptic feedback: ☞ https://www.sheffield.ac.uk/dentalschool/our_school/haptics

Immersive virtual reality with geology students on field trips to see how the landscape looked during the last Ice Age. Priestnall, G., Brown, E., Sharples, M., Polmear, G. (2009). A student-led comparison of techniques for augmenting the field experience. In D. Metcalf, A. Hamilton & C. Graffeo (Eds.), Proceedings of 8th World Conference on Mobile and Contextual Learning (mLearn 2009), pp. 195-198. Orlando, Florida: University of Central Florida. ☞ http://bit.ly/2S8vjZV

Augmented reality and language learning: Godwin-Jones, R. (2016). Augmented reality and language learning: From annotated vocabulary to place-based mobile games. Language Learning & Technology, 20(3), 9-19. ☞ http://bit.ly/2R0BfCO

Immersive learning and dental education: Duta, M., Amariei, C. I., Bogdan, C. M., Popovici, D. M., Ionescu, N., & Nuca, C. I. (2011). An overview of virtual and augmented reality in dental education. Journal of Oral Health and Dental Management, 10, 42-49. ☞ http://bit.ly/2hfq2l1

Classic paper on immersion and learning: Dede, C. (2009). Immersive interfaces for engagement and learning. Science, 323(5910), 66-69. ☞ https://b.gatech.edu/2Eztdzd

This chapter draws on material from Innovating Pedagogy 2017, published under a Creative Commons Attribution Licence: Ferguson, R., Barzilai, S., Ben-Zvi, D., Chinn, C. A., Herodotou, C., Hod, Y., Kali, Y., Kukulska-Hulme, A., Kupermintz, H., McAndrew, P., Rienties, B., Sagy, O., Scanlon, E., Sharples, M., Weller, M., & Whitelock, D. (2017). Innovating Pedagogy 2017: Open University Innovation Report 6. Milton Keynes: The Open University.


## 31장

Arduino, an open source electronics prototyping platform for artists, designers and hobbyists: ☞ www.arduino.cc

Raspberry Pi - a single board computer for computer projects: ☞ www.raspberrypi.org
Air Pi: an environmental sensor kit based on the Raspberry Pi computer, devised by UK school children: ☞ airpi.es
The Restart Project: a recycling group encouraging people to have fun and learn skills fixing their broken electronic equipment rather than throwing them away: ☞ therestartproject.org
Vigyan Ashram Fab Lab in Pune, India: ☞ http://vigyanashram.com/InnerPages/FabLab.aspx
Maker Faire movement and Maker Share community to share projects, run by Make: magazine: ☞ https://makerfaire.com/ | https://makershare.com/
Albermarle County Public Schools maker education: ☞ make.k12albemarle.org
Makerspace at Ocean City Primary School: Kohr, R. (2017). A makerspace built by elementary students. Edutopia, November 27, 2017. ☞ https://edut.to/2AniP9M
Open-source knitting machine: Salomone, A. (2014). OpenKnit: An open source knitting machine. Make:, February 20, 2014. ☞ http://bit.ly/2S5ScwZ
Maker culture as a heightened sensitivity and capacity to shape one's world: ☞ http://bit.ly/2yTkFNJ
Introduction to Communities of Practice from learningtheories.com: ☞ http://bit.ly/2S57dPL
Critique of maker culture: Chachra, D. (2015). Why I am not a maker. The Atlantic, Jan 23, 2015. ☞ http://bit.ly/2R2PgQn
This chapter draws on material from Innovating Pedagogy 2013, published under a Creative Commons Attribution Licence: Sharples, M., McAndrew, P., Weller, M., Ferguson, R., FitzGerald, E., Hirst, T., & Gaved, M. (2013). Innovating Pedagogy 2013: Open University Innovation Report 2. Milton Keynes: The Open University.


32장
Bricolage Academy in New Orleans: http://bricolagenola.org/
Yoza cellphone stories: ☞ m4lit.wordpress.com | www.yoza.mobi
Dynabook project: ☞ http://history-computer.com/ModernComputer/Personal/Dynabook.html
Brief history of the World Wide Web: Lumsden, A. (2012). A Brief History of the World Wide Web. Envato Tuts+.
Introduction of the term bricolage in relation to creative play: Levi-Strauss, C. (1962). La pensee sauvage. Paris: Librairie Plon. Translated into English as The Savage Mind Chicago: Chicago University Press, 1966.
Educational theory and practice of learning through creative play: Papert, S. (1980). Mindstorms: Children, Computers, and Powerful Ideas. New York: Basic Books. ☞ http://bit.ly/2Alyd6t
Ten principles for effective tinkering: Dron, J. (2014). Ten principles for effective tinkering. In Proceedings of World Conference on E-Learning in Corporate, Government, Healthcare, and Higher Education 2014, pp. 505-513. Chesapeake, VA: Association for the Advancement of Computing in Education (AACE). ☞ http://bit.ly/2NXs5Vy
Role of bricolage in innovation for technology-enhanced learning: Scanlon, E., Sharples, M., Fenton-O'Creevy, M., Fleck, J., et al. (2014). Beyond Prototypes: Enabling Innovation in Technology-Enhanced Learning. London: Technology Enhanced Learning Research Programme. ☞ http://bit.ly/2q41Q6r
This chapter draws on material from Innovating Pedagogy 2014, published under a Creative Commons Attribution Licence: Sharples, M., Adams, A., Ferguson, R., Gaved, M., McAndrew, P., Rienties, B., Weller, M., & Whitelock, D. (2014). Innovating Pedagogy 2014: Open University Innovation Report 3. Milton Keynes: The Open University.

**33장**

Online crash course in design thinking offered by Stanford University Institute of Design: ☞ dschool. stanford.edu/dgift/

Toolkit for educators in designing learning experiences, classrooms, schools and communities: IDEO (2012). Design Thinking for Educators Toolkit. ☞ https://designthinkingforeducators.com/toolkit/

Free online short course on design thinking from The Open University, UK: ☞ http://bit.ly/2ySLEZW

Resources for design thinking in schools: ☞ www.designthinkinginschools.com/resources

List of schools engaged in design thinking: ☞ www.designthinkinginschools.com/directory

How designers address 'wicked problems' that have no simple definition nor single solution: Buchanan, R. (1992). Wicked problems in design thinking. Design Issues, 8(2), 5-21. ☞ www.jstor.org/stable/1511637

Detailed study of an interdisciplinary design curriculum in a school, unpacking key characteristics of design thinking: Carroll, M., Goldman, S., Britos, L., Koh, J., Royalty, A., & Hornstein, M. (2010). Destination, imagination and the fires within: Design thinking in a middle school classroom. International Journal of Art & Design Education, 29(1), 37-53. ☞ https://stanford.io/2D128U0

Three core elements of design thinking explained: Dorst, K. (2011). The core of 'design thinking' and its application. Design Studies, 32(6), 521-532. ☞ http://bit.ly/2EAgGM4

Introduction to design thinking: Cross, N. (2011). Design thinking: Understanding How Designers Think and Work. Oxford, UK: Berg.

Fourth edition of a classic book on design thinking, originally published in 1980: Lawson, B. (2005). How Designers Think: The Design Process Demystified (4th edition). London: The Architectural Press.

Uncovering the thought processes of designers in action: Rowe, P. (1987). Design Thinking. Cambridge, MA: MIT Press.

Design thinking applied to the process of creative writing: Sharples, M. (1999). How We Write: Writing as Creative Design. London: Routledge.

This chapter draws on material from Innovating Pedagogy 2016, published under a Creative Commons Attribution Licence: Sharples, M., de Roock, R., Ferguson, R., Gaved, M., Herodotou, C., Koh, E., Kukulska-Hulme, A., Looi, C.-K., McAndrew, P., Rienties, B., Weller, M., & Wong, L. H. (2016). Innovating Pedagogy 2016: Open University Innovation Report 5. Milton Keynes: The Open University.


**34장**

Question-answering and social help sites include: ☞ stackexchange.com | www.answers.com | www.quora.com | www.ehow.com

FutureLearn social learning platform: ☞ www.futurelearn.com

Learners on connectivist MOOCs (cMOOCs) build understanding by connecting with others: ☞ http://bit.ly/2PRk3Q9

The 'network effect', popularized by Robert Metcalfe, states that some network goods or services increase in value as more people are connected: Metcalfe, R. M. (2007). It's all in your head. Forbes Online, April 20, 2007. ☞ http://bit.ly/2OFljsU

Personal network effect (the value of social learning): Downes, S. (2007). The personal network effect. Blog posting, November 20, 2007. ☞ http://bit.ly/2EDr6L3

Massive-scale social learning in MOOCs: Ferguson, R., & Sharples, M. (2014). Innovative pedagogy at massive scale: Teaching and learning in MOOCs. In C. Rensing, S. de Freitas, T. Ley & P. J. Munoz-Merino (Eds.), Open Learning and Teaching in Educational Communities, Proceedings of 9th European Conference on Technology Enhanced Learning, Graz, Austria, September 16-19, pp. 98-111. Heidelberg: Springer. ☞ http://bit.ly/2PNvt78

Hypertext and lost in hyperspace: Conklin, J. (1987). Hypertext: An introduction and survey, IEEE

Computer, 20(9), 17-41. ☞ http://bit.ly/2yov1pt
This chapter draws on material from Innovating Pedagogy 2014, published under a Creative Commons Attribution Licence: Sharples, M., Adams, A., Ferguson, R., Gaved, M., McAndrew, P., Rienties, B., Weller, M., & Whitelock, D. (2014). Innovating Pedagogy 2014: Open University Innovation Report 3. Milton Keynes: The Open University.


## 35장

Article on crowdsourcing and education, mentioning the UNESCO project in Ethiopia and Tanzania: ☞ Edwards, J. (2017). How crowdsourcing is changing education. InnoCentive, December 28, 2017. ☞ https://blog.innocentive.com/how-crowdsourcing-is-changing-education

EarthEcho Water Challenge: ☞ www.worldwatermonitoringday.org

Zooniverse site for people-powered research: ☞ www.zooniverse.org

Reddit crowdsource site for registered members to submit, vote on and discuss news content: ☞ www.reddit.com

IdeaScale platform for people to submit, vote on and discuss ideas, then for teams to implement the best ideas: ☞ ideascale.com

Christmas Bird Count: ☞ https://www.audubon.org/conservation/science/christmas-bird-count

Big Schools Birdwatch, for schools to count birds across the UK: ☞ https://www.rspb.org.uk/fun-and-learning/for-teachers/schools-birdwatch/

Wikipedia, crowdsourced online encyclopedia, available in 301 languages: ☞ https://meta.wikimedia.org/wiki/List_of_Wikipedias

Handling disputes in Wikipedia: ☞ http://bit.ly/2yTl5nc

BBC Domesday project archive: ☞ http://bit.ly/2Pc50U2

This chapter draws on material from Innovating Pedagogy 2016, published under a Creative Commons Attribution Licence: Sharples, M., de Roock, R., Ferguson, R., Gaved, M., Herodotou, C., Koh, E., Kukulska-Hulme, A., Looi, C.-K., McAndrew, P., Rienties, B., Weller, M., & Wong, L. H. (2016). Innovating Pedagogy 2016: Open University Innovation Report 5. Milton Keynes: The Open University.


## 36장

Data for download from the Christmas Bird Count: ☞ http://netapp.audubon.org/cbcobservation/

Family and Community Historical Research Society: ☞ www.fachrs.com

Mass Observation: ☞ www.massobs.org.uk

How to build a project in Zooniverse: ☞ http://bit.ly/2CwHWby

The nQuire site for citizen inquiry: ☞ nquire.org.uk

Galaxy Zoo: ☞ www.zooniverse.org/projects/zookeeper/galaxy-zoo

Foldit: ☞ fold.it/portal

iSpot: ☞ www.ispotnature.org

Kickstarter: ☞ www.kickstarter.com

GoFundMe: ☞ www.gofundme.com

Science editorial referring to the need for wider public engagement in science: Alberts, B. (2011). Editorial: Science breakthroughs. Science, 334(6063), p. 1604. ☞ http://bit.ly/2yvln4j

Article on the dangers of citizen inquiry into crimes: Wadhwa, T. (2013). Lessons from crowdsourcing the Boston bombing investigation. Forbes Online, April 22, 2013. ☞ http://bit.ly/2yt3JOO

A brief history of Mass Observation: ☞ http://www.massobs.org.uk/about/history-of-mo

This chapter draws on material from Innovating Pedagogy 2013, published under a Creative Commons Attribution Licence: Sharples, M., McAndrew, P., Weller, M., Ferguson, R., FitzGerald, E.,

Hirst, T., & Gaved, M. (2013). Innovating Pedagogy 2013: Open University Innovation Report 2. Milton Keynes: The Open University.


## 37장

Dave Cormier's introduction to rhizomatic learning: ☞ http://bit.ly/2OFxsy0
And a longer paper from Cormier: Cormier, D. (2008). Rhizomatic education: Community as curriculum. Innovate: Journal of Online Education, 4(5), 2. ☞ http://bit.ly/2ECQf8E
Paper on rhizomatic learning in gaming communities: Sanford, K., Merkel, L., & Madill, L. (2011). "There's no fixed course": Rhizomatic learning communities in adolescent videogaming, Loading···, 5(8), 50-0. ☞ http://bit.ly/2OJe57r
Reddit site: ☞ www.reddit.com
Design of Reddit: Pardes, A. (2018). The inside story of Reddit's redesign. Wired, April 2, 2018. ☞ https://www.wired.com/story/reddit-redesign/
Rhizomatic learning for first-year composition: Sasser, A. (2012). Bring your own disruption: Rhizomatic learning in the composition class. Hybrid Pedagogy, December 31, 2012. ☞ http://hybridpedagogy.org/bring-your-own-disruption-rhizomatic-learning-in-thecomposition-class/
This chapter draws on material from Innovating Pedagogy 2012, published under a Creative Commons Attribution Licence: Sharples, M., McAndrew, P., Weller, M., Ferguson, R., FitzGerald, E., Hirst, T., Mor, Y., Gaved, M., & Whitelock, D. (2012). Innovating Pedagogy 2012: Open University Innovation Report 1. Milton Keynes: The Open University.


## 38장

Some reward systems for schools: ☞ www.pupilrewardpoints.co.uk | www.rewardsystem.org | www.vivoclass.com | www.epraise.co.uk
Skillshare site for experts to offer classes, earn money and gain reputation: ☞ www.skillshare.com
Reputation as a currency: Schlegel, H. (2014). In Trust We Trust: Why Reputation is the Currency of the Future. CNN, September 23, 2014.
https://edition.cnn.com/2014/09/23/opinion/in-trust-reputation-currency
Reputation management on iSpot: ☞ http://bit.ly/2yteala
Fictional, yet plausible, future 'Uber-U' distributed university: Teachonline.ca (2016). Uber-U is already here. Blog posting, May 6, 2016. ☞ teachonline.ca/tools-trends/exploring-future-education/uber-u-already-here
Comprehensive introduction to the blockchain for education by Audrey Watters: Watters, A. (2016). The Blockchain for Education: An Introduction. Hack Education, April 7, 2016. ☞ hackeducation.com/2016/04/07/blockchain-education-guide
The Open University experimenting with blockchain for portfolios, badges and peer reputation: ☞ http://blockchain.open.ac.uk/experiments/
University of Nicosia academic certificates on the blockchain: ☞ http://bit.ly/2PNvmsr
Paper on automated reputation management: Sharples, M., & Domingue, J. (2016). The Blockchain and Kudos: A distributed system for educational record, reputation and reward. In K. Verbert, M. Sharples & T. Klobučar (Eds.), Adaptive and Adaptable Learning: Proceedings of 11th European Conference on Technology Enhanced Learning (EC-TEL 2015), Lyon, France, 13-16 September 2016. Switzerland: Springer International Publishing, 490-496. ☞ oro.open.ac.uk/46663/
This chapter draws on material from Innovating Pedagogy 2016, published under a Creative Commons Attribution Licence: Sharples, M., de Roock, R., Ferguson, R., Gaved, M., Herodotou, C., Koh, E., Kukulska-Hulme, A., Looi, C.-K., McAndrew, P., Rienties, B., Weller, M., & Wong, L. H. (2016).

Innovating Pedagogy 2016: Open University Innovation Report 5. Milton Keynes: The Open University.

## 39장

Open pedagogy and the '5Rs' from David Wiley: ☞ http://opencontent.org/definition/

Robin DeRosa and open textbooks: Sheriden, V. (2017). A pedagogical endeavour. Inside Higher Ed, August 9, 2017.

Interview with Laura Gibbs about the UnTextbook: Gibbs, L. (2014). Anatomy of an online course. Blog posting. ☞ http://bit.ly/2PikSUT

Open textbook produced by David Wiley and students: Amado, M., Ashton, K., Ashton, S., Bostwick, J., Clements, G., Drysdale, J., Francis, J., Harrison, B., Nan, V., Nisse, A., Randall, D., Rino, J., Robinson, J., Snyder, A., Wiley, D., & Anonymous (2018). Project Management for Instructional Designers. Licensed under a Creative Commons Attribution NonCommercial ShareAlike (BY-NC-SA) license. ☞ http://pm4id.org

How to share your educational content on OpenStax: ☞ https://openstax.org/blog/how-share-your-own-openly-licensed-content

Tidewater Z-Degree: ☞ https://www.tcc.edu/academics/degrees/textbook-free

Glen or Glenda – example of a movie out of copyright that could be a resource for remixing video: https://commons.wikimedia.org/wiki/File:Glen_or_Glenda_(1953).webm

Perspectives on open pedagogy: ☞ https://www.yearofopen.org/april-open-perspective-what-is-open-pedagogy/ | http://bit.ly/2ypBi4f | http://bit.ly/2yQSKhe

This chapter draws on material from Innovating Pedagogy 2017, published under a Creative Commons Attribution Licence: Ferguson, R., Barzilai, S., Ben-Zvi, D., Chinn, C. A., Herodotou, C., Hod, Y., Kali, Y., Kukulska-Hulme, A., Kupermintz, H., McAndrew, P., Rienties, B., Sagy, O., Scanlon, E., Sharples, M., Weller, M., & Whitelock, D. (2017). Innovating Pedagogy 2017: Open University Innovation Report 6. Milton Keynes: The Open University.

## 40장

Seminal book by Carl Rogers on a humanistic future for education: Rogers, C. R. (1969). Freedom to Learn. Ohio: Merrill Publishing Company. (Third editionpublished in 1994, with H. Jerome Freiberg.)

Summary of Freedom to Learn by C. J. Weibell: ☞ http://bit.ly/2f9b5No

Excerpts from the book, including the quotation above: ☞ http://www.panarchy.org/rogers/learning.html

Knowledge forum software: ☞ http://www.knowledgeforum.com/

Knowledge-building community in Singapore: ☞ https://www.kbsingapore.org/

Paper from Bereiter and Scardamalia on computer-supported knowledge building: Scardamalia, M., & Bereiter, C. (1994). Computer support for knowledge-building communities. The Journal of the Learning Sciences, 3(3), 265-283. ☞ http://bit.ly/2xjibsf

Paper by researchers from University of Haifa on humanistic knowledge-building communities and the CATELT course: Hod, Y., & Ben-Zvi, D. (2018). Co-development patterns of knowledge, experience, and self in humanistic knowledge building communities. Instructional Science, 1-27.

This chapter draws on material from Innovating Pedagogy 2017, published under a Creative Commons Attribution Licence: Ferguson, R., Barzilai, S., Ben-Zvi, D., Chinn, C. A., Herodotou, C., Hod, Y., Kali, Y., Kukulska-Hulme, A., Kupermintz, .H., McAndrew, P., Rienties, B., Sagy, O., Scanlon, E., Sharples, M., Weller, M., & Whitelock, D. (2017). Innovating Pedagogy 2017: Open University Innovation Report 6. Milton Keynes: The Open University.

나가는 말
Introduction to design-based research
Wang, F. & Hannafin, M. J. (2005). Design-based research and technology-enhanced learning environments. Educational Technology Research and Development, 53(4), 5-23. ☞ https://bit.ly/2op08f6

Cooperative learning
Overview of cooperative learning: ☞ http://www.co-operation.org/what-is-cooperative-learning/
Survey of successful methods and procedures of cooperative learning: Johnson, D. W., & Johnson, R. T. (2009). An educational psychology success story: Social interdependence theory and cooperative learning. Educational Researcher, 38(5), 365-379.

Collaborative and social learning online
Comparison of group activity in online courses showing that assessing group activity does not improve participation, but that well-structured and appropriate tasks can make groups more effective: Brindley, J. E., Walti, C., & Blaschke, L. M. (2009). Creating effective collaborative learning groups in an online environment. The International Review of Research in Open and Distributed Learning, 10(3). www.irrodl.org/index.php/irrodl/article/view/675/1313
Comparison of courses with individual and collaborative learning: Rienties, B., & Toetenel, L. (2016). The impact of learning design on student behaviour, satisfaction and performance: A cross-institutional comparison across 151 modules. Computers in Human Behavior, 60, 333-341. oro.open.ac.uk/45383/Toetenel, L. & Rienties, B. (2016). Analysing 157 learning designs using learning analytic approaches as a means to evaluate the impact of pedagogical decision-making. British Journal of Educational Technology, 47(5), 981-992. oro.open.ac.uk/45016/

Constructive feedback
Review of research on feedback, with advice on how to design effective feedback: Shute, V. J. (2008). Focus on formative feedback. Review of Educational Research, 78(1), 153-189. ☞ https://fla.st/2NWm3op

Active and constructive learning
Research on transfer of knowledge from one task to another: Bransford, J. D., & Schwartz, D. L. (1999). Rethinking transfer: A simple proposal with multiple implications. Review of Research in Education, 24, 61-100. ☞ http://bit.ly/2EBXei0
Paper on a framework for active learning: Chi, M. T. H., & Wylie, R. (2014). The ICAP framework: Linking cognitive engagement to active learning outcomes. Educational Psychologist, 49(4), 219-243.
Overview of 'productive failure' – learning by exploring first: ☞ www.manukapur.com/research/productive-failure/

Human memory and learning
Early paper on 'graduated interval recall' for foreign-language learning: Pimsleur, P. (February 1967). A memory schedule. The Modern Language Journal, Blackwell Publishing, 51(2), 73-75. ☞ files.eric.ed.gov/fulltext/ED012150.pdf

Spaced learning
Kelley, P., & Whatson, T. (2013). Making long-term memories in minutes: A spaced learning pattern from memory research in education. Frontiers in Human Neuroscience, 7, 589. ☞ http://bit.

334 » 실천교육학

ly/2CCfsgy
Duolingo: ☞ www.duolingo.com
Memrise: ☞ www.memrise.com

A new science of learning

Koedinger, K., Booth, J. L., & Klahr, D. (2013). Instructional complexity and the science to constrain it. Science, 342(6161), 935–937. ☞ http://bit.ly/2AmZHcc

Meltzoff, A. N., Kuhl, P. K., Movellan, J., Sejnowski, T. J. (2009). Foundations for a new science of learning. Science, 325(5938), 284–288. ☞ www.ncbi.nlm.nih.gov/pmc/articles/PMC2776823/

This chapter draws on material from Innovating Pedagogy 2016, published under a Creative Commons Attribution Licence: Sharples, M., de Roock, R., Ferguson, R., Gaved, M., Herodotou, C., Koh, E., Kukulska-Hulme, A., Looi, C.-K., McAndrew, P., Rienties, B., Weller, M., & Wong, L. H. (2016). Innovating Pedagogy 2016: Open University Innovation Report 5. Milton Keynes: The Open University.

# 실천교육학

초판 1쇄 발행 2021년 5월 7일

지은이 | 마이크 샤플스
옮긴이 | 사람과교육 번역연구팀

발행인 | 최윤서
편집장 | 허병민
교정교열 | 이진희
디자인 | 디자인봄
마케팅지원 | 김수경, 최수정
펴낸 곳 | (주)교육과실천
도서문의 | 02-2264-7775
인쇄 | 031-945-6554 두성 P&L
일원화 구입처 | 031-407-6368 (주)태양서적
등록 | 2020년 2월 3일 제2020-000024호
주소 | 서울특별시 중구 창경궁로 18-1 동림비즈센터 505호
ISBN 979-11-969682-9-8 (13370)